智能汽车宝盒之钥

Android Automotive
车载信息系统（AAOS）

樊祖杰 李 巍 沈卢斌◎著

U0360041

清华大学出版社

北京

内 容 简 介

Android Automotive OS(AAOS)是谷歌公司基于 Android 系统和生态推出的面向车载信息娱乐领域的操作系统。

本书详细介绍了 Android Automotive OS 的设计与实现,内容涵盖了系统开发、应用开发、产品管理等各层面的知识。全书共 15 章。第 1 章介绍了车载信息娱乐系统的发展历程及主流的操作系统;第 2 章介绍了与汽车相关的 Android 产品和版本变迁;第 3 章介绍了开发环境搭建、工具使用以及源码的获取;第 4~12 章从系统框架的角度分析了 Android Automotive OS 中主要服务的实现原理和用法;第 13 章讲解了语音、导航和媒体这三类应用的开发;第 14、15 章介绍了产品管理的相关内容,包括应用集成、兼容性测试。

本书结构清晰,实例丰富,通过通俗易懂的文字和丰富的配图,能够让读者深入了解 Android Automotive OS 的设计思想。从实际应用的需求出发,适合所有 Android 系统工程师、Android 应用开发工程师阅读。

图书在版编目(CIP)数据

智能汽车宝盒之钥:Android Automotive 车载信息系统(AAOS)/樊祖杰,李巍,沈卢斌著.—北京:清华大学出版社,2022.7

ISBN 978-7-302-60754-0

Ⅰ. ①智… Ⅱ. ①樊… ②李… ③沈… Ⅲ. ①汽车—计算机控制系统—系统开发 Ⅳ. ①U463.67

中国版本图书馆 CIP 数据核字(2022)第 075386 号

责任编辑:黄 芝
封面设计:刘 键
责任校对:韩天竹
责任印制:杨 艳

出版发行:清华大学出版社
　　　　网　　　址:http://www.tup.com.cn,http://www.wqbook.com
　　　　地　　　址:北京清华大学学研大厦 A 座　　　邮　　　编:100084
　　　　社 总 机:010-83470000　　　　　　　　　邮　　　购:010-62786544
　　　　投稿与读者服务:010-62776969,c-service@tup.tsinghua.edu.cn
　　　　质量反馈:010-62772015,zhiliang@tup.tsinghua.edu.cn
　　　　课件下载:http://www.tup.com.cn,010-83470236
印 装 者:三河市金元印装有限公司
经　　　销:全国新华书店
开　　　本:185mm×260mm　　　印　张:18.25　　　字　　数:447 千字
版　　　次:2022 年 9 月第 1 版　　　　　　　印　　次:2022 年 9 月第 1 次印刷
印　　　数:1～2500
定　　　价:89.90 元

产品编号:095128-01

序

1886 年，Karl Benz 为他的三轮汽车申请了专利，开启了人类用汽车替代马车的新时代。在此过程中，Benz 还为节气门系统、火花塞、换挡器、水散热器、化油器和汽车的其他基本部件申请了专利。但毋庸置疑，这辆车的灵魂是内燃机。尽管 19 世纪中叶已经出现了带有可充电电池的电动汽车，并且到了 1900 年，美国大约 1/3 的车都是电动车，但那个时代最有影响力的不是电动车而是福特 T 型车。

在随后的将近一个世纪里，汽车工程师为了得到更高的动力输出和能源使用效率而不断改进发动机，为了有更好的驾乘体验和操控性能而不断调教底盘，为了把动力更高效、更平顺地传递给车轮而不断改进变速箱。但人与汽车的交互方式则一直处于由几个按钮主导的"功能机"时代。自然地，人车交互体验也就长期处于使用"海燕牌"收音机的阶段。

步入新世纪，人们逐步进入了第四次工业革命。信息技术与各学科相互渗透、相互融合，促进了产业变革，使各个行业进入智能化时代。世界范围内汽车已经逐渐从快速增量时代进入平稳存量时代，品牌竞争更加激烈，新的产业格局加快形成。这个产业迫切需要理念与技术的更新和升级，需要出现新的增长引擎，由此汽车"新四化"概念应运而生，即电动化、网联化、智能化、共享化。毫无疑问，这种车的灵魂变成了软件和操作系统。最近几年以特斯拉为代表的新能源车，作为智能车的先行者、探索者和实践者重回时代的舞台，而且不断出现在聚光灯下。随着智能汽车渗透率的快速提升，它也成为实现全球工业减排目标、控制碳排放、达到碳中和的重要组成部分，也是保护地球环境的重要手段。这些造车新势力市值的快速膨胀也证明了其是产业升级的一条可靠路径。

借鉴智能手机的发展路径，一款车载操作系统若要最终被最广大消费者接受，也必须走出技术封闭，建立起更加完善和多样性的生态系统。作为一个满足汽车特定需求，又功能完善的信息娱乐平台，Android Automotive OS（AAOS）是一个全栈、开源、高度定制化的平台，也是汽车"新四化"的重要开发平台。通过这个平台，用户可以直接下载消息、导航、音乐等应用到车机，驾驶员可以控制空调、车窗等特定的车辆功能，制造商可以为数字时代构建一个强有力的信息娱乐系统，由此汽车将不再是功能单一的交通工具，更是网络服务的枢纽、数据计算、收集和传输的网络节点。

现在的汽车已经成为数字化基础设施的一部分，通过智能座舱，人、车、网、云、数据、AI、5G 深度融合，而车载操作系统承担着把各项技术能力转化成直面用户的共享移动出行、自动驾驶等功能。智能化出行的解决方案既不断提升了用户体验，也深刻改变了人车交互方式，AAOS 作为最早用于量产车和商业化的车载操作系统，以其出色的性能和深厚的技术积累正在被越来越多的 OEM（原始设备制造商）所接受和使用，也在快速地改变传统汽车行业的价值链。

如今，AAOS已经在极星、沃尔沃、凯迪拉克、GMC、雪佛兰、雷诺等车型中落地应用。百年汽车业正经历着大变局，汽车智能化这股时代洪流已经滚滚向前，不可阻挡。中国也是这场竞争中的主要参与者，所以我们团队把这套操作系统的工作原理、设计理念和开发经验介绍给广大汽车行业从业者和智能汽车开发人员，既有现实性，也有必要性，更有紧迫性。

最后，特别感谢清华大学出版社编辑对本书的悉心编辑和耐心指导，感谢所有作者家人的全力支持，感谢李彤为本书提供封面设计灵感，也感谢AAOS技术咨询委员会的Tom、Cici、Lisa、Per、Lens、Jennifer、Bright、Cain、Amy、Daniel这两年来的辛勤付出和技术支持。

作　者

2022年5月于上海

前　言

近年来随着智能移动设备的普及与互联网技术与应用的快速发展,在当今汽车工业中,车载信息娱乐系统正面临着前所未有的挑战,各汽车制造商花费大量人力、财力开发的车载信息系统被批评得体无完肤,甚至被一部千元的智能手机取而代之。

如果以产品工业设计、人机交互逻辑、准确度与可靠性进行评判,车载信息娱乐系统更适应车内的使用场景,也更符合安全、可靠、有效的要求,但消费者并不认可的根本原因可能只是功能迭代慢、升级费用高。消费者更倾向选择使用手机上内容丰富、价格实惠的各种应用及服务。

汽车制造商未尝不想加快迭代速度,向用户提供更丰富、更实惠的功能升级,但受限于传统的车载信息娱乐系统对开发难度和开发周期的限制、嵌入式系统(主要是 Windows CE、QNX、Linux)从业人员的规模、应用/服务开发者(互联网从业者)对车载信息娱乐系统的兴趣较低,尽管汽车制造商倾注了更多的时间和成本,但仍然收效甚微。而且,消费者日渐习惯智能移动设备的操作方式和交互体验,进而对车载信息娱乐系统的交互方式越发陌生,从而进入了一个恶性循环。

针对这一现象,有部分汽车制造商开始将 Android 操作系统引入车机,目标是充分利用现有 Android 的生态环境,向用户提供更多的应用与服务的同时,降低开发成本和开发周期,从而提高用户满意度。但出于种种原因,各汽车制造商多采用双系统(Hypervisor 方案,Windows CE/QNX/Linux 作为车辆控制、Android 作为娱乐),且所使用的 Android 版本碎片化严重(多为 Android 4.0、4.2、5.0、6.0),进而导致了系统响应效率低、用户体验差、系统安全性不足等问题。

为了彻底解决上述问题,谷歌公司在 2017 年的 Google I/O 大会上宣布,计划与沃尔沃、奥迪两家汽车制造商展开合作,打造基于 Android 的全新车载信息娱乐系统。在该合作中,汽车制造商将放弃双系统的方案,使用 Android 操作系统作为唯一操作系统,实现车辆控制、通信控制、信息娱乐等全部功能。谷歌公司会将该 Android 操作系统作为标准版本,向所有开发者、设备供应商、汽车制造商开放,吸引更多的应用/服务开发者将移动智能设备上的优秀应用/服务快速地移植到车载领域,在提升汽车消费者使用体验的同时也提高了驾车安全。

本书将基于 Android 9 和 Android 10 详细说明 Android 操作系统针对车载使用场景所提供的新特性,并根据实际开发工作中取得的优秀实践对操作系统开发、中国本土化、应用移植等内容加以介绍及说明。希望可以为从业者带来一些启发,同时也希望可以助力应用/服务开发者进行产品移植,携手打造一个安全、高效、可靠、用户青睐的车载信息娱乐系统。

本书假定读者具备编程能力及 C/C++、Java 的相关经验,对 Android 操作系统和基于

Android 平台的开发有一定的了解，知道通过 Android 开发者网站及开源社区获取相关的使用手册、开发库及示例源码。

具备移动互联网应用开发或 Android 系统开发经验的读者会较为容易地通读本书。

本书的目标是将 Android Automotive OS 的相关特性以及如何利用这些特性打造车载信息系统的思考与实践带给以下读者群体：

（1）从事车载信息娱乐系统设计与开发的从业者；

（2）从事基于 Android 系统的设备与软件开发的从业者；

（3）从事类 Android 系统的设计与开发的从业者；

（4）计划将移动应用移植到车载信息系统的移动应用及服务的开发者；

（5）Android 系统的爱好者。

希望通过本书的介绍，Android Automotive OS 可以被更广泛地了解及使用，从而建立更加繁荣的生态环境，为汽车这个特殊的使用场景提供更丰富、更可靠、更安全的使用体验。

作　者

2022 年 5 月于上海

目　录

第1章 车载信息娱乐系统概述

本章对车载信息娱乐系统的发展及当前主流的车载信息娱乐系统的状况加以概述说明。

车载信息娱乐系统是对在车内提供音视频服务的软硬件的统称,包括底层硬件、操作系统、软件中间层及上层应用。车载信息娱乐系统利用不同的硬件与软件技术为车内人员提供娱乐和数字化的体验。随着人们对数字化需求的日益强烈,信息娱乐系统也正变得越来越强大。

现如今,信息娱乐系统是大多数车辆的标准配置。大多数新车都为设备配备了网络连接。从收听卫星广播到观看自己喜欢的节目,人们在车内的娱乐活动也越来越丰富。车载信息娱乐系统从不起眼开始已经走了很长一段路。

1.1 车载信息娱乐系统的发展

1.1.1 收音机与 CD 的时代(20 世纪 30—80 年代)

信息娱乐系统的历史可以追溯到 20 世纪 30 年代,当时 AM 汽车收音机问世了。在一开始,这是一个只有豪华汽车才有的配置。当时,传输的唯一数据是无线电波传送的音乐和语音。而提到存储空间,那仅仅意味着汽车后备厢的大小。

到了 20 世纪 40 年代,汽车收音机开始配备按键,通过这些按键可以将最常用的频道进行存储,这可以算得上是在车内第一种数据存储的形式。

20 世纪 50 年代,FM 收音机被引入车上,用户们有了更丰富的节目选择。

20 世纪 60 年代,8 轨盒式磁带问世。驾驶者可以将自己喜欢的音乐卡带插入车中进行播放。同时,因为音乐磁带的便携性,内容变得可以"移动"。同时期,车内开始使用立体声的音箱,传统的单声道音频开始慢慢被淘汰。

20 世纪 70 年代,技术发展迅速,很快就用较小的盒式磁带取代了 8 轨盒式磁带。这些双面盒式磁带的每一侧都可以播放约 45min 的音乐。

20 世纪 80 年代,CD 成为盒式磁带的替代品。CD 光盘提供了更好的音质。此外,音乐爱好者可以通过将音乐下载到这些光盘上来创建自己的播放列表。

在最初的半个世纪中,信息娱乐功能主要是播放音频类的音乐及节目。互联网应用尚未普及,车内也没有显示设备。虽然汽车本身开始普及,但是娱乐功能尚处萌芽阶段。

1.1.2 车载导航的出现(20 世纪 80 年代)

在 20 世纪 80 年代,车载导航系统开始出现并且发展。为信息娱乐系统带来了全新的功能。

1981 年，本田推出了首个基于地图的导航系统（见图 1-1）。它装有陀螺仪，而不是 GPS，该陀螺仪有两根导线和一股氢气以确定位置。电子陀螺仪使用地图叠加层代替数字地图。显示屏上的点显示当前位置。所有的计算和行进方向都由 16 位计算机提供支持，价格也非常昂贵，在当时需要上千美元。同一年，另一家日本车企丰田，也在其 Celica 车型上推出了属于自己的导航系统。

图 1-1　首款车载导航系统

1983 年，Etak 成立[①]。它开发了一个早期的系统，该系统使用地图匹配来改进航位推测。数字地图信息存储在标准盒式磁带中。最初的 Etak Navigator 是一个基于 Intel 8088 系统的特殊包装，具有盒式磁带驱动器，上面存储有数字地图。磁带无法容纳太多信息，像洛杉矶地区，需要三到四个磁带。当到达地图的边缘时，驾驶员需要更换盒式磁带以继续导航。

1987 年，丰田公司在其皇冠车型上推出了世界上第一个基于 CD-ROM 的导航系统。

1989 年，美国的格雷格·豪（Gregg Howe）将价值 40 000 美元的 Hunter Systems 导航计算机应用于麦格纳·托雷罗概念车。该系统最初是为消防部门定位消火栓而开发的，该系统同时利用了卫星信号和航位推测法，从而提高了整体系统的准确性。

导航功能的出现可以说是信息娱乐系统的一大进步。导航功能与车辆驾驶紧密相关，到了今天，导航已经成为信息娱乐系统重要的应用之一。

1.1.3　更多的交互方式（20 世纪 90 年代及 21 世纪初）

整个 20 世纪 90 年代，汽车的信息娱乐系统依然是以 CD 为王，虽然倒车影像等辅助功能也开始在各品牌的车上得到广泛应用，但是用户交互变化并不明显。在 21 世纪之初，技术公司开始使用蓝牙作为传输文件的方式，车载系统也不例外。蓝牙技术本身最早是在 1994 年开始研究的，但是直到世纪之交，它才真正起步。在汽车领域，蓝牙技术实现了免提通话功能。

同时，触摸屏也开始更多地在车辆上出现，虽然第一辆具备触摸屏的汽车在 1986 年就曾问世[②]。不过，就触摸屏技术而言，当时的用户体验糟糕，而且运行缓慢。

福特 Sync 于 2007 年亮相，用户可以通过语音控制进行免提通话和控制音乐。可以说是车载语音控制系统的先驱。

1.1.4　科技巨头们的加入（21 世纪 10 年代）

随着 2007 年 iPhone 的发布，智能手机的浪潮开始掀起，许多传统的手机巨头开始慢慢淡出人们的视野，而新的行业领导者也应运而生。苹果凭借 iPhone 重新定义了手机，而另一家科技公司谷歌同样凭借 Android 操作系统及其开源的姿态占据了智能手机系统的大半

---

① Etak 是一家于 1985 年成立在美国加州的独立创业公司，其核心业务就是提供导航系统。
② Buick Riviera 于 1986 年投产，并装配了触摸屏。

江山。

随着手机功能的日益完善,谷歌和苹果开始关注传统的汽车行业。当然,这个时候,手机依然是其业务的中心。

2010年,苹果和谷歌都发布了自己的车载信息娱乐解决方案CarPlay和Android Auto。通过这两款产品,车机可以直接连接到智能手机以播放音乐,使用应用程序并进行导航。

手机的更新换代速度之快,远非传统的汽车行业所能比,随着移动互联网时代的到来,软件的生态也发生了翻天覆地的变化。这时,传统的汽车行业一方面感到了危机,同时也发现了新的机遇,人们开始思考是否能让汽车也变得智能起来。

通过互联网连接(无论是通过智能手机还是其他方式),汽车不仅可以提供娱乐和导航功能,而且还可以更新汽车中的软件。特斯拉(Tesla)等新兴汽车制造商更是成为汽车智能化的催化剂,汽车可以和手机一样对软件进行空中升级(OTA),用户体验可以不断得到改善。

汽车制造商不会止步于此。随着自动驾驶汽车的不断发展,信息娱乐系统很可能会成为汽车的枢纽,人们可以通过信息娱乐系统设定目的地。通过和汽车的对话以完成诸如音乐播放之类的任务。"驾驶员"可以躺下来小睡,因为车将自动驶向目的地。醒来后,可以询问汽车到达目的地的时间。如果还有一段时间才能到达,则可以告诉汽车播放安静的音乐,以重新入睡。

1.2 主流的操作系统

现代化的信息娱乐系统少不了操作系统的支撑。操作系统更多地运行在用户界面之下,因此对于用户来说,并不一定知道当前使用的系统是什么(虽然不同的操作系统会有一些特有的交互范式)。没有了操作系统,智能的信息娱乐系统也就无从谈起。在之前的1.1节中,回顾了车内娱乐系统在功能上的发展历程。其实,为了能够实现新的功能,在这背后,运行在车机中的操作系统同样在演进着。

除去本书要着重介绍的Android系统以外,以下操作系统也同样在车载领域有着广泛的应用。

1.2.1 Windows CE

1995年,微软开始开发名为Windows CE的新操作系统,代号为Pegasus。图形用户界面和可用性与Windows 95相似,并且是专门为嵌入式设备设计的。这是一款与PC端的Windows系统高度相似的产品,它不仅继承了PC系统的经典界面,例如"菜单""我的计算机"和"回收站",而且在商业模式上,微软也同样希望以授权费的方式,让硬件制造商为每部搭载Windows CE系统的设备付费。

最早使用Windows CE的设备之一是HP 300 LX,它于1996年11月16日上市。触摸屏的分辨率为640×240像素。使用"掌上计算机浏览器"(Handheld PC Explorer)可以在移动设备和台式计算机之间同步数据。Windows CE的第一个版本仅提供英语。应用程序编程接口是Windows的Win32 API的子集。最初,运行Windows CE的手持式PC和个人数字助理（PDA）支持 MIPS 3000/4000、Hitachi 的 SuperH 和 Intel x86 等处理器体系结构。同时最多支持 32 个进程，每个进程最多可以有 32MB 虚拟内存，最低要求为 4MB ROM 和 2MB RAM。

微软可以说是最早发现移动设备市场的公司之一，并早在 1995 年就投入开发了 Windows CE 操作系统。不幸的是 20 世纪 90 年代早期的消费市场并不具备接受这些新技术的条件，市场规模也远远达不到微软的预期。后来微软也未能及时应对快速变化的移动设备市场，与千亿美元智能手机操作系统的市场失之交臂。

在 2008 年 4 月 15 日举行的嵌入式系统大会上，微软宣布将 Windows CE 更名为 Windows Embedded Compact，与 Windows Embedded Enterprise、Windows Embedded Standard 和 Windows Embedded POSReady 组成 Windows Embedded 系列产品。

凭借在嵌入式设备上的积累，微软同样开始涉足汽车产业。基于 Windows CE 的 Windows CE 汽车版（Windows CE for Automotive）是 Windows Embedded 操作系统家族的一员，适用于汽车行业的特定要求，对稳定性、安全性和响应时间的要求更为严格。该操作系统由成立于 1995 年 8 月的微软汽车业务部门开发。由微软汽车业务部门制造的第一个汽车产品于 1998 年 12 月 4 日首次亮相，并被应用于福特 Sync、起亚的 Uvo 和 Blue&Me 等车型。此后，Windows CE 汽车版经历了数次版本的变迁，名称也从 Windows CE for Automotive 改为 Windows Automotive，又到后来的 Microsoft Auto 和 Windows Embedded Automotive，总体架构可见图 1-2。

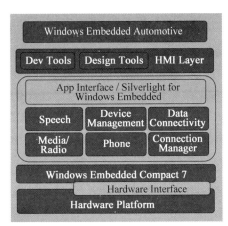

图 1-2　Windows Embedded Automotive 7 系统架构图
（图片来源：微软官网）

在信息娱乐设备以 CD 为王的 20 世纪 90 年代，Windows CE 汽车版的出现可以说首次吹响了汽车数字化的号角，并且在 20 世纪 90 年代末与 21 世纪初取得了不错的成绩，包括福特、宝马、雪铁龙、丰田、沃尔沃和菲亚特都参与到与微软的合作中，开发其汽车操作系统和信息娱乐系统。

以下是 Windows CE 汽车版的主要版本迭代发布历程：

1998 年 1 月，Microsoft Auto PC 1.0，代号 Apollo，Windows CE 2.01

1999 年 10 月，Microsoft Auto PC 2.0，代号 Goldeneye，Windows CE 2.12

2000 年 10 月，基于 Windows CE 3.0 的 Windows CE for Automotive 3.0

2002 年 4 月，基于 Windows CE 3.0 的 Windows CE for Automotive 3.5

2003 年 3 月，基于 Windows CE.NET 4.20 的 Windows Automotive 4.2

2005 年 7 月，基于 Windows CE 5.0 的 Windows Automotive 5.0

2008 年，基于 Windows Embedded CE 6.0 的 Microsoft Auto 3.0

2008 年 11 月，基于 Windows Embedded CE 6.0 R2 的 Microsoft Auto 3.1

2009 年 5 月，基于 Windows Embedded CE 6.0 R2 的 Microsoft Auto 4.0，代号 Bristol

2010 年，基于 Windows Embedded CE 6.0 R3 的 Microsoft Auto 4.1，代号 Motegi

2011 年,基于 Windows Embedded Compact 7 的 Windows Embedded Automotive 7

Windows CE 汽车版经历了十多年的发展,遗憾的是,其始终未能真正成为车内信息娱乐系统的颠覆者。无论是软件的稳定性、用户的交互方式还是对开发者的友好性来说,Windows CE 始终难以称得上是一款足够优秀的操作系统。但不可否认,Windows CE 将现代操作系统引入车内的尝试是值得肯定的。

2014 年 12 月,微软的长期合作伙伴福特宣布该公司将基于 QNX 开发下一代信息娱乐系统,Windows CE 汽车版也随之落下了帷幕。目前,Windows CE 汽车最后发布的版本依然停留在 Windows Embedded Automotive 7。如果在微软官方网站[①]搜索汽车(automotive)相关产品的"服务生命周期",可以发现,相关产品也已经停止支持。

1.2.2　QNX

如果上文提到的 Windows CE 已经是"英雄迟暮",那么本节将要介绍的 QNX 绝对是"风头正劲"。2020 年 6 月 23 日,黑莓(BlackBerry)有限公司宣布,其旗下的 QNX 公司开发的 QNX 软件现已嵌入超过 1.75 亿辆的现存汽车中。自该公司于 2019 年 6 月报告业绩以来,其嵌入量已增加了 2500 万辆[②]。包括奥迪、宝马、奔驰、福特、通用、本田、丰田和大众在内的众多汽车制造商都在其车上运行着 QNX 公司提供的软件产品。

QNX 是一款商业类 UNIX 实时操作系统,主要针对嵌入式系统市场。QNX 最初起源于加拿大,由两位在滑铁卢大学就读的学生开发[③],并成立了 QNX 软件系统公司(QNX Software Systems Limited),该公司后被黑莓公司收购。当人们提到 QNX 的时候,通常指的是 QNX Neutrino 这一款操作系统内核(本书简称其为 QNX 内核)。QNX Neutrino 采取微内核架构,操作系统中的多数功能是以许多小型的任务来执行。

除此之外,随着 QNX 系统的广泛应用,QNX 公司也基于该内核推出了更加丰富的产品线,涉及汽车电子、工业自动化、轨道交通等领域。并提供包括操作系统内核、无线网络框架、虚拟化管理、系统开发平台等众多解决方案。因此,到今天,当人们提到某款设备运行着 QNX 的软件的时候,往往不仅仅包含操作系统内核本身,同样也包含了与其相关更丰富的软件产品。

QNX 的广泛应用与其特点鲜明的内核设计是分不开的。QNX 内核的主要设计目标是以健壮、可扩展的形式提供标准开放的 POSIX API,适用于各种系统,从小型、资源受限的嵌入式系统到高端分布式计算环境。该操作系统支持多个处理器系列,包括 x86、ARM、XScale、PowerPC、MIPS 和 SH-4。

QNX 内核通过两个基本原理实现了其独特的效率,模块化和简单性:微内核架构、基于消息的进程间通信。

QNX 作为一款微内核产品,非常注重模块化的设计,而不仅仅是将操作系统所占的空间设计得更"微"小。QNX 内核管理着一组协作进程。从结构上来看更像是各个分工协作的模块而不是层次结构,因为同等级别的几个模块通过内核相互交互(见图 1-3)。内核是

---

①　微软服务生命周期信息:https://docs.microsoft.com/zh-cn/lifecycle/products/。

②　BlackBerry QNX Software Now Embedded in More Than 175 Million Vehicles:https://www.blackberry.com/us/en/company/newsroom/press-releases/2020/blackberry-qnx-software-now-embedded-in-more-than-175-million-vehicles。

③　Gordon Bell 和 Dan Dodge 联合开发了 QNX 内核。

车载信息娱乐系统概述

任何操作系统的心脏。在宏内核系统中，"内核"包含许多功能，有时，一个内核几乎等同于整个操作系统。而 QNX 内核就更像是一个"内核"。首先，它像实时执行程序的内核一样，很小。其次，它专用于以下基本服务。

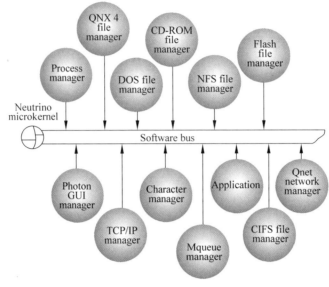

图 1-3　QNX 模块交互图

（图片来源：BlackBerry QNX 官网）

（1）基于 POSIX 线程创建原语的线程服务。

（2）基于 POSIX 信号原语的信号服务。

（3）消息传递服务，微内核处理整个系统中所有线程之间消息的路由。

（4）基于 POSIX 线程同步原语进行同步服务。

（5）调度服务，微内核使用各种 POSIX 实时调度策略调度线程以供执行。

（6）计时器服务，微内核提供了丰富的 POSIX 计时器服务集。

（7）流程管理服务，微内核和流程管理器共同组成一个单元（称为 procnto）。进程管理器部分负责管理进程，内存和路径名空间。

QNX 内核使用消息传递作为 IPC 基本的方式。消息是从一个进程传递到另一个进程的一小部分字节。操作系统对消息的内容没有特殊的意义，消息中的数据对于消息的发送者及其接收者具有意义，但对于其他任何模块都没有意义。

消息传递不仅允许进程彼此传递数据，而且还提供了一种同步多个进程执行的方式。在它们发送、接收和回复消息的过程中会经历各种"状态变化"，这些变化会影响它们何时以及可能运行多长时间。了解了它们的状态和优先级后，微内核可以尽可能高效地调度所有进程，以充分利用可用的 CPU 资源。因此，这种单一、一致的方法（消息传递）在整个系统中始终有效。

实时性和关键任务通常需要可靠的 IPC 机制来保障，因为组成此类应用程序的进程往往紧密的相互关联。QNX 内核的消息传递设计强加了纪律，有助于为应用程序带来更高的可靠性。

以上,简单介绍了 QNX 内核的相关特点。随着 QNX 公司的发展,QNX 的相关产品早已不仅仅限于 QNX 内核,并且应用于不同的领域。而与汽车电子,或者更具体的与信息娱乐系统相关的产品主要有虚拟化(主要指 QNX Hypervisor)和信息娱乐系统平台。

QNX 虚拟化技术同样基于 QNX 内核构建[①],支持 QNX 内核本身、Linux、Android 等客户作业系统(Guest OS)在其上运行。同时支持以硬件虚拟化为主的全虚拟化,以及半虚拟化方案。QNX 虚拟化架构如图 1-4 所示。虚拟化是接近操作系统底层的技术,它的广泛使用与汽车电子架构的转变有关。随着汽车数字化的提升,一辆现代的汽车中运行的源码数量大大增加,车内的电子控制单元的数量快速上升,成本也越来越高。在这种情况下,汽车制造商们开始考虑减少电子控制单元的数量,并将其整合到一个设备中。以信息娱乐系统为例,不少汽车制造商开始将仪表与信息娱乐单元进行整合。但不同的功能域对安全、实时性的要求各不相同,简单地将其整合到一个操作系统显然是行不通的。虚拟化技术可以将不同的操作系统运行于同一设备中,并由 QNX Hypervisor 进行统一管理。无论客户系统正在做什么,QNX Hypervisor 始终保持对硬件的控制,它控制来宾访问硬件设备的能力,将来宾访问主机物理内存的能力限制到其分配的内存区域,具有对调度的最终控制权。汽车制造商可以因此实现成本、尺寸、重量的降低。除了在信息娱乐领域,QNX 的虚拟化技术同样也用于主动安全、自动驾驶等其他汽车电子领域。

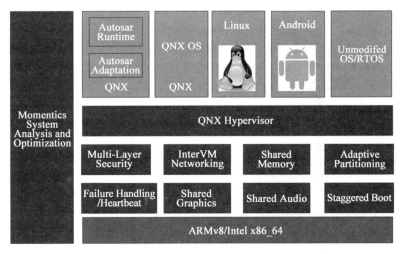

图 1-4　QNX 虚拟化架构图
(图片来源:BlackBerry QNX 官网)

可以预见,虚拟化技术在未来会在汽车行业内有更广泛的应用。不过,无论是 QNX 内核还是 QNX 虚拟化技术,都属于系统底层的技术。而与用户更加密切相关的产品上,QNX 推出了为数字化座舱所设计的信息娱乐系统平台,集成了更完整的功能,如多媒体、语音、导航等。

QNX 多媒体套件的功能包括:集成的音频和视频编解码器,用于编码和解码。音频和视频播放控制,媒体检测和设备支持,媒体数据同步和管理数据库等。

在蓝牙方面,QNX 信息娱乐系统平台,对不同蓝牙协议提供广泛的支持。支持经典蓝牙

---

① QNX 同样提供其他通过安全认证的虚拟化产品,其在内核及虚拟化的实现上会有差异。

车载信息娱乐系统概述

的 PAN、SPP、HFP、MAP、BPAP、AVRCP、A2DP 协议,同时支持低功耗蓝牙的 GATT 协议。

在图形方面,QNX 信息娱乐系统平台选择了 QT 作为其图形框架。同时支持 HTML 5 和 OpenGL ES 应用的开发。

QNX 信息娱乐平台提供抽象层使用各种工具和语言创建的应用程序能够与系统服务进行交互。除了上层应用以外,也提供了相应的框架支持,使得系统更具灵活性。

QNX 公司于 2013 年发布了其车载信息娱乐平台(QNX CAR development platform 2.0)。从其构建完整中间层服务及框架的目标来看,其与 Android 之间有更加直接的竞争关系。目前来看,Android 所拥有的庞大生态是 QNX 汽车平台目前所没有的。因此,QNX 在尝试兼容 Android 的应用。另外,在 Android Automotive OS 问世之前,Android 始终没有为汽车打造的信息娱乐系统平台,QNX 娱乐系统平台为汽车做了更加完善的设计,更适合汽车的使用场景,获得出色的市场表现。

在未来,QNX 公司依然会是汽车电子软件方面重要的力量,其虚拟化、内核的技术持续增长。但同时,在信息娱乐系统方面,它也需要面对来自 Android 更加强烈的竞争。

1.2.3 Linux

Linux 是一款类 UNIX 的开源的操作系统,其自 1991 年发布首个内核版本以来,已经取得了巨大的成功。其应用领域之广泛,在现代操作系统中可以说无人能及,无论是桌面端、服务端、智能设备、嵌入式设备,都有 Linux 的身影。同时,由于其开源的特性,诞生了无数基于 Linux 内核的各类衍生系统,其中也包括 Android。而涉及车载信息娱乐领域,除了 Android,同样还有其他基于 Linux 的解决方案。本节将概要介绍 Linux 在车载信息娱乐系统上的应用。

基于 Linux 的车载娱乐系统解决方案中,以 GENIVI 和 AGL(Automotive Grade Linux)这两个项目的影响力最大。除此以外,特斯拉同样基于 Linux 开发了自己的信息娱乐系统平台。GENIVI 和 AGL 的最大的特点就是开源、开放,以联盟的形式制定标准化的软件框架。长久以来,汽车制造商完全依赖供应商为给定的需求独立开发和提供系统,从而导致开发周期长、成本高的问题。因此,将通用的功能进行标准化、模块化是有其意义的,这也是像 GENIVI 和 AGL 这样的项目成立的重要原因。

GENIVI 联盟是一个非营利性汽车行业联盟,致力于开发标准方法来集成座舱中的操作系统和中间件。GENIVI 联盟由宝马、德尔福、通用汽车、英特尔等多家公司于 2009 年 3 月 2 日成立。GENIVI 专注于将 Linux 推向汽车领域,主要目标是定义用于开发信息娱乐系统的标准化通用软件平台。通过识别信息娱乐系统中共有的功能模块,GENIVI 平台定义中间件组件,而不是完整的信息娱乐系统。对于制造商来说可以集中在上层组件的开发上,例如应用层和人机界面而不是基础系统。

GENIVI 主要包含以下子系统。

- 软件管理;
- 电源管理;
- 用户管理;
- 安全与诊断;
- IPC 系统,GENIVI 采用特有的 CommonAPI 进行跨进程通信;

- 车辆网络,处理与车辆总线相关的各种信号;
- 图形系统;
- 音视频管理;
- 摄像头管理;
- 蓝牙、网络及其他链接;
- 语音;
- 导航及基于位置的服务。

自成立以来,GENIVI已经走了很长一段路。GENIVI联盟发展壮大,包括超过180家公司,从OEM到第一级供应商以及二级三级供应商。2013年,宝马开始以GENIVI构建其信息娱乐系统;而后本田、现代、戴姆勒、上汽等企业也加入进来,成为其主要的成员。

另一个基于Linux提供开放平台的项目AGL由Linux基金会于2012年成立,是一个协作性开源项目,它将汽车制造商、供应商和技术公司召集在一起,以加快开发用于互联汽车的完全开放的软件堆栈。因此,AGL专注的领域不仅仅是在信息娱乐系统,同样也包括车联网、主动安全等方面。目标是为生产项目提供70%~80%的实现率,使汽车制造商和供应商可以将资源集中在定制其他功能(占20%~30%)上,以满足用户独特的产品需求。

图1-5是AGL的整体架构,AGL提供了较为丰富的功能,主要包含以下模块。

- 主屏幕;
- 供暖通风和空调(HVAC);
- 地图;

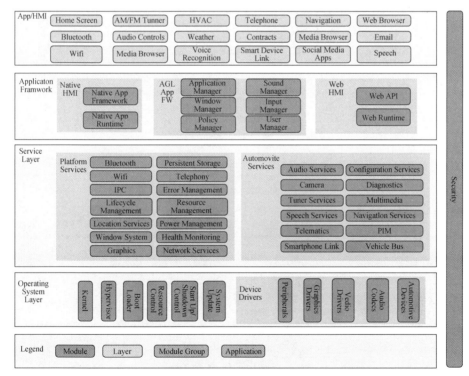

图 1-5　AGL 架构图

(图片来源:AGL官网)

车载信息娱乐系统概述

- 媒体与新闻服务；
- 蓝牙支持；
- 智能设备互联；
- 浏览器；
- 无线上网；
- 语音识别。

2018 年丰田采用 AGL 的解决方案为其凯美瑞车型提供信息娱乐系统，其后也应用在了其他车型上。此外，奔驰、斯巴鲁也尝试用 AGL 作为其下一代的信息娱乐系统的基础。

基于 Linux 的信息娱乐系统，无论是 AGL 还是 GENIVI，它们开源开放的形式可以说是看到了传统信息娱乐系统开发的痛点，希望以联盟的形式提供更统一的软件方案，并且它们一开始便是为汽车领域所设计的。但同时，Android 所具备的成熟生态还有社区的规模恰恰是其他 Linux 开源项目所不具备的。

1.3　小　　结

本章介绍了车载信息娱乐系统领域的发展过程和主流的操作系统。

从最初的收音机到现在丰富多彩的车载应用，车载信息娱乐系统已经走过了相当长的一段路。

软件行业的各大巨头也开始在汽车领域发力，汽车软件正在经历着巨大的变革，而车载信息娱乐系统作为用户的直接触点，伴随着智能汽车的兴起，成为了汽车制造商们吸引用户的重要卖点。

第2章 Android 与汽车

Android 自 2007 年首次推出以来,已经经历了十多个版本的发布。现在,Android 已经成为了人们最为熟悉的移动操作系统之一。并且,自 2011 年以来,Android 一直是全球智能手机和平板设备上最畅销的操作系统,每月有超过数十亿的活跃用户。

除了海量的用户以外,无数的开发者也伴随着 Android 的发展而共同成长,Android 拥有数百万的开发者,这些开发者为 Android 构建起了庞大的生态圈。尽管,iOS 同样在手机市场上备受青睐,但以市场占有率来说,Android 是毫无疑问的手机市场霸主。

也许是因为手机及移动设备的庞大市场和激烈竞争,Android 在很长时间之内都没有涉足汽车相关的领域,而始终专注于移动设备的发展。尽管由于 Android 开源开放的特点,不乏基于 Android 进行二次开发将其应用于车内设备的产品出现在市场上,但是,谷歌却始终没有为汽车推出官方的解决方案。

直到 2014 年,Android Auto 在 Google I/O 大会上首次亮相,谷歌才吹响了进军汽车市场的号角。Android Auto 是一款手机与车机互联的产品,可以将手机上的部分应用接入车机进行使用。

接着,2017 年,谷歌推出了 Android Automotive OS,专为在汽车中运行而设计的 Android 系统才进入人们的视野。2020 年,第一辆以标准 Android Automotive OS 作为其信息娱乐系统的车型(Polestar 2)正式交付用户,宣告着搭载 Android Automotive OS 的车载系统正式进入了市场。可以说,谷歌涉足汽车领域的时间并不算早,在其逐步推进汽车产品的这几年中,市场上各类的 Android 系统已经有了碎片化的趋势,这也是 Android Automotive OS 在未来所要面临的挑战之一(即如何规范车载 Android 系统,创建汽车应用生态)。

本章将概要介绍 Android Auto 及 Android Automotive OS 这两个产品的发展过程。

2.1 Android Auto

Android Auto 是谷歌推出的首款针对车载信息娱乐系统的产品,它是一款将手机内容投射到兼容的车机屏幕上的产品,主要的运算任务通过手机完成。同一时期,苹果同样推出了其投屏产品 CarPlay。这两家公司占据了几乎全部的智能手机操作系统市场,因此,围绕手机推出与车机互联的投屏方案可以说也是顺理成章的事情。

首个支持 Android Auto 的手机版本是 Android L(Android 5.0),而目前最新的 Android Auto 版本需要运行在 Android M(Android 6.0)及之后的设备上。而在车机端,2015 年 5 月,现代汽车成为第一家提供 Android Auto 支持的制造商,并在现代索纳塔车型上首次亮相。

  Android Auto 并不是开源的，要使用 Android Auto 进行投屏首先需要在手机上下载 Android Auto 这个应用程序（从 Android 11 开始 Android Auto 默认包含在谷歌服务中）。同时车机需要支持 Android Auto 的互联协议。

  并非所有手机上的应用程序都可以通过 Android Auto 投屏到车机上，下面介绍 Android Auto 所支持的几类应用程序。

2.1.1 媒体类应用

  媒体类应用包含音乐、广播、有声读物等音频内容。第三方开发者允许在 Android Auto 上构建、测试和分发媒体应用。同时，考虑到驾驶安全，在 Android Auto 上的媒体应用并不包含视频类应用。在开发的要求上，运行在 Android Auto 上的媒体类应用也要比手机上的音视频应用更加严格，必须遵循 Android 的媒体类应用框架，并使用特定媒体模板。

  通过媒体模板，Android Auto 使音频应用的交互界面更加统一。在此模板中，用户使用浏览页以查找和选择可播放的内容。播放内容时，用户可以在播放界面中控制播放，并且，通过浮动按钮在浏览页中仍可访问播放界面。播放界面还允许访问当前正在播放和即将播放的内容列表。

2.1.2 即时通信类应用

  即时通信类应用使用户可以接收通知和信息，并支持语音朗读消息以及通过汽车中的语音助手输入并回复消息。

  对于运行在 Android Auto 上的通信类应用，需要遵循指定的交互方式，即语音交互。基于语音的消息传递使驾驶员在交流时能始终注视道路。目前，Android Auto 的即时通信类应用仅支持接收和响应文本消息，可将短信和消息等文本信息转换为音频。

  当用户收到新的消息的时候，Android Auto 会弹出通知提示用户，并允许用户点击进行朗读或进一步回复。

2.1.3 导航类应用

  导航类应用包含地图、寻找加油站、充电站及停车场等应用场景。Android Auto 在 2020 年开始加入对于导航类应用的支持（允许第三方开发者通过应用市场发布导航类的应用，在此之前用户只能使用谷歌地图在 Android Auto 上进行导航）。

  与需要严格按照布局模板及方法进行开发的媒体类及通信类应用不同，第三方导航类应用需要基于特定的 SDK 进行开发。导航类应用开发的复杂度相较之下会有所提高，不过同时，第三方开发者将对应用有更大的控制权，可以对页面进行更多的自定义。

2.1.4 谷歌服务

  除了上述提到的媒体类、即时通信类、导航类应用以外，Android Auto 还包含了一系列谷歌服务，如谷歌地图、谷歌语音助手等。这些谷歌自带的服务不仅与用户直接进行交互，同时,它们也为第三方应用提供部分功能,如语音控制。与开放给第三方的应用类型不同,谷歌服务与 Android Auto 有更深入的融合,并且不受应用开发模板的限制。

2.1.5　Android Auto 应用规范

与直接运行于手机上的应用不同,运行于 Android Auto 模式下的应用有更严格的设计规范和限制,这主要是考虑到驾驶安全方面的问题。因此无论是第三方应用还是谷歌自己的服务,它们都需要遵循一些基本的设计理念。当然,这些设计的要求实际上不仅限于 Android Auto 这一产品之上,对于其他在车内的应用程序同样有其参考意义。以下列举一些 Android Auto 在车内应用设计上的要求。

(1) 应用程序不会在屏幕上显示动画元素,如动画图形、视频。

(2) 除了广告标题或产品名称外,应用程序不会显示文本广告,且不会通过通知展示广告。

(3) 应用程序不包含应用程序类型以外的游戏或其他功能。

(4) 应用程序不会显示自动滚动的文本。

(5) 应用的按钮对用户操作的响应不超过两秒钟的延迟。

2.1.6　Android Auto 的协议

汽车制造商集成 Android Auto 需要使用规定的协议进行车机与手机的通信。从 Android 11 开始(包含部分 Android 10、Android 9 的设备),Android Auto 支持无线和有线两种方式进行连接。Android Auto 有线方案基于 Android 开放配件(AOA)协议,而无线方案则基于 5G 的 WIFI 进行通信。

除了对通信协议的支持以外,车机端还需要支持视频、音频的处理,包括 H.264 视频流的编解码、音频的编解码与混音;麦克风及触控事件的传递等。图 2-1 说明了 Android Auto 所包含的主要软件模块。

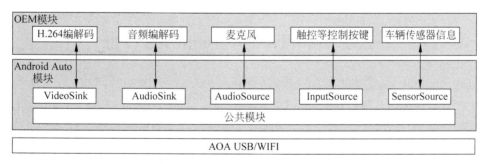

图 2-1　Android Auto 主要软件模块

在通过有线进行投屏时,Android Auto 的连接流程如图 2-2 所示。

而 Android Auto 无线方案的连接流程如图 2-3 所示。

与通过 USB 有线连接的方案不同,通过无线连接的 Android Auto 首先需要通过蓝牙对 WIFI 信息进行同步,并利用该过程中传递的数据建立车机与手机的 WIFI 连接。

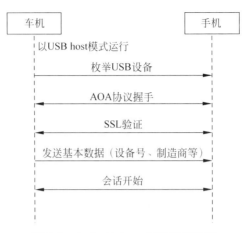

图 2-2　Android Auto 有线连接过程

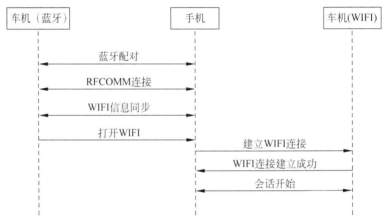

图 2-3　Android Auto 无线连接过程

2.2　Android Automotive OS

尽管 Android Auto 通过与手机互联为用户在车内带来了更丰富的信息娱乐体验,扩充了传统车载信息娱乐系统的功能,使用户可以使用部分手机上的应用,但是,投屏互联方案同样受到局限,应用类型限于特定的几类;独立于车内原生的娱乐系统之外,带来割裂的用户体验,很难与车辆本身做进一步地融合。

另一方面,已有不少制造商看中了 Android 成熟丰富的生态,希望将其移植到车机中,但是在没有谷歌官方解决方案的情况下,各汽车制造商只能基于手机 Android 系统进行二次开发,于是市场上虽有不少基于 Android 的车载信息娱乐系统,却大相径庭,彼此之间互相独立,开发成本昂贵且无法形成生态。Android Automotive OS 的出现让人们看到了以上局面被改变的可能。

Android Automotive OS 是一款直接运行于车载硬件之中、针对信息娱乐领域的操作系统。与手机 Android 系统一样,Android Automotive OS 采用开源开放的形式,为第三方和汽车制造商提供了开放性、自定义和可拓展性。无论是开发语言还是编程接口,Android Automotive OS 都保持了 Android 系统原有的形式。

运行于 Android Automotive OS 之上,与手机的谷歌移动服务(Google Mobile Services,GMS)类似,谷歌为汽车开发了专门的服务,称为谷歌汽车服务(Google Automotive Services,GAS),包含谷歌地图、应用市场、谷歌汽车助理等。谷歌汽车服务不是开源的,其基于 Android Automotive OS 平台开发,以额外的软件包提供给制造商。

上文曾经提到,第一款搭载 Android Automotive OS 的车辆 Polestar 2 在 2020 年开始交付(搭载 Android 9)。谷歌在车载信息娱乐系统领域的投入似乎显得姗姗来迟。但如果追溯历史,会发现其实谷歌对于车载信息娱乐系统的投入又比很多人以为的要更早一些,这一点可以通过 Android 的源码得到印证。

Android 各版本中首次出现汽车相关源码的版本是 Android 7.0(Android N)。Android 7.0 正式发布于 2016 年。考虑到谷歌发布大版本的开发周期,可以说 2015 年的时候,谷歌就开始了 Android 车机版本的开发,与 Android Auto 推出的时间几乎是同时的。因此,有理由相信谷歌在推出 Android Auto 投屏方案的同时,已经在考虑直接运行于车机之上的"本地"Android 版本开发了,只是那个时候谷歌并未提出 Android Automotive OS 这一概念,Android 7.0 中汽车相关的服务更像是一个彩蛋,在 Android 7.0 发布的时候甚至没有引起人们的注意,相关的资料也很少。在笔者查阅相关文档的时候注意到,谷歌一开始将 Android Automotive OS 称为 Android Auto Embedded,可以理解为嵌入式(本地的)汽车 Android,而 Android Auto 则称为 Android Auto Projected,即投屏的 Android 汽车方案,从这点上也可以看出谷歌一开始就意在将 Android Auto 与 Android Automotive OS 作为两套独立的方案进行推广。

本书主要通过 Android 9 及 Android 10 的源码对 Android Automotive OS 进行分析。本节,先通过源码了解 Android Automotive OS 的演进之路。尽管最新的 Android Automotive OS 的源码与最早在 Android 7.0 中的相比已经发生了很大的变化,但是整个设计上依然有其共通的地方。

2.2.1　Android 7.0

Android 7.0 是谷歌首次尝试在源码中加入汽车相关服务支持 Android 作为车机系统的版本。为了支持汽车相关的功能,Android 7.0 主要在原来 Android 的框架以外拓展了汽车相关的服务,定义了相关接口。

汽车服务以独立的 APK 的形式存在,使用 system UID 运行,称之为 CarService。模块相关源码位于 packages/services/Car/service 路径下。打开 Android 7.0 的源码,会发现当时主要包含以下服务:

- CarPowerManagementService;
- CarPackageManagerService;
- CarInputService;
- CarSensorService;
- CarInfoService;
- CarAudioService;

- CarProjectionService；
- CarCameraService；
- CarHvacService；
- CarRadioService；
- CarNightService；
- AppContextService；
- GarageModeService；
- CarNavigationService；
- InstrumentClusterService。

可以看出以上服务与空调、车辆信息、广播、导航等功能相关，它们都运行在 CarService 这一进程中（包名：com. android. car）。CarService 通过监听开机广播（android. intent. action. PRE_BOOT_COMPLETED 和 android. intent. action. BOOT_COMPLETED）进行启动。

在以上服务之下，为了与汽车制造商具体的控制逻辑解耦，Android 7.0 中定义了 HAL 层的接口，称之为 IVehicleNetwork，以支持订阅、获取、设置等操作，同时定义了不同的属性值来区分不同的功能。

在提供给应用的 API 方面，Android 7.0 定义了相关的 Car API，源码位于 packages/ services/Car/car-lib 下。同时，可以编译额外的支持库，供应用调用相关的编程接口，支持库位于 packages/services/Car/car-support-lib 路径下。通过 Car API，上层应用可以获取到 CarService 中实现的各个服务对应的编程接口，使用相关接口完成对服务端的调用，实现如设置空调温度、获取车速等操作。

尽管在后续的 Android 版本中，CarService 和 Car API 的实现发生了很大的变化，服务的具体实现方式和应用的编程接口都与 Android 7.0 很不一样，并不具备兼容性。但是，整体的结构并没有大的变化，应用依然使用 Car API 完成对车辆属性的获取与控制，汽车相关的服务依然主要运行在 CarService 中，VehicleHAL 进行了扩充和重定义，但是仍然使用不同的属性来区分具体的功能。

2. 2. 2　Android 8. 0

Android 8.0 延续了 Android 7.0 的设计。但与汽车相关的功能更加完善了。

在 CarService 原有服务的基础上，增加了以下新的服务：

- CarCabinService；
- CarVendorExtensionService；
- CarBluetoothService。

在车外摄像头方面，引入了 EVS（exterior view system）车载相机模块，移除了 CarCameraService。在 HAL 的定义上，切换至使用 Android 8.0 引入的 HIDL 形式。

另一个重要的变化是，在 packages/apps/Car 路径下，增加了专为汽车平台开发的应用，这些由谷歌开发的应用使用 Car API 中的相关接口，为汽车制造商提供现成的实现，同时对于需要自定义应用的制造商而言，可以作为参考。谷歌将这些应用称之为 Hero Apps。主要包含以下应用：

- Dialer 电话;
- Hvac 空调应用,控制车内空调相关功能;
- LatinIME 输入法,基本的英文输入;
- LocalMediaPlayer 本地音乐播放器,可以使用它播放本地的音乐;
- Media 媒体中心;
- Messenger 消息应用,用于接收发送短信;
- Radio 广播;
- Settings 设置,与手机设置不同,谷歌为汽车开发了专门的设置应用。

尽管未有基于 Android 8.0 版本的标准 Android 车载信息娱乐系统问世,但 Android 8.0 的发布依然有其积极的作用,Android 8.0 为汽车相关的功能从应用层、框架层和硬件抽象层都提供了更完整的实现,特别是硬件抽象层 VehicleHAL 的定义上,Android 8.0 使用的定义方式和规则一直得以沿用,HAL 的定义是制造商和 Android 系统重要的关联部分,这为以后的拓展奠定了基础。

2.2.3　Android 9 和 Android 10

Android 9 和 Android 10 可以说是 Android Automotive OS 真正实现落地的两个版本。

不仅是因为搭载 Android Automotive OS 的汽车正式上市,也因为第三方应用开始出现,同时,谷歌为汽车开发的谷歌汽车服务也同时问世。不仅如此,谷歌也为汽车设备制定了兼容性规范和认证机制。Android Automotive OS 生态圈的打造迈出了第一步。

那么,在这两个版本上,相关的源码又发生了哪些变化呢？到底 Android Automotive OS 背后的实现、架构是什么样子的？本书后面的内容就将基于这两个版本进行进一步的介绍。希望帮助读者对 Android Automotive OS 有一个更全面的认识。

2.3　小　　结

本章概要介绍了 Android 在汽车领域的产品,包括 Android Auto 和 Android Automotive OS。简要说明了两款产品的定位和实现,回顾了产品的迭代过程。

第3章 | 阅 读 准 备

在继续阅读本书其他内容之前,建议读者搭建相关的环境以便在阅读的过程中进行调试或动手操作。本章介绍相关的内容,包括源码的下载、源码的编译、Android Automotive OS 相关库的编译和配置、模拟器的使用等。

3.1　源 码 下 载

Android Automotive OS 属于 AOSP 的一部分,为了后续进一步进行编译,需要获取 Android 完整的源码。Android 源码的编译需要在 Linux 或 macOS 下进行,因此建议读者选择在这两个系统上下载源码。

随着 Android 多年的发展,Android 源码的所占空间已经相当庞大,通过 Repo 工具进行下载的源码除了源文件以外,还会包含 git 仓库,所占空间可能超过 90GB,编译后的所占空间更加可观,因此,请读者留足所需的空间。

本书中的源码涉及 Android 9 及 Android 10 这两个大版本。不过,只要下载其中一套源码,读者便可完成相关内容的学习。除了大版本之外,Android 还包含许多分支和标记版本。如 android-10.0.0_r1、android-9.0.0_r61。读者可任意选择基于 Android 10 或 Android 9 的一个标记版本进行下载。

关于如何配置 Repo 以及其依赖的工具,谷歌官方[①]和网络上非常容易找到相关的指导,在这里就不再赘述了。在下载时,读者也可通过国内的第三方镜像进行下载,以获得更快的下载速度。当读者成功运行以下两个命令之后,相信源码就下载成功了:

```
repo init – u https://android.googlesource.com/platform/manifest – android – 9.0.0_r61
```

```
repo sync
```

3.2　源 码 编 译

3.2.1　完整镜像的编译

完成了 Android 源码的下载,就可以进行编译了。编译 Android 镜像对宿主机的环境

---

① Android 源码下载: https://source.android.com/setup/build/downloading。

有一定的要求，以 Ubuntu 18.04 为例，需要安装以下软件包：

```
sudo apt - get install git - core gnupg flex bison build - essential zip curl zlib1g - dev gcc - multilib
g++ - multilib libc6 - dev - i386 lib32ncurses5 - dev x11proto - core - dev libx11 - dev lib32z1 - dev
libgl1 - mesa - dev libxml2 - utils xsltproc unzip fontconfig
```

不同的 Linux 发行版本在软件包依赖上会有些许差异，在 macOS 上构建 Android 镜像同样需要前期配置环境，具体的步骤及说明，可以参考谷歌官方的搭建构建环境说明[①]。请读者在编译前，完成相关依赖的配置。

在主机的编译环境准备好后，就可以开始构建完整的 Android Automotive OS 镜像了。首先，需要进入已下载源码的根目录，设置基本的编译环境、命令如下：

```
source build/envsetup.sh
```

之后，可以运行"hmm"命令查看可用命令的列表。

上述步骤相信之前有过编译 Android 源码经验的读者都不陌生。下面需要使用"lunch"命令以选择构建的目标。在构建目标列表中，除了汽车相关的目标外，还包含手机、平板、电视等。因此为了正确编译 Android Automotive OS 的镜像，首先需要选择正确的构建目标。在 Android 9 与 Android 10 的源码中，都包含以下四个汽车相关的产品目标：

```
aosp_car_arm64
aosp_car_arm
aosp_car_x86
aosp_car_x86_64
```

以上这四个产品目标，编译后生成的镜像用于在 Android 模拟器中运行。

除此以外，在某些标记版本中，还包含额外的构建目标可供选择，如 android-10.0.0_r40 中包含 aosp_crosshatch_car 和 aosp_coral_car，这些额外的构建目标针对特定的物理设备，开发者可以编译后将其刷写到对应的设备上进行调试。截至本节写作时，仅支持 Pixel 3 XL 和 Pixel 4 XL 这两款物理设备。读者可以留意后续的变化，以便获得更好的开发环境。

lunch 命令传入的参数除了产品名称，如 aosp_car_x86_64 以外，还需要指定构建类型（user、userdebug 或 eng），为了便于开发，一般选择 userdebug 作为构建类型的参数，userdebug 的镜像可以取得 root 权限和使用相关调试功能。由于笔者的主机是 Linux 64 位的，构建 x86_64 的模拟器可以获得更流畅的运行体验，因此选择以 aosp_car_x86_64-userdebug 作为构建目标，读者可根据实际情况进行选择。运行以下命令设置构建的目标：

```
lunch aosp_car_x86_64 - userdebug
```

接着就是构建了，运行 make 命令编译该目标产品所依赖的全部源码，可以指定-j 参数进行多任务编译：

---

① 搭建构建环境：https://source.android.com/setup/build/initializing。

```
make - j8
```

编译需要较长的时间,编译完成后通过以下命令就可以启动刚才编译的模拟器镜像了:

```
emulator
```

从命令行启动模拟器有许多选项可供选择,当主机不支持硬件加速,抑或需要设置模拟器网络代理等情况下需要使用额外的选项,具体的选项可参考谷歌的官方文档[①]。

如果一切正常,读者就可以看到一个横屏的原生 Android Automotive OS 模拟器窗口启动了,Android 10 还支持多显示屏的模拟,因此模拟器还会创建一个仪表显示的窗口。由于并不包含谷歌汽车服务(GAS),桌面上的地图栏没有显示的内容。模拟器的运行还依赖于虚拟化配置、硬件加速等要求,如读者在运行时遇到问题,可以检查相关的系统配置是否正确,应首先确保在 Android Studio 中可以正常运行官方的模拟器镜像。

有的时候,读者需要通过同一套源码编译多个目标产品,并同时保持多个目标产品的编译结果,这个时候,可以在使用 lunch 命令设置新的编译目标前指定新的输出目录(默认为 out 目录),如:

```
export OUT_DIR = new_out
```

然后再指定编译目标并构建,这个时候编译产生的文件都将生成在 new_out 目录下。

3.2.2　Android Automotive OS 相关库的编译

android. car 是 Android Automotive OS 重要的模块,在此称之为 Car Lib,相关的 Car API 调用都需要依赖 Car Lib。当读者基于 Android 源码进行开发的时候,相关的模块可以通过 Android. mk 或 Android. bp 导入 Car Lib 的依赖,方式如下:

```
[Android.mk]

  LOCAL_JAVA_LIBRARIES += android.car

[Android.bp]

  android_app {
...
    libs: ["android.car"],
...
  }
```

除此以外,在进行应用开发时,开发者可能希望将 Car Lib 导入 Android Studio 工程,或者有的时候由第三方负责部分模块开发的时候无法基于完整的源码进行开发,这种情况下需要将 Car Lib 单独导出。尤其是基于 Android SDK 28(Android 9)或 Android SDK 29

---

① 从命令行启动模拟器选项：https://developer.android.com/studio/run/emulator-commandline#startup-options。

（Android 10）Revision 5 之前的版本的项目来说,谷歌官方的 SDK 中尚未包含 Car Lib,因此开发者需要以额外依赖包的形式导入工程中,以获得使用 Car API 的相关依赖。

与其他 Android API 一样,Car API 对不同方法设置了不同的访问等级,并不是所有的 API 都是公开的,有的是隐藏的 API,这部分 API 不建议第三方应用进行调用,因为谷歌不保证其在后续版本中的兼容性。在单独编译 Car Lib 的时候,允许根据方法可见性导出不同的 Car Lib 包。在 Car Lib 的构建文件(Android.mk 或 Android.bp)中,定义了以下三个模块:

```
android.car
android.car - system - stubs
android.car - stubs
```

其中,android.car 包含所有 Car Lib 中定义的方法;android.car-system-stubs 几乎包含所有的方法,除了不应被其他模块使用的系统方法,如 AudioPatch;android.car-stubs 则仅包含公开的 Car API,这些 API 具有较高的稳定性。

通过 make 加上模块名的方式,可以单独编译特定模块,因此,读者可以通过以下命令编译上述三个模块(也可单独编译其中一个):

```
make android.car android.car - system - stubs android.car - stubs
```

编译后的结果以 JAR 文件格式存放在 out/soong/.intermediates 路径中,并以对应的工程路径命名的子目录下（如 out/soong/.intermediates/packages/services/Car/car-lib/android.car/android_common/javac/android.car.jar）。复制对应的 JAR 文件并导入 Android Studio 工程中,就可以在某一工程中使用 Car API 了。

除了 Car Lib 以外,Android Automotive OS 中还包含其他专为汽车设备开发的库可供使用,开发者可以像编译 Car Lib 一样,在找到模块名后对这些库进行单独编译。对于编译类型为 Android 库（Android Archive,即 AAR 文件）的模块来说,成功编译后,可以在 android_common 目录下找到对应的 AAR 包。

表 3-1 列出了部分 Android Automotive OS 的开发库及其主要的功能概述。

表 3-1　Automotive 相关模块列表

模　　块	概　　述
car-assist-client-lib	短信朗读功能客户端 API
car-assist-lib	短信朗读功能服务端 API
car-broadcastradio-support	广播开发支持库
car-media-common	媒体中心开发支持库
car-messenger-common	消息应用开发支持库
car-settings-lib	系统设置开发支持库
car-telephony-common	电话应用开发支持库
car-ui-lib	UI 控件支持库
android.car.userlib	多用户支持库
com.android.car.obd2	OBD 诊断开发支持库
car-setup-wizard-lib	谷歌开机向导开发支持库

以上这些开发库各有其用途,与 Car Lib 不同的是这些库主要面向的是系统模块和部分系统应用的开发者,第三方应用开发者一般不需要使用到这些库。对于基于 Android Automotive OS 进行开发的制造商而言,以上这些库是值得关注的,因为许多功能已经可以在这些库中找到现成的实现。

3.3　Android Studio 配置开发环境

对于只是希望在 Android Automotive OS 平台上进行应用开发的开发者来说,未必需要下载完整的 Android Automotive OS 源码进行编译。在 Android Studio 中进行开发是大部分 Android 开发者所更为熟悉的方式。本节继续介绍如何在 Android Studio 中搭建汽车应用的开发和调试环境。

Android Studio 从 3.6 版本开始支持为 Android Automotive OS 创建模板工程,因此读者需要下载 Android Studio 3.6 或之后的版本进行开发。在 Automotive 工程模板栏下可以选择创建媒体应用,如图 3-1 所示。

图 3-1　Android Studio 创建模板工程

除了模板工程的创建以外,Android Studio 3.6 开始支持汽车模拟器。在创建模拟器的时候,目前有两款硬件设备样式可供选择,如图 3-2 所示,分别是 Automotive 的官方版本,以及首款搭载 Android Automotive OS 的量产车型 Polestar 2 的样式,前者是横屏设计,后者则是竖屏设计。

开发者可以通过 SDK Manager 下载到谷歌官方提供的 Android Automotive OS 模拟器镜像,如 Automotive Intel x86 Atom System Image。除此以外,Polestar 的模拟器镜像也可以在其官方网站[①]进行下载。目前,汽车模拟器可供选择的数量还比较有限,以上两款模拟器都是谷歌官方推荐并通过认证测试的,推荐读者都进行安装,以便在不同的用户交互界面下测试自己开发的应用。

---

① 　Polestar 模拟器镜像下载：https://www.polestar.com/se/developer。

图 3-2　创建 Automotive 模拟器

除此以外，读者可以通过在 Android Studio 设置中将更新选项设置为 Canary Channel（最早预览版），以获取更多的非稳定版本镜像。

在 Android Studio 中进行汽车应用的开发同样需要导入相关的依赖库，如 Car Lib。除了上文中提到的通过源码编译相关开发库的方式，从 Android SDK Platform 29-Revision 5 开始，Car Lib 已正式集成入官方的 SDK 中，因此如果应用的目标版本是 Android SDK Platform 29（Android 10）及之后版本，可以通过在 SDK Manager 中下载最新 SDK 版本的方式获得 Car Lib。如果需要使用 Car API，则在应用目录的 build.gradle 文件中显示声明以下内容：

```
android {
    compileSdkVersion 29
    buildToolsVersion "29.0.3"
    ...
    useLibrary 'android.car'
}
```

如果应用开发的目标版本是 Android SDK Platform 28（Android 9），官方 SDK 中尚不包含 Car Lib。应用可以通过导入 Jetpack 中的 androidx.car 开发库以获取部分汽车相关 API（该库中的 API 与 Car API 并不相同，提供了额外的封装，应用可以通过该库适配用户体验限制等特性）。在 build.gradle 中加入以下依赖：

```
dependencies {
    ...
    implementation 'androidx.car:car:1.0.0 - alpha7'
}
```

3.4　源码的查看

源码的阅读是深入了解 Android Automotive OS 必不可少的一部分。读者可以通过下载源码的方式在本地阅读源码。除此以外，也可以通过以下网站在线浏览 Android 的源码。

2019 年谷歌官方发布了谷歌代码搜索（cs. android. com）。在该网页上（如图 3-3 所示），可以方便地查看 Android 的源码，并进行搜索、源码跳转和在开源代码分支之间进行切换。

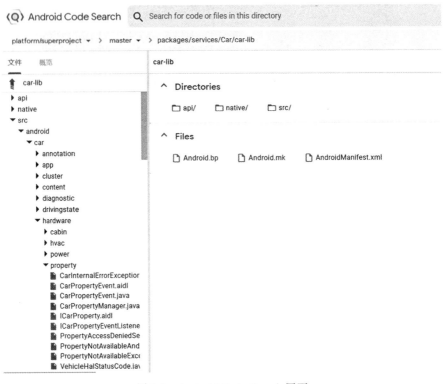

图 3-3　Android Code Search 网页

在谷歌源码搜索工具发布之前，在线源码阅读的网站都由第三方进行搭建。基于 OpenGrok 源码搜索引擎搭建的 Android 源码游览网站有很不错的浏览体验，支持快速的查找和源码跳转。以下两个网站包含了大部分主要 Android 版本的源码，读者可以非常便捷地在线进行阅读：

http://androidxref.com/；

http://aosp. opersys. com/。

3.5　自定义模拟器

本节介绍如何通过源码定制模拟器镜像，并将编译生成的镜像导出以供其他人在 Android Studio 中进行使用。

对于基于 Android Automotive OS 开发车载信息娱乐系统的开发者而言，需要对原生的 Android Automotive OS 模块进行拓展或是增加新的功能模块。而与手机不同的是，车机的物理设备环境搭建往往更加复杂，无法随身携带。为了便于开发，模拟器在有的时候不失为一个不错的选择。通过在源码中拓展 Android Automotive OS 的原生模拟器，开发者可以自定义新的模拟器、并编译导出后以供自己或其他人使用。

在加入自定义的模块或功能之前，读者首先需要了解 Android Automotive OS 模拟器的构建文件是如何定义的。在前文中，通过"lunch aosp_car_x86_64-userdebug"命令构建编译了基于 x86_64 位架构的模拟器镜像。aosp_car_x86_64 这一目标的构建文件定义如下：

```
[/device/generic/car/aosp_car_x86_64.mk]

$(call inherit-product, device/generic/car/common/car.mk)
$(call inherit-product, $(SRC_TARGET_DIR)/product/aosp_x86_64.mk)

PRODUCT_NAME := aosp_car_x86_64
PRODUCT_DEVICE := generic_x86_64
PRODUCT_BRAND := Android
PRODUCT_MODEL := Car on x86_64 emulator
```

可以看到，在 aosp_car_x86_64.mk 中定义了该产品的一些主要信息，如产品名、型号等。同时，包含了其他的构建文件。在 aosp_car_x86_64.mk 中，并没有定义具体要编译哪些模块，因此，可以猜到具体该目标所需编译的模块应该是定义在 car.mk 和 aosp_x86_64.mk 中的。aosp_x86_64.mk 主要包含了与平台相关的编译配置，而 car.mk 则包含了与汽车产品密切相关的模块。

```
[/device/generic/car/common/car.mk]

# Auto modules
PRODUCT_PACKAGES += \
  android.hardware.automotive.vehicle@2.0-service \
  android.hardware.automotive.audiocontrol@1.0-service \
  android.hardware.bluetooth@1.0-service.sim \
  android.hardware.bluetooth.audio@2.0-impl \
  android.hardware.broadcastradio@2.0-service

...

$(call inherit-product, packages/services/Car/car_product/build/car.mk)
```

car.mk 包含其他的构建文件，通过这样的构建文件层级关系，创建出了原生的 Android Automotive OS 模拟器编译规则。因此，如果需要自定义新的模拟器，那么需要做的就是遵循相同的方式创建构建文件了，并在其中导入自定义的模块。假设通过如下的方式，创建新的编译目标文件 my_car_emulator_x86_64.mk，并增加相关配置及依赖：

```
[my_car_emulator_x86_64.mk]

# 示例：新增 Overlay 目录
PRODUCT_PACKAGE_OVERLAYS := device/my_car_emulator/common/overlay

# 示例：新增系统属性定义
PRODUCT_SYSTEM_DEFAULT_PROPERTIES += ro.my_car_emulator.mode = DISABLED
```

```
# 示例：复制模拟器属性
PRODUCT_COPY_FILES += \
    device/my_car_emulator/config/source.properties:source.properties

  $(call inherit-product, device/generic/car/common/car.mk)
  $(call inherit-product, $(SRC_TARGET_DIR)/product/aosp_x86_64.mk)
  # 示例：新增构建依赖
  $(call inherit-product, device/my_car_emulator/my_car_emulator.mk)

  PRODUCT_NAME := my_car_emulator_x86_64
  PRODUCT_DEVICE := generic_x86_64
  PRODUCT_BRAND := Android
  PRODUCT_MODEL := My Car x86_64 emulator
```

自定义的模拟器可以设定属性，用以描述该模拟器，创建 source.properties 文件，将相关属性[①]定义在该文件中：

```
[source.properties]

  Pkg.Desc = System Image x86_64
  Pkg.Revision = 1
  Pkg.Dependencies = emulator#29.0.2
  AndroidVersion.ApiLevel = 29
  SystemImage.Abi = x86_64
  SystemImage.TagId = android-automotive
  SystemImage.TagDisplay = Automotive
  SystemImage.GpuSupport = true
  Addon.VendorId = MyEmulator
  Addon.VendorDisplay = MyEmulator
  avd_config_ini.hw.mainKeys = no
  avd_config_ini.hw.keyboard = yes
```

通过编译源码的方式，完整编译自定义的模拟器，通过 emulator 命令便可以运行了。

如需要进一步将镜像打包后导出，以在 Android Studio 中导入使用，则可在编译完成后运行以下命令：

```
make sdk sdk_repo
```

此操作会在 out/host/linux-x86/sdk 的子目录下创建两个文件：

- sdk-repo-linux-system-images-eng.[username].zip
- repo-sys-img.xml

将这两个文件复制出来，放置于同一文件夹中，并在 SDK Manager 的更新站点中引用 repo-sys-img.xml 文件，便可以将其导入 Android Studio 中了，如图 3-4 所示。

---

① 关于模拟器属性，笔者未能找到详细的说明文档，只有在源码中找到相关定义，读者可以参考：https://android.googlesource.com/platform/development/+/refs/tags/android-10.0.0_r1/build/tools/mk_sdk_repo_xml.sh。

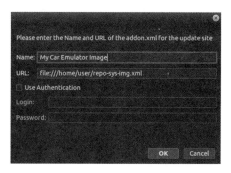

图 3-4　增加 SDK 的更新地址

也可以将生成的镜像部署在相关的服务器上以供下载使用，这个时候需要相应地修改
repo-sys-img. xml 文件路径，将< sdk：url >更新为系统镜像所在的网址。

3.6　小　　结

本章介绍如何搭建 Android Automotive OS 的相关开发环境以及如何获取源码、自定
义模拟器。

工欲善其事，必先利其器，在阅读后续章节前，读者可先按本章内容，配置相关工具。

第 4 章 　CarService——Android 汽车服务

本章涉及的源码文件名及位置：

- SystemServer. java

  frameworks/base/services/java/com/android/server/

- SystemServiceManager. java

  frameworks/base/services/core/java/com/android/server/

- CarServiceHelperService. java

  frameworks/opt/car/services/src/com/android/internal/car/

- CarService. java

  packages/services/Car/service/src/com/android/car/

- ICarImpl. java

  packages/services/Car/service/src/com/android/car/

读者可通过 http://cs. android. com/在线或下载完整 Android 源码进行查看，具体内容可参考第 3 章阅读准备。

本章将介绍 Android Automotive OS 中最重要的系统服务 CarService 及其相关的功能模块。

Android Automotive OS 作为车载操作系统，需要与车辆上其他的子系统互联互通。Android Automotive OS 定义了标准的硬件抽象层（HAL）来规范各个子系统与 Framework 的调用接口，并且通过 CarService 及其相关的 Car API 对上层应用提供标准编程接口。

谷歌在设计 Android Automotive OS 之初的目标是打造一款可以与手机无缝衔接并且可以提供与手机用户体验相一致的产品，手机上的应用与服务可以轻松简单地接入汽车。也是基于这样的理念，Android Automotive OS 并没有大刀阔斧地改变 Android 原有的整体架构，几乎所有的核心服务（ActivityManagerService、PackageManagerService、WindowManagerService 等）与手机并无区别，采用的是同一套源码。因此，虽然说谷歌将运行于车机上的"本地" Android 冠以 OS（Operating System）的名义，但也许将 Android Automotive OS 理解为 Android OS＋Android Automotive Services 更为贴切。传统的手机系统再加上相关的汽车服务，构成了现在的 Android Automotive OS，而其中 CarService 就是提供汽车相关功能的最主要的模块。

这里通过一张简单的架构示意图说明 CarService 与 Android 原有系统服务之间的关系：CarService 运行在独立的进程中，从图 4-1 中可以看出，其作为原有 Android 服务的补充，在汽车设备上运行。

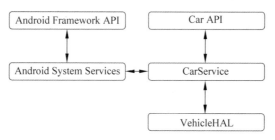

图 4-1　Android Automotive OS 架构

4.1　CarService 的组成

作为 Android Automotive OS 的核心进程,谷歌在 CarService 中实现了许多与汽车密切相关的服务,并且随着系统版本的演进,新的服务还会被不断加入进来。

Android 9 的 CarService 主要包含以下子服务[①]:

- AppFocusService,管理同类应用焦点的服务。
- CarAudioService,汽车音频服务。
- CarPackageManagerService,汽车包管理服务。
- CarDiagnosticService,汽车诊断服务。
- CarPowerManagementService,汽车电源管理服务。
- CarPropertyService,汽车相关属性服务(包括车内传感器、空调、车辆信息等模块)。
- IInstrumentClusterNavigation,仪表导航服务。
- IInstrumentClusterManagerService,仪表服务[②]。
- CarProjectionService,投屏服务。
- VmsSubscriberService,车辆地图服务。
- CarBluetoothService,汽车蓝牙服务。
- CarStorageMonitoringService,汽车存储监控服务。
- CarDrivingStateService,汽车驾驶状态服务。
- CarUXRestrictionsService,汽车用户体验限制服务。
- CarConfigurationService,汽车配置服务。

而在 Android 10[③] 中又新增了几个服务,包括:

- CarTrustedDeviceService,授信设备管理。
- CarMediaService,媒体管理服务。
- CarBugreportManagerService,错误报告服务。

对于应用来说,并不会直接通过以上服务的实例调用相关功能。而是通过对应的 Car API 完成对以上服务的调用。这是典型的 Android Binder 通信机制的使用。以上服务的

---

① 此处根据 android-9.0.0_r1 版本的源码。
② 仪表相关服务的实现需要由制造商仪表应用实现,这里列出其 Binder 定义的名称。
③ 此处根据 android-10.0.0_r1 版本的源码。

客户端 API 以 Manager 后缀命名，各 Manager 要比服务划分得更细一些，主要有以下对象：

- CarAppFocusManager。
- CarAudioManager。
- CarPackageManager。
- CarDiagnosticManager。
- CarPowerManager。
- CarPropertyManager。
- CarProjectionManager。
- VmsSubscriberManager。
- CarBluetoothManager。
- CarStorageMonitoringManager。
- CarDrivingStateManager。
- CarUxRestrictionsManager。
- CarConfigurationManager。
- CarSensorManager。
- CarInfoManager。
- CarNavigationStatusManager。
- CarCabinManager。
- CarHvacManager。
- CarVendorExtensionManager。
- CarInstrumentClusterManager。
- CarTrustAgentEnrollmentManager。
- CarMediaManager。
- CarBugreportManager。

从命名上还是比较容易将上述对象与相关的服务对应起来的，比较特殊的是 CarInfoManager、CarSensorManager、CarHvacManager、CarCabinManager、CarVendor-ExtensionManager 以及 CarPropertyManager 都是对应 CarPropertyService。这在后面还会具体介绍。

4.2　Car API 的使用方式

本节开始介绍如何获取和使用 CarService 中的各个服务。通过 4.1 节的内容，可以发现在 CarService 中有众多的 Manager 供开发者使用，要使用相关的方法，首先就要获取各个 Manager 的实例。

android.car.Car 这个类是各个 Manager 的大管家，获取对象实例都需要通过 Car 中所提供的方法。而 Car 对象本身需要先进行创建。下面以 CarInfoManager 为例，说明具体的流程。在此之前，需要按照阅读准备章节所提到的方法导入 Car Lib 到工程中。读者可以在 Android Studio 中任意新建一个工程完成以下操作。

首先，通过 Car. createCar 创建 Car 对象：

```
Car mCar = Car.createCar(mContext, mServiceConnection);
```

其中需要传入 ServiceConnection 对象，在 CarService 成功连接之后，收到相应的回调。如果 ServiceConnection 的 onServiceConnected 被调用，则说明连接成功了，便可以获取相应的服务了，例如：

```
private final ServiceConnection mServiceConnection = new ServiceConnection() {
    @Override
    public void onServiceConnected(ComponentName name, IBinder service) {
        try {
            // 连接成功,获取相关服务,以 CarInfoManager 为例
            mCarInfoManager =
                (CarInfoManager) mCar.getCarManager(Car.INFO_SERVICE);
        } catch (CarNotConnectedException e) {
            LOG.e("Car is not connected!", e);
        }
    }

    @Override
    public void onServiceDisconnected(ComponentName name) {

    }
};
```

调用 createCar 方法并不会自动连接服务，还需要主动调用 Car 的 connect 方法来发起连接的流程：

```
mCar.connect();
```

经常使用 Android 服务的读者会发现和 bindService 的过程很相似。没错，其实 mCar.connect 就是通过 Android 中 bindService 与 CarService 进行绑定的。除了需要连接服务，还需要在不使用 CarService 的时候解绑服务，不要忘记在使用完成后通过 disconnect 方法释放资源：

```
mCar.disconnect();
```

以上创建并获取 Car 对象的方法主要适用于 Android 9（API Level 28）下开发的应用。需要注意的是，只有具有 PackageManager.FEATURE_AUTOMOTIVE 属性的设备才能获取 Car 的实例，否则会抛出异常；同时，只能建立一次连接，在未 disconnect 的情况下，多次调用 connect 的话，同样会导致异常。

而在 Android 10 上，获取 Car 对象的方法被大大简化了，应用不必在连接并收到回调后才能使用 Car API，这意味着获取 Car Manager 对象的方法可以同步而非异步执行，这帮助开发者更容易地使用 Car API。所以上述流程在 Android 10 上可以简化为以下源码：

```
private Car mCarApi;
private CarInfoManager mCarInfoManager;

private void initCarApi() {
    mCarApi = Car.createCar(this);
    mCarInfoManager = (CarInfoManager) mCar.getCarManager(Car.INFO_SERVICE);
}
```

但是需要注意的是，尽管 Android 10 中获取 Car API 的方式更加简单了，Android 9 的方式依然有其使用的价值，原因在于通过 ServiceConnection 回调可以知道当前 CarService 运行的状态，有助于使用 Car API 的应用处理 CarService 出现异常的情况。

获取对象实例后就可以使用相关 API 了，具体每个服务的使用方式和功能介绍将在后续章节中展开。

4.3　CarService 的启动流程

了解了 CarService 的主要组成和使用方式之后，再来看看 CarService 服务是如何被启动的，以及在启动过程中做了些什么事。作为 Android Automotive OS 的核心服务，CarService 需要始终在后台运行，并且在系统启动的早期进行创建。

图 4-2 中的时序图概要说明了 CarService 的启动过程。

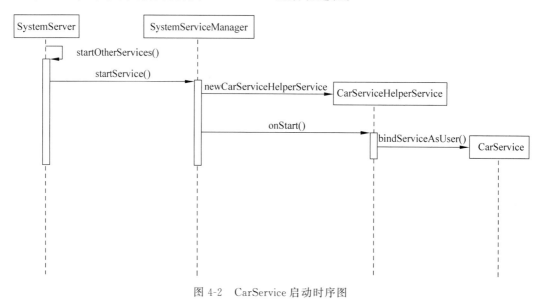

图 4-2　CarService 启动时序图

SystemServer 是 Android 系统中最核心的进程。通过图 4-2 并结合源码，可以看到，SystemServer 作为 Android 系统最早启动的进程之一，在启动的过程中会进行以下操作。

调用 SystemServiceManager 的 startService 方法，此时传入的参数为 CAR_SERVICE_ HELPER_SERVICE_CLASS。当然，还得先判断设备是否具备 PackageManager. FEATURE_ AUTOMOTIVE 属性。

```
[SystemServer.java]

    private static final String CAR_SERVICE_HELPER_SERVICE_CLASS =
            "com.android.internal.car.CarServiceHelperService";
    ...
    private void startOtherServices() {
        ...
        if (mPackageManager
                .hasSystemFeature(PackageManager.FEATURE_AUTOMOTIVE)) {
            traceBeginAndSlog("StartCarServiceHelperService");
            mSystemServiceManager.startService(CAR_SERVICE_HELPER_SERVICE_CLASS);
            traceEnd();
        }
        ...
    }
```

- 在 SystemServer 中通过 SystemServiceManager 中封装的方法创建服务。此处，SystemServiceManager 会通过反射创建 CarServiceHelperService 对象，并调用其 onStart 方法。
- 在 CarServiceHelperService 的 onStart 方法中，创建了 CarService 所对应的 Intent，并调用 bindServiceAsUser 创建关联了 CarService，CarService 运行在系统用户下。同时，加载了相关的 jni 库，具体源码如下：

```
[CarServiceHelperService.java]
    private static final String CAR_SERVICE_INTERFACE = "android.car.ICar";
    ...

    @Override
    public void onStart() {
        Intent intent = new Intent();
        intent.setPackage("com.android.car");
        intent.setAction(CAR_SERVICE_INTERFACE);
        if (!getContext().bindServiceAsUser(intent, mCarServiceConnection, Context.BIND_AUTO_
CREATE,
                UserHandle.SYSTEM)) {
            Slog.wtf(TAG, "cannot start car service");
        }
        System.loadLibrary("car-framework-service-jni");
    }
```

通过以上源码片段，可以知道 Intent 的目标包名为 "com.android.car"，action 为 "android.car.ICar"。这两个信息与 CarService 的 AndroidManifest.xml（packages/services/Car/service/AndroidManifest.xml）中 package 信息和 intent-filter 信息是一致的。因此，此处通过绑定服务便会创建 CarService 进程。CarService 的 AndroidManifest.xml 内容如下：

```
[packages/services/Car/service/AndroidManifest.xml]

< manifest xmlns:android = "http://schemas.android.com/apk/res/android"
        xmlns:androidprv = "http://schemas.android.com/apk/prv/res/android"
        package = "com.android.car"
        coreApp = "true"
        android:sharedUserId = "android.uid.system">
  ...
  < application android:label = "@string/app_title"
            android:directBootAware = "true"
            android:allowBackup = "false"
            android:persistent = "true">
    ...
    < service android:name = ".CarService"
            android:singleUser = "true">
      < intent - filter >
          < action android:name = "android.car.ICar" />
      </ intent - filter >
    </ service >
  ...
  </application >
</manifest >
```

通过以上流程，CarService 在系统启动的早期就会随其他服务一同启动，它的启动时机与一些读者更为熟知的系统服务，如 LocationManagerService、NotificationManagerService、WallpaperManagerService 是一致的。从这点上来说，CarService 具有和其他系统主要服务同等的地位。不同的是，CarService 在独立的进程中运行，其他服务在 SystemServer 进程中运行，另一方面，从 CarService 的 AndroidManifest.xml 文件中可以看出，CarService 使用 system UID 运行，这也保证了 CarService 拥有系统服务所具有的特性和权限。而上文提到的 CarServiceHelperService 是汽车服务与 Android 原有框架的主要桥梁。除此以外，Android Automotive OS 汽车服务的主要功能实现都集中在 CarService 中，与 Android 原有的 Framework 在源码上的耦合较小。在源码的管理上，CarService 的源码以单独的源码仓库进行管理。

下面再来看 CarService 创建了之后，其在自身初始化的过程中做了些什么。

服务启动后，首先调用其 onCreate 方法。CarService 的 onCreate 方法实现如下：

```
[CarService.java]

  public void onCreate() {
    Log.i(CarLog.TAG_SERVICE, "Service onCreate");
    mCanBusErrorNotifier = new CanBusErrorNotifier(this /* context */);
    mVehicle = getVehicle();

    if (mVehicle == null) {
        throw new IllegalStateException("Vehicle HAL service is
                            not available.");
```

```
        }
        try {
            mVehicleInterfaceName = mVehicle.interfaceDescriptor();
        } catch (RemoteException e) {
            throw new IllegalStateException("Unable to get Vehicle HAL
                                interface descriptor", e);
        }

        Log.i(CarLog.TAG_SERVICE, "Connected to " + mVehicleInterfaceName);

        mICarImpl = new ICarImpl(this,
            mVehicle,
            SystemInterface.Builder.defaultSystemInterface(this).build(),
            mCanBusErrorNotifier,
            mVehicleInterfaceName);
        mICarImpl.init();

        linkToDeath(mVehicle, mVehicleDeathRecipient);

        ServiceManager.addService("car_service", mICarImpl);
        SystemProperties.set("boot.car_service_created", "1");
        super.onCreate();
    }
```

其主要进行了两件事情,获取 mVehicle 即车辆相关的 HIDL Binder 远程对象;创建了 mICarImpl 对象,并将其添加到 ServiceManager 管理的服务列表中。

这里的 ICarImpl 起着创建并管理各个服务的作用。在它的构造函数中,创建了各个服务的实例,并添加到服务列表中,源码如下:

```
[ICarImpl.java]

    public ICarImpl(Context serviceContext, IVehicle vehicle, SystemInterface systemInterface,
            CanBusErrorNotifier errorNotifier, String vehicleInterfaceName) {
        ...
        mCarUserService = new CarUserService(serviceContext, mUserManagerHelper,
            ActivityManager.getService(), maxRunningUsers);
        mSystemActivityMonitoringService = new SystemActivityMonitoringService(serviceContext);
        mCarPowerManagementService = new CarPowerManagementService(mContext, mHal.getPowerHal(),
systemInterface, mUserManagerHelper);
        mCarPropertyService = new CarPropertyService(serviceContext, mHal.getPropertyHal());
        mCarDrivingStateService = new CarDrivingStateService(serviceContext, mCarPropertyService);
        mCarUXRestrictionsService = new CarUxRestrictionsManagerService(serviceContext,
            mCarDrivingStateService, mCarPropertyService);
        mCarPackageManagerService = new CarPackageManagerService(serviceContext,
            mCarUXRestrictionsService,
            mSystemActivityMonitoringService);
        ...
    }
```

通过以上流程，读者应该对 CarService 是如何启动以及各个服务对象是如何创建的有了一个大致的了解。

4.4　小　　结

本章主要说明了 CarService 这一系统服务的启动流程，以及一些关键成员的创建和初始化流程。主要的类之间的关系如图 4-3 所示。

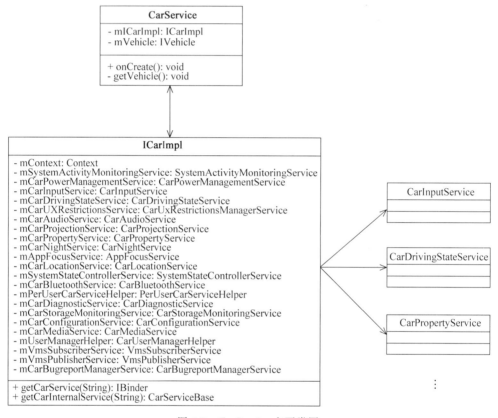

图 4-3　CarService 主要类图

同时，简单介绍了客户端应用如何获取使用 CarService 对象。如前文所说，CarService 对象只是获取各个 Manager 的媒介，它本身并不承担管理传感器、空调等具体的任务。而要真正获得车辆相关的信息，如速度、诊断信息、车内温度，或对车辆进行相关控制，如升高降低空调温度、控制座椅和车窗、调节音量等，就要通过具体的 Manager 中提供的 API 以及其对应的服务来实现了。之后将更具体地介绍各个 Manager 的主要功能及使用方式，同时将分析其背后的实现原理。

第5章 CarPropertyService——车辆属性服务

本章涉及的源码文件名及位置：

- CarPropertyManager.java
  packages/services/Car/car-lib/src/android/car/hardware/property/
- CarInfoManager.java
  packages/services/Car/car-lib/src/android/car/
- CarHvacManager.java
  packages/services/Car/car-lib/src/android/car/hardware/hvac/
- PropertyHalService.java
  packages/services/Car/service/src/com/android/car/hal/
- VehicleHal.java
  packages/services/Car/service/src/com/android/car/hal/
- CarPropertyService.java
  packages/services/Car/service/src/com/android/car/
- HalClient.java
  packages/services/Car/service/src/com/android/car/hal/
- PropertyHalServiceIds.java
  packages/services/Car/service/src/com/android/car/hal/

读者可通过 http://cs.android.com/在线或下载完整 Android 源码进行查看，具体内容可参考第 3 章阅读准备。

第一个不得不提的重要服务就是 CarPropertyService，说它重要是因为绝大部分与车辆硬件功能相关联的属性，如空调、车舱功能、车辆传感器等都是通过 CarPropertyService 来读取或者设置的。

CarPropertyManager 是 CarPropertyService 在客户端的代理，通过 CarPropertyManager 中提供的 API，可以设置和获取车辆各个属性的状态。但在实际使用时，CarPropertyManager 却未必是开发者使用最频繁的对象。尤其是在 Android 9 平台上开发时，当开发者想控制空调相关的功能的时候，也许会使用 CarHvacManager；当想获取车辆信息的时候，也许会使用 CarInfoManager；当想获取车辆传感器数据的时候，会使用 CarSensorManager。但其实无论是 CarHvacManager 还是 CarInfoManager 或是 CarSensorManager，它们最后都会通过 CarPropertyManager 来获取设置属性，在服务端对应的都是 CarPropertyService。通过 ICarImpl 中 getCarService 方法也可以很清楚地发现这一点。源码片段如下：

```
[ICarImpl.java]

  public IBinder getCarService(String serviceName) {
    switch (serviceName) {
      ...

      case Car.CABIN_SERVICE:
      case Car.HVAC_SERVICE:
      case Car.INFO_SERVICE:
      case Car.PROPERTY_SERVICE:
      case Car.SENSOR_SERVICE:
      case Car.VENDOR_EXTENSION_SERVICE:
         return mCarPropertyService;

      ...
    }
  }
```

可以看到 CarPropertyService 同时对应着 CarCabinManager、CarHvacManager、CarInfoManager、CarPropertyManager、CarSensorManager 和 CarVendorExtensionManager 这六个对象，可以说是一个服务分饰多角了。所以在 Android 10 中，谷歌官方直接推荐使用 CarPropertyManager。

5.1　CarInfoManager——车辆信息服务

虽然 CarPropertyService 分饰着多个角色，但是在 Android 官方的 API 参考手册[①]中，只提供了 CarInfoManager 和 CarSensorManager 相关的 API 说明。这是因为其他的 Manager 都是标明为 hide（隐藏）的 API，其中 CarCabinManager、CarHvacManager、CarVendorExtensionManager 同时被标注为 SystemApi，在 Android 中被标注为 hide 和 SystemApi 的类是不会出现在公开的 SDK 中的。

而由于在 Android 9 的时候，谷歌并未正式将 Car API 加入官方 SDK 中，而到了 Android 10，又不再推荐使用 CarSensorManager 等对象，并公开了 CarPropertyManager。因此就造成了有趣的一幕，在官方的 API 文档上，CarSensorManager 在 API Level 29 刚被加入的同时，也被标记为弃用的，出现了"还未被使用就遭弃用"的情况。其实，是因为 Android 9 中以上 API 就已存在了，并且是 Android 9 平台的标准方法，而到了 Android 10 为了更方便地拓展属性（随着越来越多的功能加入，将其分类就更困难了，而如果创建太多的 Manager 对象，维护和使用成本就将变高），才将 CarSensorManager、CarCabinManager、CarHvacManager、CarVendorExtensionManager 弃用的。

但另一方面，Android 9 将不同属性按功能分类的设计，笔者认为也有其道理，一方面对于上层应用来说，使用 API 的时候更清晰；另一方面，更容易管理应用访问 API 的范围。

本章，会将与 CarPropertyService 相关的 API 都进行介绍。一方面，便于在不同平台上

---

① 　API 参考手册：https://developer.android.com/reference/android/car/Car。

开发的读者了解其用法；另一方面，也可以从中了解到 Android Automotive OS 的发展和变化过程。

CarInfoManager 的用法

关于如何获取 CarInfoManager 对象的实例，在前面介绍 Car API 的用法的时候已经介绍过了，这里就不再赘述了。

CarInfoManager 主要包含以下 API：

```
float     getEvBatteryCapacity()      // 电池容量
int[]     getEvConnectorTypes()       // 充电连接器类型
float     getFuelCapacity()           // 燃油容量
int[]     getFuelTypes()              // 燃料类型
String    getManufacturer()           // 制造商
String    getModel()                  // 车型
String    getModelYear()              // 车型年份
String    getVehicleId()              // 车辆 Id
```

CarInfoManager 中的 API 不多，而且从方法的名称也很容易了解其具体的功能[①]。需要注意的是相关权限的申请，虽然 CarInfoManager 中的接口都是公开的，但依然需要申请相关的权限才可以访问，否则运行的时候就会抛出异常，因此需要在 AndroidManifest.xml 中增加对应权限：

```
< uses – permission android:name = "android.car.permission.CAR_INFO"/>
```

声明了相应的权限，并且获取到了 CarInfoManager 的实例后就能调用相关的接口了，是不是很简单？如果想获得车辆的型号、能源类型、电池容量等信息，那就使用 CarInfoManager 吧。

5.2　CarSensorManager ——车辆传感服务

接着来看另一个公开的类 CarSensorManager 的功能及其用法。顾名思义，CarSensorManager 主要对应的就是和车辆传感器相关的一些功能了。相比手机，车辆相关的传感器种类要丰富得多，特别是随着汽车越来越智能化，自动驾驶等功能的加入，传感器的数量还会不断增加。很多车辆相关的智能控制功能都和传感器的数据有着密切的关系，如自动空调、自动控制灯光、驾驶座位自动调整等。

作为一款运行在 Android Automotive OS 上的应用，为了能与车内外场景做更好的融合，获取相关的传感器数据就变得很有必要了。CarSensorManager 作为 Android 提供的标准接口，应用可以通过它来获取车辆传感器数据并监听传感器数据的变化。

值得一提的是，如果之前接触过 Android 传感器相关的开发，应该对 Android 中的 SensorManager 并不陌生，现在又多出了 CarSensorManager，可能会让人觉得有一点疑惑，

---

① CarInfoManager 中的 getVehicleId 返回的并不是车辆的 VIN(车辆唯一识别码)。且始终返回为空字符串，无实际意义，使用的时候需要注意。

原来的 SensorManager 还有用吗？到底该使用谁来获取传感器的数据呢？其实，在 Android Automotive OS 中，可以将 CarSensorManager 看作是 SensorManager 的一个补充，与它相关联的是和车辆密切相关的传感器数据，如车速、发动机转速、油量、点火状态等。与此同时，开发者依然可以使用 SensorManager 来获取传感器的数据，当想要获取陀螺仪、加速度计、磁力传感器的相关数据时，依然需要使用 SensorManager。可以说，CarSensorManager 和 SensorManager 各司其职，为使用者提供不同种类的传感器数据。

下面介绍 CarSensorManager 的用法。

1. 获取 CarSensorManager 对象

在 Car 连接成功后通过 getCarManager 方法获取 CarSensorManager 的实例，示例源码如下：

```
mSensorManager = (CarSensorManager) mCar.getCarManager(Car.SENSOR_SERVICE);
```

2. CarSensorManager 中的属性

在 CarSensorManager 中包含了汽车特有的传感器类型，如车速、发动机转速等。表 5-1 列出了可供使用的传感器类型。

表 5-1　CarSensorManager 属性列表

属　　性	类　　型	权　　限	是否为系统权限
SENSOR_TYPE_CAR_SPEED	车速	CAR_SPEED	否
SENSOR_TYPE_RPM	发动机转速	CAR_ENGINE_DETAILED	是
SENSOR_TYPE_ODOMETER	里程数	CAR_MILEAGE	是
SENSOR_TYPE_FUEL_LEVEL	油量	CAR_ENERGY	否
SENSOR_TYPE_PARKING_BRAKE	驻车制动	CAR_POWERTRAIN	否
SENSOR_TYPE_GEAR	挡位	CAR_POWERTRAIN	否
SENSOR_TYPE_NIGHT	白天黑夜	CAR_EXTERIOR_ENVIRONMENT	否
SENSOR_TYPE_ENV_OUTSIDE_TEMPERATURE	车外环境温度	CAR_EXTERIOR_ENVIRONMENT	否
SENSOR_TYPE_IGNITION_STATE	点火状态	CAR_POWERTRAIN	否
SENSOR_TYPE_WHEEL_TICK_DISTANCE	轮距	CAR_SPEED	否
SENSOR_TYPE_ABS_ACTIVE	ABS 状态	CAR_DYNAMICS_STATE	是
SENSOR_TYPE_TRACTION_CONTROL_ACTIVE	牵引力控制	CAR_DYNAMICS_STATE	是
SENSOR_TYPE_FUEL_DOOR_OPEN	加油口状态	CAR_ENERGY_PORTS	否
SENSOR_TYPE_EV_BATTERY_LEVEL	电量值	CAR_ENERGY	否
SENSOR_TYPE_EV_CHARGE_PORT_OPEN	充电口状态	CAR_ENERGY_PORTS	否
SENSOR_TYPE_EV_CHARGE_PORT_CONNECTED	充电连接状态	CAR_ENERGY_PORTS	否
SENSOR_TYPE_EV_BATTERY_CHARGE_RATE	充电速率	CAR_ENERGY	否
SENSOR_TYPE_ENGINE_OIL_LEVEL	机油量	CAR_ENGINE_DETAILED	是

表 5-1 列出了当前 CarSensorManager 中支持的传感器数据类型，以及获得相关数据所需要的权限[①]。需要注意的是，部分权限是系统级别[②]的，普通第三方应用无法获取，从这点上可以看出目前 Android Automotive OS 对于车辆数据的开放还是相对比较谨慎的，出于安全性方面的考量，第三方应用能获得的传感器数据比较有限。

另外，从传感器的数量来说，目前来看，同样算不上丰富。实际上，车辆可以公开的传感器数据要比列表中的多得多，如油门深度、驾驶模式、胎压等，目前都不在列表中。可以预想到随着车辆相关功能进一步的发展以及 Android Automotive OS 系统方面的逐步完善和迭代，未来会支持更多的传感器类型。

3. 获取传感器数据

通过 CarSensorManager 中定义的不同的属性，可以获取相应的传感器数据。这里以车速为例，说明如何获取传感器数据，对于其他的属性，获取的方式也是一样的。通过 CarSensorManager 获取车速信息的源码如下：

```
if (mCarSensorManager
    .isSensorSupported(CarSensorManager.SENSOR_TYPE_CAR_SPEED)) {
  CarSensorEvent event = mCarSensorManager
    .getLatestSensorEvent(CarSensorManager.SENSOR_TYPE_CAR_SPEED);
  if (event != null) {
    CarSensorEvent.CarSpeedData data = null;
    data = event.getCarSpeedData(data);
    Log.d(TAG, "Speed = " + data.carSpeed);
  }
}
```

首先，通过调用 isSensorSupported 方法判断当前是否支持该传感器类型，如果返回为 false 说明当前车辆上是不提供该传感器的数据的。

如果该传感器是支持的，就可以调用 getLatestSensorEvent 方法来获取最近一次的传感器数据了。CarSensorEvent 中包含很多的内部类，对应不同的传感器类型，通过对应的方法就可以获取到数据了。在调用 getCarSpeedData 的时候只需传入一个空对象即可，在方法中会进行判断，如果为空则创建新的数据类。

4. 监听传感器数据变化

除了主动获取传感器的数据外，还可以注册监听器接收传感器数据变化的通知。方法也很简单，大致如下：

```
CarSensorManager.OnSensorChangedListener listener =
  new CarSpeedSensorListener();
mCarSensorManager.registerListener(listener,
  CarSensorManager.SENSOR_TYPE_CAR_SPEED,
  CarSensorManager.SENSOR_RATE_NORMAL);
```

---

① 列表中的权限省略了包名部分：android. car. permission。在 AndroidManifest. xml 使用权限时应使用完整的声明，如"android. car. permission. CAR_ENERGY"。

② 这里所说的系统级别权限指代的是 Android 中保护级别为"signature｜privileged"及以上的权限。关于保护级别的具体分类及定义请参考：https://developer. android. com/reference/android/R. attr♯protectionLevel。

41
第5章

CarPropertyService——车辆属性服务

调用 CarSensorManager 中的 registerListener 方法以注册监听器,参数中传入需要监听的传感器类型和接收频率。

关于接收频率,根据传感器的功能和类型不同,事件上报的特点也不尽相同,大致可分为以下三类。

(1) 持续上报的传感器事件(如当前车速);

(2) 变化时上报的传感器事件(如油箱盖打开);

(3) 一次性上报的传感器事件(如低电量)。

在注册监听器时传入的频率参数只有当传感器上报类型为持续上报的时候才有意义。同时,数据的实际上报频率未必和传入的参数相一致,一般来说,一个传感器只能以一种频率上报数据,也就是说,如果多个监听器以不同的 rate 值监听同一个传感器数据,那么系统可能只会按照其中一种频率上报数据,而其他的会被忽略。

监听器的实现非常简单,在监听器的回调方法中接收数据变化的通知,并获取最新的数值。以下源码是一个简单的监听器实现:

```java
class CarSpeedSensorListener
    implements CarSensorManager.OnSensorChangedListener {
        @Override
        public void onSensorChanged(CarSensorEvent event) {
          Log.d(TAG, "onSensorChanged, event: " + event);
          if (event.sensorType
                == CarSensorManager.SENSOR_TYPE_CAR_SPEED) {
            CarSensorEvent.CarSpeedData data = null;
            data = event.getCarSpeedData(data);
            Log.d(TAG, "Speed = " + data.carSpeed);
          }
        }
    }
```

CarSensorManager 很好地支持了主动获取和订阅这两种获取传感器数据的方式,同时支持设置传感器事件上报的频率。在大多数情况下,相信可以满足客户端的使用场景了。除了 CarSensorManager,类似的使用方式也会出现在其他服务中。

5.3 CarHvacManager——车内空调系统服务

本节介绍另一个很有用的对象 CarHvacManager——管理空调系统相关功能的服务。近几年,随着语音交互在车内的快速普及,越来越多的车主已经习惯了用语音来控制车内的一些功能,其中通过语音控制空调相关功能是最常见的应用场景之一。例如,“升高温度”“我很热”,车内的语音助手就能理解用户所说的,并完成空调的开关和对温度的调节,既方便又安全,无须驾驶人员动手操作。要实现类似的功能,就意味着软件需要提供对应的API,Android Automotive OS 定义了标准的 CarHvacManager API 来提供相关的功能,通过该服务可以实现对空调系统的监听和控制。比较可惜的是,CarHvacManager 所涉及的属性都需要系统级别的权限,所以第三方应用目前是无法直接使用 CarHvacManager 的。

1. CarHvacManager 的用法

通过以下方式获取 CarHvacManager 对象实例：

```
mHvacManager = (CarHvacManager) mCarApi.getCarManager(Car.HVAC_SERVICE);
```

2. CarHvacManager 中的属性

与 CarSensorManager 一样，CarHvacManager 中同样也定义了许多属性。不同的是，CarHvacManager 中的属性不仅是"只读"的，不少属性同时还是"可写"的，也就是说，通过设置特定值可以对相关功能进行控制。

表 5-2 列出了 CarHvacManager 中包含的属性。

表 5-2　CarHvacManager 属性列表

属　　性	类　　型	功　　能
ID_MIRROR_DEFROSTER_ON	bool	后视镜除霜
ID_STEERING_WHEEL_HEAT	int	方向盘加热
ID_OUTSIDE_AIR_TEMP	float	车外温度
ID_TEMPERATURE_DISPLAY_UNITS	int	温标（华氏度或摄氏度）
ID_ZONED_TEMP_SETPOINT	float	温度
ID_ZONED_TEMP_ACTUAL	float	实际温度
ID_ZONED_FAN_SPEED_SETPOINT	int	风速
ID_ZONED_FAN_SPEED_RPM	int	风扇转速
ID_ZONED_FAN_DIRECTION_AVAILABLE	vector	可用风向
ID_ZONED_FAN_DIRECTION	int	风向
ID_ZONED_SEAT_TEMP	int	座椅温度
ID_ZONED_AC_ON	bool	AC 开关
ID_ZONED_AUTOMATIC_MODE_ON	bool	自动空调
ID_ZONED_AIR_RECIRCULATION_ON	bool	空调循环
ID_ZONED_MAX_AC_ON	bool	强力空调
ID_ZONED_DUAL_ZONE_ON	bool	多区域空调
ID_ZONED_MAX_DEFROST_ON	bool	强力除霜
ID_ZONED_HVAC_POWER_ON	bool	空调系统开关
ID_ZONED_HVAC_AUTO_RECIRC_ON	bool	自动空气循环
ID_WINDOW_DEFROSTER_ON	bool	车窗除霜

从使用上来说，CarHvacManager 要相对复杂一些，因为不同车型的配置会有比较大的差异，可用的属性会不同，即使是相同的属性，有些功能是区分区域的（如前后排空调），不同区域的配置也可能会不一样，因此在实现相关源码的时候会涉及比较多的逻辑判断，这增加了源码上的复杂性。下面以设置空调温度作为例子说明如何使用 CarHvacManager 提供的 API。

示例：设置空调温度

在权限上，CarHvacManager 中大部分属性[①]所关联的权限都是 CONTROL_CAR_

---

① ID_OUTSIDE_AIR_TEMP 属性，所要求的权限为 CAR_EXTERIOR_ENVIRONMENT。

CLIMATE，因此为了成功调节空调温度，首先需要在 AndroidManifest. xml 中声明相关权限：

```
< uses - permission android:name = "android.car.permission.CONTROL_CAR_CLIMATE" />
```

需要说明的是，该权限的保护级别是"signature｜privileged"。因此，想要获得此权限，需要以系统应用①的身份运行。

通过下面的源码来看如何获取和设置空调温度。在这段源码中，除了设置温度以外，还包含了如何判断特定属性是否支持，以及如何获取当前状态的逻辑。

示例源码的功能是获取前排主驾（按中国的驾驶习惯为左侧）的温度后将其升高一度。很简单，但却涉及很多的逻辑判断。首先，要判断车辆是否支持该属性。然后，获取支持的区域和变化范围。在设置该属性前，还需要判断当前属性是否可用，设置的区域是否支持。

注意，当前属性是否可用与是否支持该属性是两个不同的概念。例如，虽然当前车辆支持空调功能，但在车辆熄火的状态下，空调设置可能暂时不可用。

```java
// 获取当前前排左侧温度,并将温度升高一度
void incTemperature() {
    // 获取支持的属性列表
    List < CarPropertyConfig > carPropertyConfigs =
            mHvacManager.getPropertyList();
    int zone = VehicleAreaSeat.SEAT_ROW_1_LEFT;
    boolean supported = false;
    float max = 0f; // 最大值
    float min = 0f; // 最小值
    for (CarPropertyConfig prop : carPropertyConfigs) {
        if (prop.getPropertyId() == ID_ZONED_TEMP_SETPOINT) {
            for (int areaId : propConfig.getAreaIds()) {
                if ((zone & areaId) == zone) {
                    // 获取正确的位置值
                    zone = areaId;
                    supported = true;
                }
            }
            max = (Float) prop.getMaxValue();
            min = (Float) prop.getMinValue();
            break;
        }
    }
    if (supported
            && mHvacManager.isPropertyAvailable(
            ID_ZONED_TEMP_SETPOINT, zone)) {
        // 获取当前温度
        float current =
                mHvacManager.getFloatProperty(ID_ZONED_TEMP_SETPOINT, zone);
```

---

① 这里的系统应用是指拥有系统签名或者安装在 priv-app 目录下的应用。

```
        ++current;
    if (max > current && min < current) {
        // 设置新的温度值
        mHvacManager.setFloatProperty(ID_ZONED_TEMP_SETPOINT, zone,
                            current);
    }
  }
}
```

需要格外注意的是,在示例源码中以 VehicleAreaSeat. SEAT_ROW_1_LEFT 作为区域参数来设置前排左侧的空调温度。但是由于车型配置的原因及硬件抽象层具体实现的不同,实际支持的区域值可能是复合的。例如,可用区域中包含值 VehicleAreaSeat. SEAT_ROW_1_LEFT ｜ VehicleAreaSeat. SEAT_ROW_2_LEFT ｜ VehicleAreaSeat. SEAT_ROW_2_CENTER。这种情况下,虽然不支持单一调整 VehicleAreaSeat. SEAT_ROW_1_LEFT 区域的温度,但是在实现的时候可以考虑使用复合区域,因此,需要通过"位"操作来获取正确的区域 ID。

这也是笔者认为未来 Android Automotive OS 中还需要进一步完善或者说规范化的部分,目前尚未有明确的规范来要求制造商在实现多区域功能时如何定义支持的区域值。当然,空调相关功能仅提供给系统应用使用,各制造商的系统应用可较为方便地根据自身产品的特点做出调整。

可以看到,CarHvacManager 在使用的时候主要是要做好逻辑上的判断,如果疏忽了一些条件就有可能导致调用过程中发生异常,这是使用 Car API 控制分区域属性时候特别要注意的。在示例源码中,为了能更直观地说明使用方式,将相关判断都包含在了一个方法里,在实际开发过程中,读者可以将各个判断封装在单独的方法中进行复用。

CarHvacManager 同样提供了方法用以监听属性的变化。注册监听器的方法如下:

```
mCarHvacManager. registerCallback(new CarHvacEventCallback() {
 @Override
 public void onChangeEvent(CarPropertyValue value) {

 }

 @Override
 public void onErrorEvent(@PropertyId int propertyId, int area) {

 }
});
```

通过 registerCallback 方法可以在属性的值发生变化时获得回调。与 CarSensorManager 中不同的是,CarHvacManager 的监听器并不仅仅监听单个属性的变化,而是同时监听了 CarHvacManager 相关的所有属性的变化情况,如果要知道具体是哪个属性发生了变化就需要通过回调方法中 CarPropertyValue 参数进行进一步的判断。在使用完成后不要忘记移除监听器,以避免发生内存泄漏。

在介绍 CarHvacManager 的过程中，涉及了 CarPropertyValue、CarPropertyConfig 等用来定义管理车辆属性的相关类，在后文介绍 VehicleHAL 相关内容的时候会进一步具体介绍这些类的作用及实现，在此，读者可以先通过源码示例熟悉它们的用法。

5.4　CarCabinManager——座舱服务

CarCabinManager 提供的是座舱内相关功能的 API，包括座椅、安全带、车窗等。它在用法上和 CarHvacManager 类似，同样的 CarCabinManager 也是系统级别的，只有拥有系统权限的应用才可以使用。

CarCabinManager 中的属性

CarCabinManager 中的属性都和座舱内的硬件设备相关，如车门、后视镜、座椅等。与这些设备相关的属性又根据其特点进行了细分，对于可以移动、调节的设备而言，会有不同方向之分。表 5-3 列出了 CarCabinManager 中所包含的属性，以及属性所对应的主要设备和功能。

表 5-3　CarCabinManager 属性列表

属　　性	类　　型	功　　能
ID_DOOR_POS	int	
ID_DOOR_MOVE	int	车门
ID_DOOR_LOCK	bool	
ID_MIRROR_Z_POS	int	
ID_MIRROR_Z_MOVE	int	
ID_MIRROR_Y_POS	int	
ID_MIRROR_Y_MOVE	int	后视镜
ID_MIRROR_LOCK	bool	
ID_MIRROR_FOLD	bool	
ID_SEAT_MEMORY_SELECT	int	
ID_SEAT_MEMORY_SET	int	座椅记忆
ID_SEAT_BELT_BUCKLED	bool	
ID_SEAT_BELT_HEIGHT_POS	int	安全带
ID_SEAT_BELT_HEIGHT_MOVE	int	
ID_SEAT_FORE_AFT_POS	int	座椅前后位置
ID_SEAT_FORE_AFT_MOVE	int	
ID_SEAT_BACKREST_ANGLE_1_POS	int	
ID_SEAT_BACKREST_ANGLE_1_MOVE	int	座椅靠背
ID_SEAT_BACKREST_ANGLE_2_POS	int	
ID_SEAT_BACKREST_ANGLE_2_MOVE	int	
ID_SEAT_HEIGHT_POS	int	座椅高度
ID_SEAT_HEIGHT_MOVE	int	
ID_SEAT_DEPTH_POS	int	座椅深度
ID_SEAT_DEPTH_MOVE	int	

属　　　性	类　　型	功　　　能
ID_SEAT_TILT_POS	int	座椅倾角
ID_SEAT_TILT_MOVE	int	
ID_SEAT_LUMBAR_FORE_AFT_POS	int	腰托
ID_SEAT_LUMBAR_FORE_AFT_MOVE	int	
ID_SEAT_LUMBAR_SIDE_SUPPORT_POS	int	
ID_SEAT_LUMBAR_SIDE_SUPPORT_MOVE	int	
ID_SEAT_HEADREST_HEIGHT_POS	int	头枕
ID_SEAT_HEADREST_HEIGHT_MOVE	int	
ID_SEAT_HEADREST_ANGLE_POS	int	
ID_SEAT_HEADREST_ANGLE_MOVE	int	
ID_SEAT_HEADREST_FORE_AFT_POS	int	
ID_SEAT_HEADREST_FORE_AFT_MOVE	int	
ID_WINDOW_POS	int	车窗
ID_WINDOW_MOVE	int	
ID_WINDOW_LOCK	bool	

可以看到 CarCabinManager 中最主要的是和座椅相关的属性,同时还有车窗、后视镜相关的功能。大部分功能同时会有位置(Position)和移动(Move)两个属性,其中位置属性主要是设置具体的位置值,而移动则是该设备的移动方向。

CarCabinManager 丰富了车内设施的控制功能,通过它提供的 API,开发者可以为驾驶者提供很多个性化的功能,如座椅调节、车窗调节。如果说通过 CarHvacManager 控制空调,能让驾驶者感受到车内的环境的变化,那么通过 CarCabinManager 控制车内设施,就能让驾驶者实实在在看到车内的智能化。

在用法上,CarCabinManager 和 CarHvacManager 非常相似,同样可以获取或设置属性的值,并对属性变化进行监听。API 也没什么两样。所以本节就不详细介绍 CarCabinManager 是如何使用的了。相关的权限主要有以下几个:

- android.car.permission.CONTROL_CAR_WINDOWS。
- android.car.permission.CONTROL_CAR_SEATS。
- android.car.permission.CONTROL_CAR_MIRRORS。

5.5　CarVendorExtensionManager——制造商拓展服务

前面在介绍 CarSensorManager 的时候曾提到过,CarSensorManager 中的传感器类型还比较有限,车辆上还有很多的传感器并没有出现在 CarSensorManager 中。同样的,CarHvacManager 或者 CarCabinManager 是否就将车上相关的功能都覆盖全面了呢? 市场上的汽车品牌种类繁多,每款车型的功能又不相同。汽车制造商们也在不断推陈出新,推出一些属于品牌特有的功能来吸引消费者的目光。要想将所有的功能都定义为标准的属性是非常困难的。对此,Android Automotive OS 的做法是,除了定义了目前市场上绝大多数车型都适用的属性外,同样允许制造商根据自己所拥有的其他功能进行拓展。这就是本节介绍的 CarVendorExtensionManager 主要作用，它让制造商可以扩展 VehicleHAL 中已经定义的属性，加入额外的功能。

1. CarVendorExtensionManager 的用法

通过以下方式获取 CarVendorExtensionManager 对象的实例：

```
mVendorManager = (CarVendorExtensionManager)
        mCarApi.getCarManager(Car.VENDOR_EXTENSION_SERVICE);
```

要使用 CarVendorExtensionManager 需要申请以下权限：

```
< uses - permission android:name = "android.car.permission.CAR_VENDOR_EXTENSION" />
```

该权限同样是系统级别的，普通的第三方应用无法使用。

对于制造商自定义的属性，目前，Android Automotive OS 中统一使用"android.car.permission.CAR_VENDOR_EXTENSION"进行权限的控制。尚不支持制造商自定义不同的权限进行管理，在这点上似乎欠缺了一些灵活性。希望谷歌在未来继续完善，在自定义属性的权限上能有更细颗粒度的权限管理方式，根据其功能的特点、类别，定义不同的权限。

2. 获取/设置属性

在属性的设置和获取上，CarVendorExtensionManager 与 CarHvacManager、CarCabinManager 的使用方法区别并不大。但由于是拓展的属性，属性的类型是不确定的，所以在调用 setProperty 和 getProperty 时需要传入属性的类型。假设自定义了 CUSTOM_ZONED_FLOAT_PROP_ID 这一属性，且值为浮点类型，如果该属性是多区域的，还需要传入区域值，获取和设置该属性的方法如下：

```
mVendorManager.setProperty(
    Float.class,
    CUSTOM_ZONED_FLOAT_PROP_ID,
    VehicleAreaSeat.ROW_1_RIGHT,
    value);

float actualValue = mVendorManager.getProperty(
    Float.class, CUSTOM_ZONED_FLOAT_PROP_ID,
    VehicleAreaSeat.ROW_1_RIGHT);
```

像 CarVendorExtensionManager 这样设定和获取属性的方式，在后面介绍 CarPropertyManager 的时候还会遇到。实际上，控制车辆硬件相关功能都离不开 setProperty 和 getProperty 这两个方法。

3. 监听属性变化

CarVendorExtensionManager 同样可以通过注册回调接口的方式来监听属性值发生的变化。方式十分简单，实现 CarVendorExtensionCallback 就可以了，方式如下：

```
mVendorManager.registerCallback(new CarVendorExtensionCallback() {
    @Override
```

```java
public void onChangeEvent(CarPropertyValue carPropertyValue) {
  if (carPropertyValue != null
    && carPropertyValue.getPropertyId() == CUSTOM_ZONED_FLOAT_PROP_ID) {
    float newValue = (Float) carPropertyValue.getValue();
  }
}

@Override
public void onErrorEvent(int propertyId, int zone) {

  }
});
```

需要注意的是,尽管注册的是 CarVendorExtensionCallback,但是该回调方法不仅会收到拓展属性相关的变化事件,对于其他属性的变化事件(如空调、传感器)也有可能被传递过来。因此,在 onChangeEvent 方法中需要做好相关的判断,确保该次改变事件是所需要的。

有了 CarVendorExtensionManager,CarService 一下子拥有了拓展属性的能力。让原来看上去有限的功能,变得可以无比丰富,至少理论上是这样,当然实际上还依赖于制造商的实现。但无论如何这大大增加了可拓展性,制造商们不用为了一个新功能苦苦等待谷歌的更新,或是自己重新设计一套方案,而是只要定义增加新的属性就可以了。对于需要使用自定义属性的应用,只需要知道确切的 Id 和类型。

关于如何增加自定义属性,以及属性的定义规则会在后文介绍 CarPropertyManager 及 VehicleHAL 时再详细展开。

通过前文的介绍,读者已经知道可以使用 CarInfoManager 获取车辆相关的信息;CarSensorManager 来获取车辆传感器数据;CarHvacManager 控制空调相关的功能;CarCabinManager 控制车舱内设施;以及 CarVendorExtensionManager 提供属性拓展的能力。不同的属性分散在这些 Manager 中,让开发者可以更加清晰地找到对应的 API,并且对权限进行更加细致的划分。那么有没有可能对所有属性进行统一的管理呢? 在介绍 CarPropertyService 开始的时候提到过,以上这些不同的 Manager 的背后都有 CarPropertyManager 的身影,它管理着所有的属性,下面就来看看 CarPropertyManager 到底做了什么,以及是如何实现的。

5.6 CarPropertyManager——车辆属性 API

本节介绍汽车属性中最主要的一个 Manager-CarPropertyManager。在 Android 9 中 CarPropertyManager 还是隐藏(hide)接口,所以不会在公开的 SDK 中出现,但是它十分重要。而在 Android 10 中,CarPropertyManager 变成了车辆属性的主要 API,并允许任何运行在 Android Automotive OS 上的应用进行调用。初看 CarPropertyManager 会觉得很熟悉,它的方法包括(但不限于)以下这些:

```java
boolean registerListener(CarPropertyEventCallback callback, int prop, float rate)
boolean isPropertyAvailable(int propId, int area)
```

```
boolean getBooleanProperty(int prop, int area)
float getFloatProperty(int prop, int area)
int getIntProperty(int prop, int area)
int[] getIntArrayProperty(int prop, int area)
<E> CarPropertyValue<E> getProperty(Class<E> clazz, int propId, int area)
<E> CarPropertyValue<E> getProperty(int propId, int area)
<E> void setProperty(Class<E> clazz, int propId, int area, E val)
void setBooleanProperty(int prop, int area, boolean val)
void setFloatProperty(int prop, int area, float val)
void setIntProperty(int prop, int area, int val)
```

看到这些方法，就会发现和 CarHvacManager、CarVendorExtensionManager 等服务中的方法定义很类似。在使用方法上和之前提到的几个服务也是一样的。其实，无论是 CarInfoManager，还是 CarSensorManager 或 CarHvacManager，它们的功能都可以直接通过 CarPropertyManager 来完成。

1. CarPropertyManager 的用法

熟悉了 CarHvacManager、CarVendorExtensionManager 等几个相关服务的用法之后，在 CarPropertyManager 的使用上，相信读者对相关方法已经很了解了。这里再做一些简单的补充。

关于属性的获取，在 CarPropertyManager 中除了 getProperty 方法之外，还有像 getBooleanProperty、getIntProperty 这样明确属性类型的获取方法。其实这些方法只是对于 getProperty 方法的封装，以 getIntProperty 为例，它的实现是这样的：

```
[CarPropertyManager.java]

 public int getIntProperty(int prop, int area) {
    CarPropertyValue<Integer> carProp = getProperty(Integer.class, prop, area);
    return carProp != null ? carProp.getValue() : 0;
 }
```

看上去在明确知道属性类型的情况下，getBooleanProperty、getIntProperty 等方法在使用上更加简洁。但是在这里，依然推荐开发者们使用 getProperty 来获取相应的属性值，因为 getProperty 方法返回的是 CarPropertyValue 对象，其不仅包含属性值，还包含属性的状态，而 getIntProperty 等方法在属性不可用的情况下，返回的是默认值，这在有的时候会导致读取的数据不正确。

下面以 NIGHT_MODE（昼夜模式）属性为例，说明使用 getProperty 方法的好处。

```
CarPopertyValue<Boolean> val = mCarPropertyManager.
                        getProperty(Boolean.class, NIGHT_MODE, 0);
if (val == null || val.getStatus() != CarPropertyValue.STATUS_AVAILABLE) {
  // 该属性不支持或不可用,使用当前时间判断昼夜情况
} else if (val.getValue()) {
  // 黑夜模式
} else {
  // 白昼模式
}
```

从这段源码中,可以很直观地看到使用 getProperty 方法,与 getBooleanProperty 方法获取昼夜状态相比,可以更准确地判断当前属性的状态,并在属性不支持或不可用时,使用更合理的处理逻辑。因此,虽然 getProperty 方法会增加源码的数量,但在大部分情况下,依然推荐大家使用该方式获取属性。

在设置属性值方面,CarPropertyManager 同样提供了 setProperty 及明确类型的 setIntProperty、setBooleanProperty 等方法。同样的,明确类型的 setIntProperty、setBooleanProperty、setFloatProperty 方法是 setProperty 方法的简单包装。

```
[CarPropertyManager.java]

  public void setBooleanProperty(int prop, int area, boolean val) {
    setProperty(Boolean.class, prop, area, val);
  }
```

开发者根据需要调用相关 set 方法即可,用法十分简单。

在注册监听属性变化方面,CarPropertyManager 提供更细颗粒度的监听方法,registerListener[①] 方法可以监听单个属性值的变化,开发者可以通过在注册监听器时传入属性 ID 指定监听器所对应的属性。同时,可以指定数据上报的频率,与 5.2 节介绍的一样,该频率与属性类型和其他监听器的频率有关,并不能保证数据会以传入的期望频率进行上报。监听属性的方式,可参考以下源码:

```
CarPropertyManager.CarPropertyEventListener mCarPropertyEventListener =
new CarPropertyManager.CarPropertyEventListener() {

  @Override
  public void onChangeEvent(CarPropertyValue value) {

  }

  @Override
  public void onErrorEvent(int propId, int zone) {

  }
};

mCarPropertyManager.registerListener(mCarPropertyEventListener,
VehiclePropertyIds.PERF_VEHICLE_SPEED, /* rate = */ 5);
```

2. CarPropertyManager 的相关类

本节介绍与 CarPropertyManager 紧密相关的一些类。

前文已经提到过像 CarInfoManager、CarHvacManager、CarSensorManager 都是通过 CarPropertyManager 实现其功能的。在其他几个 Manager 初始化的时候,都会创建属于自己的 CarPropertyManager 对象。这几个 Manager 拥有了 CarPropertyManager 以后用来做什么

---

① 从 Android 10 开始,为了与其他 Manager 的监听方法命名保持一致,CarPropertyManager 的监听方法重命名为 registerCallback,但在用法上没有变化。

了呢？通过 CarInfoManager 中的 getFuelCapacity 方法为例就能看出一些端倪。源码如下：

```
[CarInfoManager.java]

    public float getFuelCapacity() {
    CarPropertyValue<Float> carProp = mCarPropertyMgr.getProperty(Float.class,
        BASIC_INFO_FUEL_CAPACITY, 0);
    return carProp != null ? carProp.getValue() : 0f;
    }
```

再来看看 CarHvacManager 中的 isPropertyAvailable 方法：

```
[CarHvacManager.java]

    public boolean isPropertyAvailable(@PropertyId int propertyId, int area) {
        return mCarPropertyMgr.isPropertyAvailable(propertyId, area);
    }
```

原来这背后其实就是对 CarPropertyManager 的调用。其他几个 Manager 并没有做什么具体的事情，只是把任务交给了 CarPropertyManager 再去执行。无论是 CarHvacManager 还是 CarInfoManager 只是 CarPropertyManager 的代理或者说是适配器。

那 Android Automotive OS 为什么要使用这样的设计？笔者认为，主要原因还是因为车辆属性繁多，对功能进行分类能让开发者使用的时候更加清晰，更容易进行功能的区分。当然，各个不同的 Manager 也会让源码变得更加复杂，增加维护的难度，特别是随着属性的增加，要将属性进行归类就会更加麻烦。所以如果是作为系统应用的开发者，对各个属性有了比较全面的了解后，完全可以通过 CarPropertyManager 来实现对所有属性的控制，这样反而能让源码显得更简洁。

除了和 CarPropertyManager 相关的这几个 Manager 之外，在之前的例子中，还出现了如 VehiclePropertyIds、CarPropertyValue、CarPropertyConfig 等相关的辅助类，由于种类繁多，有必要在这里梳理一下各个辅助类的作用。

（1）VehiclePropertyIds，CarPropertyManager 都是通过属性 ID 来对应具体的功能的，不同功能对应不同的 ID，VehiclePropertyIds 中列出了所有在 VehicleHAL 中定义的功能属性，是 Android Automotive OS 官方定义的属性集合。

（2）VehicleAreaDoor，许多功能点都分多个区域，在设置、获取相应属性时，需要传入区域参数，VehicleAreaDoor 定义了与车门相关的区域值，在使用与车门相关的属性时配套使用。

（3）VehicleAreaMirror，与 VehicleAreaDoor 类似，多区域定义，后视镜区域值。

（4）VehicleAreaSeat，多区域定义，座位区域值。

（5）VehicleAreaWheel，多区域定义，车胎区域值。

（6）VehicleAreaWindow，多区域定义，车窗区域值。

（7）VehicleAreaType，区域类型是用以区分一个属性所对应的位置的。对于非多区域属性，往往使用 VEHICLE_AREA_TYPE_GLOBAL 作为其区域 ID。每个区域属性都必须使用预定义的区域类型，即车门、车窗、座椅、轮胎、后视镜中的一个。每种区域类型都有一组在区域类型的枚举中定义的位标记，也就是前文中使用的像 SEAT_ROW_1_LEFT 这样具体的区域值。

（8）VehicleLightState，灯光状态，开、关、日间。

（9）VehicleLightSwitch，灯光切换，开、关、日间、自动。

（10）VehicleOilLevel，油量状态。

以上这些辅助类中，都定义了相关的静态变量，同时，这些值都与 VehicleHAL 的相关定义一一对应，在 Car API 中将其再次定义是为了方便上层应用使用。

除了以上几个定义静态变量的辅助类以外，还会经常用到 CarPropertyConfig 和 CarPropertyValue 这两个模板类。CarPropertyConfig 和 CarPropertyValue 非常有用，通过前者能获取到一个属性的静态参数，如取值范围、类型、支持的区域等；通过后者能获取一个属性的值和状态。

这里举两个简单的例子。

（1）通过 CarPropertyManager 获取当前车辆支持的属性（注意，需要拥有对应属性的权限才能获取）。

```
List < CarPropertyConfig > properties = mCarPropertyManager.getPropertyList();
```

CarPropertyConfig 对象的成员变量如表 5-4 所示。

表 5-4　CarPropertyConfig 成员变量列表

类　　　型	变　量　名	说　　　明
int	mAccess	该属性是否可读可写（0 不可读不可写；1 可读；2 可写；3 可读写）
int	mAreaType	区域类型，与 VehicleAreaType 对应
int	mChangeMode	变化类型（0 该属性值始终不变；1 发生变化时通知；2 以一定频率持续通知当前值）
ArrayList < Integer >	mConfigArray	额外的配置属性
String	mConfigString	额外的配置信息
float	mMaxSampleRate	最大频率（仅对持续上报属性有效）
float	mMinSampleRate	最小频率（仅对持续上报属性有效）
int	mPropertyId	属性 ID
SparseArray < AreaConfig < T >>	mSupportedAreas	区域属性，包含该区域的取值范围
Class < T >	mType	属性的类型

开发者可以通过以上成员变量对应的 get 方法获取具体的值。对于区域属性来说，CarPropertyConfig 中还封装了额外的方法方便开发者获取特定区域的取值，AreaConfig 类的 getMinValue、getMaxValue 方法可以返回某一属性特定区域的取值范围。

（2）通过 CarPropertyManager 获取当前的车速。

```
CarPropertyValue < Float > value = mCarPropertyManager.getProperty(Float.class,
    VehiclePropertyIds.PERF_VEHICLE_SPEED,
    VehicleAreaType.VEHICLE_AREA_TYPE_GLOBAL);
```

CarPropertyValue 对象的成员变量如表 5-5 所示。

表 5-5　CarPropertyValue 成员变量列表

类　　型	变　量　名	说　　明
int	mPropertyId	属性 ID
int	mAreaId	区域 ID
int	mStatus	状态(0 可用；1 不可用；2 错误)
long	mTimestamp	时间戳(单位：纳秒)
T	mValue	当前值

虽然看上去很简单,但实际使用过程中会涉及较多的判断,开发者可以进一步对属性进行封装管理,并总结一些有用的实践。CarPropertyConfig 和 CarPropertyValue 这两个类同样和 VehicleHAL 中的定义的结构体相关联,CarService 会将从 HAL 层获取的 VehiclePropConfig 和 VehiclePropValue[①] 分别转换为 CarPropertyConfig 和 CarPropertyValue。

3. 进一步了解 CarPropertyManager

通过前文的介绍,读者应该已经了解了 CarPropertyManager 的重要性。因此有必要进一步了解 CarPropertyManager 背后的原理,更全面地掌握它。

熟悉 Android 的读者应该知道,在 Android 中往往一个 Manager 会对应一个 Service,例如 ActivityManager 对应着 ActivityManagerService；PackageManager 对应着 PackageManagerService。它们运行在不同的进程中,通过 Binder 这一 IPC 机制进行通信。同样地,与 CarPropertyManager 相对应的是 CarPropertyService 这一服务。

同时,读者如果对车辆电子电器的架构有一定了解,那么应该知道,各个具体的功能往往有对应的电子控制单元(Electronic Control Unit,ECU)进行控制。例如,控制座椅位置的命令,最终需要发送到负责控制座椅的 ECU 中才能使座椅移动。

因此,一次控制命令的调用过程大致如图 5-1 所示。

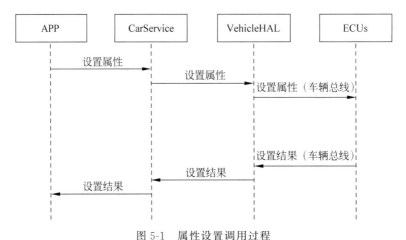

图 5-1　属性设置调用过程

上层的应用通过 Car API 提供的接口进行设置,最终通过车辆总线将命令发送给对应的 ECU,ECU 返回结果给 CarService,并通过回调通知相关应用。这一过程中的

---

① 　VehiclePropConfig 和 VehiclePropValue 定义在/hardware/interfaces/automotive/vehicle/2.0/types. hal 文件中。

VehicleHAL 非常重要，它指的是制造商实现的硬件抽象层服务，实现了 Android Automotive OS 定义的相关硬件抽象层接口。由于不同汽车制造商与 ECU 的通信方式、标准、数据格式都不尽相同，所以需要对其进行抽象，统一接口，而具体逻辑则由汽车制造商自己实现。关于 VehicleHAL 的具体内容，会在后面的章节再展开。

下面通过源码，进一步了解 CarPropertyManager 中的具体实现，建议读者在阅读的同时打开源码文件进行查看。

以下是 CarPropertyManager 的构造函数实现：

```
[CarPropertyManager.java]

  public CarPropertyManager(IBinder service, Handler handler, boolean dbg,String tag) {
    ...
    mService = ICarProperty.Stub.asInterface(service);
    ...
  }
```

在 CarPropertyManager 的构造函数中，获得了 ICarProperty 的远程对象，通过该远程对象就可以调用 CarPropertyService。关于 Binder 机制的具体实现及 AIDL 的调用过程，在此就不做展开了[①]。

再来看看 CarPropertyManager 的 setProperty 的调用过程：

```
[CarPropertyManager.java]

  public <E> void setProperty(Class<E> clazz, int propId, int area, E val) {
    ...
    try {
      mService.setProperty(new CarPropertyValue<>(propId, area, val));
    } catch (RemoteException e) {
      throw e.rethrowFromSystemServer();
    }
  }
```

通过 mService 对象，调用 CarPropertyService 中对应的方法：

```
[CarPropertyService.java]

  public void setProperty(CarPropertyValue prop) {
    ...
    ICarImpl.assertPermission(mContext, mHal.getWritePermission(propId));
    mHal.setProperty(prop);
  }
```

这里出现了一个新的对象 mHal，它是 PropertyHalService 对象的实例。

55

---

① AIDL 相关内容请参考：https://developer.android.com/guide/components/aidl。

```
[PropertyHalService.java]

    public void setProperty(CarPropertyValue prop) {
      ...
      try {
        mVehicleHal.set(halProp);
      } catch (PropertyTimeoutException e) {
        Log.e(CarLog.TAG_PROPERTY, "set, property not ready 0x"
                            + toHexString(halPropId), e);
        throw new RuntimeException(e);
      }
    }
```

接着调用 VehicleHal 的 set 方法，虽然对象命名叫 VehicleHal，但该 VehicleHal 对象依然是在 CarService 进程中定义并创建的对象。还没有看到对 HAL 层的 Binder 调用。接着往下：

```
[VehicleHal.java]

    protected void set(VehiclePropValue propValue)
                          throws PropertyTimeoutException {
      mHalClient.setValue(propValue);
    }
```

VehicleHal 中的 set 方法只是进一步调用了 HalClient 对象的 setValue 方法。

```
[HalClient.java]

    public void setValue(VehiclePropValue propValue)
                          throws PropertyTimeoutException {
      int status = invokeRetriable(() -> {
        try {
          return mVehicle.set(propValue);
        } catch (RemoteException e) {
          Log.e(CarLog.TAG_HAL, "Failed to set value", e);
          return StatusCode.TRY_AGAIN;
        }
      }, WAIT_CAP_FOR_RETRIABLE_RESULT_MS, SLEEP_BETWEEN_RETRIABLE_INVOKES_MS);
      ...
    }
```

在 HalClient 的 setValue 方法中，终于发现这个 mVehicle 对象是一个 HIDL 调用的远程对象，通过它，实际上调用的是抽象层 VehicleHal 的实现。这里涉及了 Android 8.0 引入的 HIDL 机制，不详细展开了[①]。随着 HIDL 机制的引入，VehicleHal 运行在独立的进程中，由设备制造商或汽车制造商进行实现。

---

① HIDL 相关内容请参考：https://source.android.com/devices/architecture/hidl。

以上就是一次完整的设置属性值的调用过程，可以看到设置命令最终将发送给制造商实现的 VehicleHal 进程，并由 VehicleHal 最终完成该次调用。

再来追踪 VehicleHal 中的事件的传递过程。

通过设置的流程，可以发现发起 HIDL 调用的远程对象是被 HalClient 对象所持有的，与 VehicleHal 的直接交互是在 HalClient 中完成的。因此事件的向上传递也是从 HalClient 开始的。在收到上报的事件之前，上层应用首先要注册相应的监听方法。

当应用调用 CarPropertyManager 的 registerListener 方法时，其会调用 CarPropertyService 的 registerListener 方法。

```
[CarPropertyService.java]

    public void registerListener(int propId, float rate,
                                 ICarPropertyEventListener listener) {

        ...

        IBinder listenerBinder = listener.asBinder();

        synchronized (mLock) {
            Client client = mClientMap.get(listenerBinder);
            if (client == null) {
                client = new Client(listener);
            }
            client.addProperty(propId, rate);
            List < Client > clients = mPropIdClientMap.get(propId);
            if (clients == null) {
                clients = new CopyOnWriteArrayList < Client >();
                mPropIdClientMap.put(propId, clients);
            }
            if (!clients.contains(client)) {
                clients.add(client);
            }
            if (!mListenerIsSet) {
                mHal.setListener(this);
            }
            if (rate > mHal.getSampleRate(propId)) {
                mHal.subscribeProperty(propId, rate);
            }
        }

        ...
    }
```

上述源码进一步调用 PropertyHalService 的 subscribeProperty 方法，中间会再经过 VehicleHal.java 的调用，最后调用 HalClient 中的 subscribe 方法，调用的路径和设置的流程是一样的。在此省略一些中间过程，直接来看 HalClient 的 subscribe 方法的实现：

```
[HalClient.java]

public void subscribe(SubscribeOptions... options) throws RemoteException {
  mVehicle.subscribe(mInternalCallback,
            new ArrayList<>(Arrays.asList(options)));
}
```

这里将 mInternalCallback 对象传递给了 Hal 层。mInternalCallback 对象的实例是继承了 IVehicleCallback.Stub 的 HIDL 桩对象，实现如下：

```
[HalClient.java]

private static class VehicleCallback extends IVehicleCallback.Stub {
  private Handler mHandler;

  VehicleCallback(Handler handler) {
   mHandler = handler;
  }

  @Override
  public void onPropertyEvent(ArrayList<VehiclePropValue> propValues) {
   mHandler
     .sendMessage(Message.obtain(mHandler,
                 CallbackHandler.MSG_ON_PROPERTY_EVENT,
                 propValues));
  }

  @Override
  public void onPropertySet(VehiclePropValue propValue) {
   mHandler
     .sendMessage(Message.obtain(mHandler,
                 CallbackHandler.MSG_ON_PROPERTY_SET,
                 propValue));
  }

  @Override
  public void onPropertySetError(int errorCode, int propId, int areaId) {
   mHandler.sendMessage(Message.obtain(mHandler,
    CallbackHandler.MSG_ON_SET_ERROR,
    new PropertySetError(errorCode, propId, areaId)));
  }
}
```

通过 IVehicleCallback，制造商实现的 VehicleHal 进程就可以将事件传递给 CarService 进程了。有兴趣的读者可以进一步追踪当 IVehicleCallback 的 onPropertyEvent 方法被调用后，事件又是如何传递给应用注册的监听器的。

上文出现了一些新的对象，为了便于理解，整理上述类之间的关系，见图 5-2。

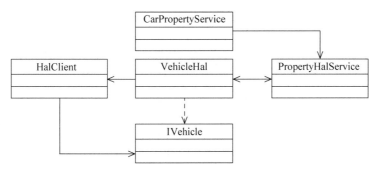

图 5-2　CarPropertyService 关联类图

在 CarService 中虽然有 VehicleHal 类，但该类并不直接调用 HIDL 方法，而是进一步调用 HalClient 封装的方法，HalClient 才是真正与 HAL 层打交道的类。同时，PropertyHalService 处理与 CarPropertyService 相关的业务逻辑，在后面的内容中，还会接触 InputHalService、PowerHalService，VehicleHal 会将不同的事件分发给对应的类进行处理。

总体来说，通过 CarPropertyService 的层层调用，最后通过 IVehicle 与实现了车辆硬件抽象层的进程通信。VehicleHal 进程由各个厂家进行实现，再进一步将消息发送给关联的 ECU，实现控制功能。

4. 车辆属性的权限控制

上文分析了 CarPropertyService 设置属性和监听属性变化的具体实现。同时，介绍了相关的实现类。在上层应用访问属性的时候，需要申请相应的权限。那么这些权限是通过什么方法管理的呢？

下面再介绍 PropertyHalServiceIds 这个类，它作为辅助类，规定了各个属性的访问权限。读者可以先打开手中的源码，找到 PropertyHalServiceIds 源文件。

PropertyHalServiceIds 对象是在 PropertyHalService 的构造函数中创建的。

```
[PropertyHalService.java]

  public PropertyHalService(VehicleHal vehicleHal) {
    mPropIds = new PropertyHalServiceIds();
    ...
  }
```

在 PropertyHalServiceIds 的构造函数中将各个权限与属性进行了映射。

```
[PropertyHalServiceIds.java]

  public PropertyHalServiceIds() {
  mProps = new SparseArray<>();

  ...
  mProps.put(VehicleProperty.MIRROR_Z_MOVE, new Pair<>(
      Car.PERMISSION_CONTROL_CAR_MIRRORS,
      Car.PERMISSION_CONTROL_CAR_MIRRORS));
```

```
        mProps.put(VehicleProperty.MIRROR_Y_POS, new Pair<>(
            Car.PERMISSION_CONTROL_CAR_MIRRORS,
            Car.PERMISSION_CONTROL_CAR_MIRRORS));

        ...

        mProps.put(VehicleProperty.HVAC_MAX_AC_ON, new Pair<>(
            Car.PERMISSION_CONTROL_CAR_CLIMATE,
            Car.PERMISSION_CONTROL_CAR_CLIMATE));
        mProps.put(VehicleProperty.HVAC_MAX_DEFROST_ON, new Pair<>(
            Car.PERMISSION_CONTROL_CAR_CLIMATE,
            Car.PERMISSION_CONTROL_CAR_CLIMATE));

        ...

        mProps.put(VehicleProperty.PERF_VEHICLE_SPEED, new Pair<>(
            Car.PERMISSION_SPEED,
            Car.PERMISSION_SPEED));
        mProps.put(VehicleProperty.ENGINE_COOLANT_TEMP, new Pair<>(
            Car.PERMISSION_CAR_ENGINE_DETAILED,
            Car.PERMISSION_CAR_ENGINE_DETAILED));

        ...
    }
```

属性对应的权限可以分为读权限和写权限，如果该属性是只读的，那么它的写权限就为空。对于制造商拓展属性，则统一使用"android. car. permission. CAR _ VENDOR _ EXTENSION"权限进行管理。

有了权限与属性的对应关系，控制权限就变得容易了，在调用相应接口时进行判断就可以了，这里以 CarPropertyService 的 getProperty 方法为例，看一下 CarService 如何判断调用者是否符合权限要求的。

```
[CarPropertyService. java]

    @Override
    public CarPropertyValue getProperty(int prop, int zone) {
        ...
        ICarImpl.assertPermission(mContext, mHal.getReadPermission(prop));
        return mHal.getProperty(prop, zone);
    }
```

ICarImpl 的 assetPermission 方法会判断调用者是否拥有权限或本次调用是否是本应用自身发起的，如果不是，就抛出异常。而 PropertyHalServiceIds 的 getReadPermission 方法会返回对应属性的读权限。具体源码如下：

```
[ICarImpl. java]

    public static void assertPermission(Context context, String permission) {
        if (context.checkCallingOrSelfPermission(permission)
```

```
                              != PackageManager.PERMISSION_GRANTED) {
    throw new SecurityException("requires " + permission);
  }
}

[PropertyHalServiceIds.java]

  @Nullable
  public String getReadPermission(int propId) {
   Pair < String, String > p = mProps.get(propId);
   if (p != null) {
    // Property ID exists. Return read permission.
    if (p.first == null) {
      Log.e(TAG, "propId is not available for reading : 0x"
                          + toHexString(propId));
    }
    return p.first;
   } else {
    return null;
   }
  }
```

权限的控制对于车辆属性来说很重要,尤其是汽车对于安全有更高的要求。因此目前 Car API 涉及的权限级别都比较高。

Android 中的权限通过 AndroidManifest. xml 文件进行定义。与其他定义在 Android 框架中且以"android"为包名(frameworks/base/core/res/AndroidManifest. xml 文件中定义的权限)的权限不同,Car API 相关的权限单独定义在 CarService 的 AndroidManifest. xml 中(packages/services/Car/service/AndroidManifest. xml),并以"android. car"为包名。不过,对于需要申请相关权限的应用而言,处理 CarService 中定义的权限与处理 Android 中其他权限的方式并无区别,开发者需要按照 Android 的权限规范[1]申请相关权限。

5.7　了解 VehicleHAL

本节介绍 Android Automotive OS 中对于 VehicleHAL,即车辆硬件抽象层的定义。

前文中多次提到了 VehicleHAL,当提起 VehicleHAL 的时候,它可能包含以下含义。

(1) 由 Android Automotive OS 定义的硬件抽象层接口,包括车辆属性和方法;

(2) 由制造商根据硬件抽象层定义所实现的服务进程;

(3) 在 CarService 中,由 Java 实现的 VehicleHal 辅助类。

而在本节中,VehicleHAL 主要指代的是第一种含义。而制造商提供的 VehicleHal 服务进程是业务逻辑主要的实现者,非常重要,但只要满足了硬件抽象层所定义的方法和行为,各制造商的具体实现可能很不一样,没有统一的范式,因此在本书中不过多展开分析。

---

① Android 权限概览: https://developer. android. com/guide/topics/permissions/overview。

VehicleHAL 是连通 CarService 与制造商实现的车辆控制服务进程的桥梁，其中包括种类繁多的车辆属性。那么，各种各样的车辆属性是如何被定义的？有什么规则可循？要找到这些问题的答案，就需要更深入地了解 VehicleHAL。本节通过源码进一步分析 VehicleHAL。

说到 VehicleHAL，就需要先简单解释 HAL 层的概念。HAL 层即硬件抽象层（Hardware Abstraction Layer）的缩写。按照谷歌官方的说法[①]，HAL 可定义一个标准接口以供硬件供应商实现，这可让 Android 忽略较低级别的驱动程序实现。

根据上面的定义，就能知道 VehicleHAL 是车辆硬件抽象层。它的作用是定义了标准的接口，让 CarService 可以忽略各个汽车制造商的具体实现。换句话说，CarService 调用 VehicleHAL 定义的接口，而制造商们负责实现这些接口。

下面来看 VehicleHAL 的具体内容。

VehicleHAL 的源码位于 hardware/interfaces/automotive/vehicle/2.0/路径下（截至本书完成时，最新的 VehicleHAL 版本为 2.0）。主要的文件只有三个：

- IVehicle.hal。
- IVehicleCallback.hal。
- types.hal。

这三个文件的定义方式、语法都遵循了 Android 8.0 中提出的 HIDL 的定义规范[②]，这里不做展开，有兴趣的读者可以阅读谷歌官网上的相关资料。

其中，IVehicle.hal、IVehicleCallback.hal 的定义都很简单，这两个文件中定义的是具体的类和方法。例如，在 IVehicle 中定义了获取属性值的 get 方法、订阅属性的 subscribe 方法；IVehicleCallback 中定义了属性变化时的回调方法 onPropertyEvent，这些方法在之前介绍 CarPropertyService 的内容时有所提及。方法并不多，是因为 CarService 与 VehicleHAL 的主要实现是基于"属性"的，因此用于定义具体数据结构和属性值的 types.hal 就显得格外重要了。

1. 车辆属性

车辆相关属性值的定义都在 types.hal 文件中，具体来看 types.hal 中对各个属性的定义格式。以 PERF_VEHICLE_SPEED 属性为例，它代表了车速信号，具体定义如下：

```
[hardware/interfaces/automotive/vehicle/2.0/types.hal]

PERF_VEHICLE_SPEED = (
  0x0207
  | VehiclePropertyGroup:SYSTEM
  | VehiclePropertyType:FLOAT
  | VehicleArea:GLOBAL)
```

其中，VehiclePropertyGroup、VehiclePropertyType、VehicleArea 这几个枚举类型的定义同样在该文件中可以找到。这里的 VehiclePropertyGroup:SYSTEM 等于 0x10000000，

---

① 具体请参考：https://source.android.com/devices/architecture/hal。
② 具体请参考：https://source.android.com/devices/architecture/hidl/code-style。

VehiclePropertyType：FLOAT 等于 0x00600000，VehicleArea：GLOBAL 等于 0x01000000。因此该属性的值就是 0x11600207。如果查看 CarSensorManager 中车速属性的定义，会发现该值和 CarSensorManager 中的 SENSOR_TYPE_CAR_SPEED 属性的值一模一样，这就是 CarSensorManager 中的车速属性值的原始定义。

VehicleHAL 定义了标准的属性名称和值（为了保持版本的兼容性，这些属性值的定义基本不会发生变化）。制造商在实现汽车服务的时候会通过定义好的属性值区分具体的功能，同时 CarService 中也是通过这些属性来控制具体功能的。

仔细观察属性值的定义可以发现各个属性的定义并不是随意为之的，而是有它的规则。每个属性都是通过不同的掩码组合而来，因此每个属性的不同位有各自的含义。还是以 PERF_VEHICLE_SPEED 属性为例，具体情况如图 5-3 所示。

这样通过属性的值，使用者就能知道属性的组别、区域和类型了。其他的属性需要遵循相同的规则。CarPropertyManager 中涉及的属性虽然众多，但都是根据这样的规则来定义的。

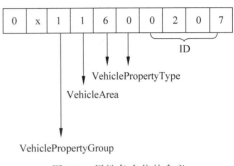

图 5-3　属性各个位的含义

下面对不同位的枚举类型做进一步分析。

VehiclePropertyGroup 主要用于区分该属性是 AOSP 定义的还是制造商自定义的，SYSTEM 意味着该值是 Android Automotive OS 的标准定义，任何使用 Android Automotive OS 的制造商都需要遵循一样的定义值；而 VENDOR 意味着是制造商自定义的车辆属性，这些属性对应的功能应该不存在于当前标准的 VehicleHAL 属性列表中，如 VehicleHAL 中已有定义的功能属性，则不应该再重复定义。VehiclePropertyGroup 的具体定义如下：

```
[hardware/interfaces/automotive/vehicle/2.0/types.hal]

enum VehiclePropertyGroup : int32_t {
    SYSTEM      = 0x10000000,
    VENDOR      = 0x20000000,
    MASK        = 0xf0000000,
};
```

而 VehiclePropertyType 则定义了该属性的类型，目前 VehiclePropertyType 主要支持的是一些基本类型，如整型、浮点型、字符串型等，虽然在定义中有 MIXED 这样的复合类型定义，但是在 CarPropertyService 中并不支持复合类型，其主要原因是为了确保数据的通用性，CarPropertyService 本身都是由不同属性、信号所驱动的，单个属性或者说信号的含义是单一的，这样的好处是维持了不同属性间的颗粒度大致相同。当然，有时候就需要制造商在增加定义时做比较细的划分了。除此之外，也可以考虑使用字节数组的方式传递一些复杂类型，并进行序列化和反序列化。VehiclePropertyType 的具体定义如下：

CarPropertyService——车辆属性服务

```
[hardware/interfaces/automotive/vehicle/2.0/types.hal]

enum VehiclePropertyType : int32_t {
    STRING         = 0x00100000,
    BOOLEAN        = 0x00200000,
    INT32          = 0x00400000,
    INT32_VEC      = 0x00410000,
    INT64          = 0x00500000,
    INT64_VEC      = 0x00510000,
    FLOAT          = 0x00600000,
    FLOAT_VEC      = 0x00610000,
    BYTES          = 0x00700000,

    MIXED          = 0x00e00000,

    MASK           = 0x00ff0000
};
```

VehicleArea 则定义了属性所对应的区域值，如车窗、座椅等。用以明确该属性在车辆上具体的物理位置，具体定义如下：

```
[hardware/interfaces/automotive/vehicle/2.0/types.hal]

enum VehicleArea : int32_t {
    GLOBAL         = 0x01000000,
    WINDOW         = 0x03000000,
    MIRROR         = 0x04000000,
    SEAT           = 0x05000000,
    DOOR           = 0x06000000,
    WHEEL          = 0x07000000,
    MASK           = 0x0f000000,
};
```

以上就是车辆属性的具体定义方式，Android Automotive OS 对于车辆硬件抽象层的定义还是非常简练的。主要体现在：在接口方法上只定义了几个方法，而不同功能是通过属性 ID 来进行区分的。这样就可以避免重复定义很多作用类似的 set/get 接口。当然，定义虽简单，但是实现起来可就未必了，需要支持如此多的属性。那么就需要汽车制造商在硬件抽象层好好实现相关的功能了。

2. 自定义属性

在之前介绍 CarVendorExtensionManager 时提到制造商可根据需要自定义特有的属性。这部分内容就通过具体的例子说明该如何增加自定义属性。通过前面的介绍，相信读者已经了解了车辆属性定义的具体规则。自定义属性并不复杂，只需按照规则增加新的属性就可以了。

首先，根据 HIDL 定义的规范，在自定义属性前需要创建新的 types.hal 文件。假设现有一款支持"车辆隐身"功能的车型，该功能支持打开和关闭，打开时车就会隐身。这是某品牌特有的功能，在标准的车辆属性中是没有现成的属性可以使用的，但开发者又期望可以通

过 Car API 对该功能进行控制。制造商可以通过自定义属性实现这一需求,该属性可能的定义如下:

```
package vendor.hardware.vehiclevendorextension@1.0;

import android.hardware.automotive.vehicle@2.0;

  enum VehicleProperty: android.hardware.automotive.vehicle@2.0::VehicleProperty {

  /**
   * 车辆隐身
   * @change_mode VehiclePropertyChangeMode:ON_CHANGE
   * @access VehiclePropertyAccess:READ_WRITE
   */
  INVISIBILITY_MODE = (
    0x0001
    | VehiclePropertyGroup:VENDOR
    | VehiclePropertyType:BOOLEAN
    | VehicleArea:GLOBAL),
  }
```

由于是拓展属性,在声明了新定义的属性枚举名称及包名(此处取名为 vendor. hardware. vehiclevendorextension@1.0)的同时,可以在继承原来标准 VehicleProperty 列表的基础上进行,因此加上 android. hardware. automotive. vehicle@2.0::VehicleProperty。这里有几点是需要注意的。

(1) 低四位用以区分不同属性,可以从 1 开始,随着属性的新增顺序增加。

(2) 由于是制造商自定义的属性,因此类别必须是 VehiclePropertyGroup:VENDOR,用以区别于 AOSP 中的属性(VehiclePropertyGroup:SYSTEM)。

(3) VehiclePropertyType 代表属性值的类型,包括 string、boolean、int32 等,可根据实际属性的类型进行自定义。

(4) VehicleArea 代表区域类型,包含 global(全局)、window(车窗)、mirror(反光镜)、seat(座椅)、door(门)、wheel(车轮)。除了 global,其他区域有更加细分的区域定义,如VehicleAreaWindow、VehicleAreaMirror 等。但在定义属性时,只需指定至 VehicleArea 就可以了。

3. VehicleHAL 服务进程的实现

到此为止,读者已经了解了 Android Automotive OS 中 VehicleHAL 的主要定义了。尽管还有很多在 types. hal 中定义的数据类型没有被提及,但相信读者已经对最主要的车辆属性及硬件抽象接口是如何定义的有了一个大致的了解。其他在 VehicleHAL 中定义的属性,如输入事件、电源状态等,在后文中还会进一步介绍。

有了车辆硬件抽象层的定义,那么对于制造商而言最重要的工作就是实现一个VehicleHAL 的服务,为 CarService 提供支持。

在这一部分的实现上,各个制造商的实现各有不同。Android 在 AOSP 的源码中提供了默认的参考实现。位于 hardware/interfaces/automotive/vehicle/2.0/default 路径下。有兴趣的读者参考其实现。尽管其中并不包含与车辆总线交互这样实际的业务逻辑,但是默认实现中对于 VehicleProperty 队列的管理、消息订阅的管理上都提供了一些值得参考的实践。

制造商该如何具体实现 VehicleHal 服务的具体细节在此就不再展开了，笔者在这里也是抛砖引玉，希望有兴趣或从事相关开发工作的读者可以继续深入学习，结合制造商自身的软件架构特点实现一个高性能且稳定的汽车服务。

5.8 小 结

本章主要介绍了 CarPropertyManager 的相关功能和实现。并分别介绍了与其相关联的其他几个服务 CarInfoManager、CarHvacManager、CarSensorManager、CarCabinManager 和 CarVendorExtensionManager。

同时介绍了 VehicleHAL，及其定义的规则。

相信通过本章的阅读，读者们能对 Android Automotive OS 中与车辆硬件相关部分的使用和实现有一个比较清晰的了解。需要注意的是，在编写本书时，Android Automotive OS 尚处在起步阶段，车辆属性还有待丰富，谷歌也会不断重构相关的模块。但是基本的架构设计相信是不会变化的，希望未来会有更多的功能加入并开放出来。

第6章 CarAudioService——汽车音频服务

本章涉及的源码文件名及位置：

- CarAudioService.java
  packages/services/Car/service/src/com/android/car/
- AudioAttributes.java
  frameworks/base/media/java/android/media/
- CarAudioManager.java
  packages/services/Car/car-lib/src/android/car/media/
- IAudioControl.hal
  hardware/interfaces/automotive/audiocontrol/1.0/
- PhoneWindowManager.java
  frameworks/base/services/core/java/com/android/server/policy/

读者可通过 cs.android.com 在线或下载完整 Android 源码进行查看，具体内容可参考第 3 章阅读准备。

本章将基于 CarService 中另一个重要的服务 CarAudioService 以及其对应的 CarAudioManager 介绍汽车音频的相关内容。

由于汽车上无论是音频设备的数量还是使用场景都和手机有很大的不同，仅靠 Android 原有的音频服务是无法满足在车内的使用需求的，因此 Android Automotive OS 对 Android 原有的音频机制进行了扩充，在 CarService 中加入了 CarAudioService，对音频设备进行更细致的管理，以满足车上的使用场景。

6.1 音量控制

在音频策略上，第一个需要提及的特殊之处就是 Android Automotive OS 中的音量控制。Android Automotive OS 中增加了音量组的概念，音量控制的 API 也与手机的 API 有所不同。

1. 音量组

汽车音频中新增了音量组的概念。所谓音量组，就是将不同用途的声音进行归类，按组对相关音量进行控制。

在进一步解释音量组的概念之前，读者需要先了解音频上下文（Audio Contexts）和音频属性（Audio Attributes）等相关概念。在谷歌的官方文档①中，有比较清楚的解释。

Android 中的每段声音都由相应的应用和声音生成的原因来识别；Android 设备会使用这些信息来确定如何呈现声音。在 Android 8. x 及更低版本中，应用可以使用旧版流类型（如 AudioSystem. STREAM_MUSIC）或 AudioAttributes 报告声音生成的原因。从 Android 9 开始，AudioAttributes. usage 值在 HAL 层被提取为上下文。

音频属性与音频上下文的具体对应关系如表 6-1 所示。

表 6-1 音频上下文与属性对应表

音频上下文	音频属性用法
MUSIC	MEDIA
VOICE_COMMAND	USAGE_ASSISTANT
NAVIGATION	ASSISTANCE_NAVIGATION_GUIDANCE
CALL	VOICE_COMMUNICATION
RINGTONE	NOTIFICATION_RINGTONE
NOTIFICATION	NOTIFICATION
ALARM	ALARM
SYSTEM_SOUND	ASSISTANCE_SONIFICATION
UNKNOWN	UNKNOWN

也就是说，应用在使用音频设备时，需要指定相应的音频属性，而音频属性对应着相关的音频上下文。音量组就是对音频上下文进行了分组，在同一组内的上下文，音量会同步变化。而如何对音量组进行分类，则由制造商自己定义，如果制造商没有定义，则使用 Android Automotive OS 的默认分组（Android 9 中系统通过 car_volume_groups. xml 文件定义分组信息；而 Android 10 中首选以 car_audio_configuration. xml 文件读取音频配置，两者定义格式不同）。

2. 音量组的定义与加载

在 Android 9 中，音量组通过 car_volume_groups. xml 文件进行定义，默认的配置文件的源码路径位于 packages/services/Car/service/res/xml/car_volume_groups. xml。内容如下：

```
[car_volume_groups.xml]

< volumeGroups xmlns:car = "http://schemas. android. com/apk/res - auto">
    < group >
        < context car:context = "music"/>
        < context car:context = "call_ring"/>
        < context car:context = "notification"/>
        < context car:context = "system_sound"/>
    </group >
    < group >
        < context car:context = "navigation"/>
        < context car:context = "voice_command"/>
```

① 详见：https://source. android. com/devices/audio/attributes#contexts。

```
    </group>
    <group>
        <context car:context = "call"/>
    </group>
    <group>
        <context car:context = "alarm"/>
    </group>
</volumeGroups>
```

从 XML 文件中的内容可以发现 CarAudioService 默认的音量组分为 4 组,其中 music、call_ring、notification、system_sound 为一组;navigation、voice_command 组成另一组;而 call 和 alarm 单独各为一组。在同一组中的音频虽然属于不同的上下文,但是它们的音量变化是联动的。当然,各制造商可以覆盖以上默认定义,对音频上下文进行不同的组合,或者增加分组的数量。但是需要满足以下条件。

(1) 一个音频上下文只能归属于一个组;

(2) 除去 UNKNOWN,共有 8 个有效的音量上下文类型,这 8 个类型都需要进行分组,不能缺省;

(3) 上下文对应的底层的总线设备不应出现在两个组中;

(4) 在同一组的音频上下文的单次调节的步长值应该一致。

car_volume_groups.xml 文件在 CarAudioService 中进行加载,具体源码如下:

```
[Android 9 - CarAudioService.java]

private void setupVolumeGroups() {
  Preconditions.checkArgument(mCarAudioDeviceInfos.size() > 0,
    "No bus device is configured to setup volume groups");
  final CarVolumeGroupsHelper helper =
    new CarVolumeGroupsHelper(mContext, R.xml.car_volume_groups);
  mCarVolumeGroups = helper.loadVolumeGroups();
  for (CarVolumeGroup group : mCarVolumeGroups) {
   for (int contextNumber : group.getContexts()) {
    int busNumber = mContextToBus.get(contextNumber);
    group.bind(contextNumber, busNumber,
          mCarAudioDeviceInfos.get(busNumber));
   }

   group.setCurrentGainIndex(group.getCurrentGainIndex());

   Log.v(CarLog.TAG_AUDIO, "Processed volume group: " + group);
  }
  if (!validateVolumeGroups()) {
   throw new RuntimeException("Invalid volume groups configuration");
  }
 }
```

以上源码解析了 car_volume_groups.xml 文件,生成了对应的音量组信息。值得注意的一步是，还将音量组所关联的音频上下文与总线(bus)进行了绑定。

在 Android 10 开始，为了更好地支持多音区音频的特性，修改了汽车音频配置文件的格式。同时，文件也不再以 Android 资源的形式进行配置，而是通过系统构建时复制到指定路径下进行读取。以下是 Android 10 模拟器的音频配置文件(路径：device/generic/car/emulator/audio/car_audio_configuration. xml)：

```xml
[Android 10 - car_audio_configuration.xml]

<carAudioConfiguration version = "1">
    <zones>
        <zone name = "primary zone" isPrimary = "true">
            <volumeGroups>
                <group>
                    <device address = "bus0_media_out">
                        <context context = "music"/>
                    </device>
                    <device address = "bus3_call_ring_out">
                        <context context = "call_ring"/>
                    </device>
                    <device address = "bus6_notification_out">
                        <context context = "notification"/>
                    </device>
                    <device address = "bus7_system_sound_out">
                        <context context = "system_sound"/>
                    </device>
                </group>
                            ...
            </volumeGroups>
            <displays>
                <display port = "0"/>
            </displays>
        </zone>
        <zone name = "rear seat zone">
            <volumeGroups>
                <group>
                    <device address = "bus100_rear_seat">
                        <context context = "music"/>
                        <context context = "navigation"/>
                                    ...
                    </device>
                </group>
            </volumeGroups>
            <displays>
                <display port = "1"/>
            </displays>
        </zone>
    </zones>
</carAudioConfiguration>
```

Android 10 的汽车音频配置文件除了需要满足 Android 9 中对于音量组分组的要求以外，还需要满足下列条件。

（1）多区域音频支持仅用于输出；

（2）只有一个主要音频区域；

（3）必须在 Android 音频配置文件 audio_policy_configuration.xml 中声明每个使用到的设备；

（4）一个音频设备不能出现在两个不同的区域中。

虽然配置文件的格式看上去有了不小的变化，但是主要的变化是区分了不同区域并将与设备的对应关系直接定义在该配置文件中（Android 9 通过 IAudioControl 接口获得）。音量组的概念并没有发生变化。

由于不再以资源的形式定义音量组，因此在制造商自定义音频配置的时候，不能再采用资源覆盖（Resource Overlay）的方式，而是需要通过如下编译命令将配置文件复制到指定路径下：

```
PRODUCT_COPY_FILES += \
    vendor/custom/car_audio_configuration.xml: $ (TARGET_COPY_OUT_VENDOR)/etc/car_audio_
    configuration.xml
```

3. 音量控制接口

有了音量组，就要通过音量组对音量大小进行控制。这一点与手机上很不同，熟悉 Android 手机应用开发的读者，可能习惯了使用 AudioManager 的 setStreamVolume 方法进行音量的调节，但是在 Android Automotive OS 中该方法很可能是无效的（具体取决于制造商的配置）。原因是 Android Automotive OS 上建议的是使用车上的硬件放大器完成对音量大小的调节，而非软件混音器。系统音量的调节需要通过 CarAudioManager 中提供的接口进行控制。需要注意的是，CarAudioManager 中的相关接口都是 SystemApi，即系统级别的接口，所以普通第三方应用是无法使用的，也就是说在实际驾驶过程中，第三方应用的音量调节主要依赖系统设置或相关控制按键（如音量旋钮、方向盘音量按键）实现。

下面介绍 CarAudioManager 中相关 API 的使用方法。

CarAudioManager 实例的获取方法和 CarPropertyManager 的获取类似，也是通过 mCar.getCarManager 方法：

```
mCarAudioManager = (CarAudioManager) mCar.getCarManager(Car.AUDIO_SERVICE);
```

获取到 CarAudioManager 的实例之后，就可以使用它对音量进行调节了。以增加某一 Group 的音量为例：

```
int volume = mCarAudioManager.getGroupVolume(groupId);
mCarAudioManager.setGroupVolume(groupId, ++volume,
    AudioManager.FLAG_SHOW_UI | AudioManager.FLAG_PLAY_SOUND);
```

通过 getGroupVolume 可以获取当前组的音量值，再通过 setGroupVolume 设置新的值。这里面有个疑问，那就是如何知道想要调节的音频属性所对应的 groupId 呢？因为制造商是可以重新定义分组的,不推荐开发者使用"硬编码"的方式,为了使应用有较好的通用性,应动态获取音频属性所属的分组。在这里有两个比较好的实践,一是需要设置某一音频属性的音量时,可以通过 getVolumeGroupIdForUsage 获取该 Usage 对应的 groupId,再利用获取的 groupId 设置音量,如:

```
// 获取媒体对应的 groupId
int groupId = mCarAudioManager
    .getVolumeGroupIdForUsage(AudioAttributes.USAGE_MEDIA);
```

另外,也可以通过 getVolumeGroupCount 方法获取系统中的分组数量,再通过 getUsagesForVolumeGroupId 反过来得到每个组别中包含哪些音频属性,进行统一的管理。

假设现在 navigation、voice_command 属于同一组,那么设置该组的音量,会同时影响这两个上下文的音频音量。

调节音量需要申请对应的权限,因此不要忘记在 AndroidManifest.xml 中增加以下声明。

```
< uses - permission android:name = "android.car.permission.CAR_CONTROL_AUDIO_VOLUME"/>
```

该权限只有系统特权应用可以使用。

以上的源码在 Android 9 和 Android 10 平台上是通用的。此外,在 Android 10 中,对本节提到的方法增加了新的重载方法以支持对特定分区(zoneId)的音量调节,使用方法上大体类似,读者可根据实际情况使用对应的 API。

4. 制造商实现与相关配置

前文提到过制造商可以通过覆盖 CarAudioService 默认的音量组实现音量组的自定义。当然,制造商可以做的和需要完成的事情不仅于此,本节就基于 CarAudioService 的相关实现,对制造商的音频实现和相关配置进行一些补充。

在 Android Automotive OS 中推荐使用硬件放大器来控制音量,而在 Android 手机中,支持软件混音器调节音量,这也是 Android 框架中的默认配置。因此,如果改用硬件放大器调节音量,首先需要覆盖①config_useFixedVolume 属性。

```
[frameworks/base/core/res/res/values/config.xml]

    < bool name = "config_useFixedVolume"> true </bool >
```

config_useFixedVolume 的默认值为 false,该情况下,应用可以调用 AudioManager.setStreamVolume 方法调节不同音频属性的音量。在车上,将其设置为 true,AudioManager.setStreamVolume 方法便不再有效了。

下面,选取 Android 9 的源码对 CarAudioService 的实现进行分析,以便读者对音量组

---

① 建议使用 Overlay 机制(包括静态、动态资源覆盖)修改资源默认值,详见: https://source.android.com/devices/architecture/rros。

有更好的理解。

回到 CarAudioService 的初始化阶段,来看 CarAudioService 的 init 方法的实现代码:

```java
[CarAudioService.java]

@Override
public void init() {
  synchronized (mImplLock) {
    if (!mUseDynamicRouting) {
      setupLegacyVolumeChangedListener();
    } else {
      setupDynamicRouting();
      setupVolumeGroups();
    }
  }
}
```

这里有一个重要的判断,即 mUseDynamicRouting 变量值的情况,实际上无论是硬件放大器调节音量还是音量组的划分,都有一个先决条件,那就是 mUseDynamicRouting 的值为 true。该值通过 audioUseDynamicRouting 属性进行配置。

```xml
[packages/services/Car/service/res/values/config.xml]

< bool name = "audioUseDynamicRouting"> false </bool >
```

audioUseDynamicRouting 的默认值是 false。需要制造商覆盖为 true。这一点很重要,否则汽车音频的相关特性都不会被使能。

在以上配置的基础上,CarAudioService 在 init 方法中调用私有方法 setupDynamicRouting 进一步初始化相关配置。

```java
[CarAudioService.java]

private void setupDynamicRouting() {
  final IAudioControl audioControl = getAudioControl();
  if (audioControl == null) {
    return;
  }
  AudioPolicy audioPolicy = getDynamicAudioPolicy(audioControl);
  int r = mAudioManager.registerAudioPolicy(audioPolicy);
  if (r != AudioManager.SUCCESS) {
    throw new RuntimeException("registerAudioPolicy failed " + r);
  }
  mAudioPolicy = audioPolicy;
}
```

在 setupDynamicRouting 过程中,出现了 IAudioControl 对象。IAudioControl 的接口

定义的源码路径在 hardware/interfaces/automotive/audiocontrol/1.0/IAudioControl.hal。是一个典型的 HIDL 接口定义文件，IAudioControl 需要由制造商实现，作用是提供音频上下文和音频总线之间的映射关系（Android 10 中可以通过 car_audio_configuration.xml 直接进行配置）；同时，还提供设置车辆音效左右平衡和前后淡化效果的接口。IAudioControl 是专门为 Android Automotive OS 所定义的 HAL 接口，之所以这么做是因为由于采用硬件放大器控制音量，音量大小的设置不再由 AudioFlinger 及相应的混音器完成，因此，需要知道具体的总线设备，将音量的控制命令直接发送给对应的设备。这就需要明确音频上下文所对应的硬件设备是什么。

通过 IAudioControl 返回的总线编号与 Android 音频的基本配置相关，自 Android 7.0 以来，音频配置通过在系统镜像中的/system/etc/audio_policy_configuration.xml 文件进行指定[①]。

在此，假设制造商在 audio_policy_configuration.xml 中的配置如下所示：

```
[示例 - 厂商自定义的 audio_policy_configuration.xml]

< audioPolicyConfiguration >
    ...
    < modules >
        < module name = "primary" halVersion = "3.0">
            < attachedDevices >
                < item > bus0_media_out </item>
                < item > bus1_navigation_out </item>
                < item > bus2_voice_command_out </item>
                < item > bus3_call_ring_out </item>
                < item > bus4_call_out </item>
                < item > bus5_alarm_out </item>
                < item > bus6_notification_out </item>
                < item > bus7_system_sound_out </item>
            </attachedDevices>
            < defaultOutputDevice > bus0_media_out </defaultOutputDevice>
            ...

    </modules>
    ...

</audioPolicyConfiguration>
```

那么，就应该为 AudioControl 的 getBusForContext 提供如下具体实现：

```
[示例 - 厂商实现的 AudioControl.cpp]

Return < int32_t > AudioControl::getBusForContext(ContextNumber contextNumber) {

    if(contextNumber == ContextNumber::MUSIC) {
```

[①] 关于音频策略的配置，更详细的内容，请参考：https://source.android.com/devices/audio/implement-policy。

```
        return 0; //bus0_media_out
    }
    else if(contextNumber == ContextNumber::NAVIGATION) {
        return 1; //bus1_navigation_out
    }
    else if(contextNumber == ContextNumber::VOICE_COMMAND) {
        return 2; // bus2_voice_command_out
    }
    else if(contextNumber == ContextNumber::CALL_RING) {
        return 3; // bus3_call_ring_out
    }
    else if(contextNumber == ContextNumber::CALL) {
        return 4; // bus4_call_out
    }
    else if(contextNumber == ContextNumber::ALARM) {
        return 5; // bus5_alarm_out
    }
    else if(contextNumber == ContextNumber::NOTIFICATION) {
        return 6; // bus6_notification_out
    }
    else if(contextNumber == ContextNumber::SYSTEM_SOUND) {
        return 7; // bus7_system_sound_out
    }
}
```

以上示例便将总线设备与音频上下文建立了一一对应的映射关系。各制造商可根据实际设备情况进行相应修改。

除了以上配置以外,对于音量按键的响应,Android Automotive OS 建议由 CarAudioService 直接进行管理。因此,制造商需要覆盖 config_handleVolumeKeysInWindowManager 属性,其默认值为 false。将其修改为 true,其作用是不再将音量按键的事件传递给上层应用,而是直接将事件通过 AudioPolicy 相关的回调方法传递给 CarAudioService 进行处理。

```
[frameworks/base/core/res/res/values/config.xml]

    <bool name="config_handleVolumeKeysInWindowManager"> true </bool>
```

config_handleVolumeKeysInWindowManager 属性会在 PhoneWindowManager 被使用, PhoneWindowManager 管理着系统按键事件的分发,在系统启动初始化 PhoneWindowManager 时会读取该属性的值。

```
[PhoneWindowManager.java]

@Override
public void init(Context context, IWindowManager windowManager,
    WindowManagerFuncs windowManagerFuncs) {

...

mHandleVolumeKeysInWM = mContext.getResources()
```

```
.getBoolean(R.bool.config_handleVolumeKeysInWindowManager);

    ...
}
```

当 PhoneWindowManager 中 mHandleVolumeKeysInWM 变量的值为 true 时，音量控制事件就不会分发给当前应用了。PhoneWindowManager 的 interceptKeyBeforeDispatching 方法会在系统收到按键事件后首先进行处理。

```
[PhoneWindowManager.java]

@Override
public long interceptKeyBeforeDispatching(WindowState win, KeyEvent event,
                              int policyFlags) {

    ...

    else if (keyCode == KeyEvent.KEYCODE_VOLUME_UP
      || keyCode == KeyEvent.KEYCODE_VOLUME_DOWN
      || keyCode == KeyEvent.KEYCODE_VOLUME_MUTE) {
    if (mUseTvRouting || mHandleVolumeKeysInWM) {
    // 直接处理音量事件,不再继续传递给前台应用
    dispatchDirectAudioEvent(event);
    return -1;
    }

    ...
}
```

dispatchDirectAudioEvent 方法中，会将音量控制的处理交由 AudioService 完成，具体实现如下：

```
[PhoneWindowManager.java]

private void dispatchDirectAudioEvent(KeyEvent event) {
    if (event.getAction() != KeyEvent.ACTION_DOWN) {
        return;
    }
    int keyCode = event.getKeyCode();
    int flags =
        AudioManager.FLAG_SHOW_UI | AudioManager.FLAG_PLAY_SOUND
        | AudioManager.FLAG_FROM_KEY;
    String pkgName = mContext.getOpPackageName();
    switch (keyCode) {
      case KeyEvent.KEYCODE_VOLUME_UP:
        try {
          getAudioService()
          .adjustSuggestedStreamVolume(AudioManager.ADJUST_RAISE,
```

```
        AudioManager.USE_DEFAULT_STREAM_TYPE, flags, pkgName, TAG);
    } catch (Exception e) {
      Log.e(TAG, "Error dispatching volume up in dispatchTvAudioEvent.", e);
    }
    break;
  case KeyEvent.KEYCODE_VOLUME_DOWN:
    try {
      getAudioService()
       .adjustSuggestedStreamVolume(AudioManager.ADJUST_LOWER,
        AudioManager.USE_DEFAULT_STREAM_TYPE, flags, pkgName, TAG);
    } catch (Exception e) {
      Log.e(TAG, "Error dispatching volume down in dispatchTvAudioEvent.", e);
    }
    break;
  case KeyEvent.KEYCODE_VOLUME_MUTE:
    try {
      if (event.getRepeatCount() == 0) {
        getAudioService()
         .adjustSuggestedStreamVolume(AudioManager.ADJUST_TOGGLE_MUTE,
          AudioManager.USE_DEFAULT_STREAM_TYPE, flags, pkgName, TAG);
      }
    } catch (Exception e) {
    Log.e(TAG, "Error dispatching mute in dispatchTvAudioEvent.", e);
    }
    break;
  }
}
```

省略一些中间的调用过程，该事件最终将传递给 CarAudioService 进行处理，CarAudioService 中实现了 AudioPolicy. AudioPolicyVolumeCallback 回调接口，其对音量控制的响应如下：

```
[CarAudioService.java]

  private AudioPolicy.AudioPolicyVolumeCallback mAudioPolicy VolumeCallback =
    new AudioPolicy.AudioPolicyVolumeCallback() {
     @Override
     public void onVolumeAdjustment(int adjustment) {
       final int usage = getSuggestedAudioUsage();
       final int groupId = getVolumeGroupIdForUsage(usage);
       final int currentVolume = getGroupVolume(groupId);
       final int flags = AudioManager.FLAG_FROM_KEY
                  | AudioManager.FLAG_SHOW_UI;
       switch (adjustment) {
        case AudioManager.ADJUST_LOWER:
          int minValue = Math.max(currentVolume - 1,
                    getGroupMinVolume(groupId));
```

CarAudioService——汽车音频服务

```
            setGroupVolume(groupId, minValue, flags);
            break;
        case AudioManager.ADJUST_RAISE:
            int maxValue = Math.min(currentVolume + 1,
                            getGroupMaxVolume(groupId));
            setGroupVolume(groupId, maxValue, flags);
            break;
        case AudioManager.ADJUST_MUTE:
            setMasterMute(true, flags);
            callbackMasterMuteChange(flags);
            break;
        case AudioManager.ADJUST_UNMUTE:
            setMasterMute(false, flags);
            callbackMasterMuteChange(flags);
            break;
        case AudioManager.ADJUST_TOGGLE_MUTE:
            setMasterMute(!mAudioManager.isMasterMute(), flags);
            callbackMasterMuteChange(flags);
            break;
        case AudioManager.ADJUST_SAME:
        default:
            break;
        }
    }
};
```

　　以上源码大致就是根据不同的控制请求进行相应处理。其中值得额外关注的是，由于存在多个音量组和不同的音频属性，如何决定当次音量控制事件应该调节的是哪一音量组的音量呢？CarAudioService 通过 getSuggestedAudioUsage 方法进行判断，来看 getSuggestedAudioUsage 方法的具体实现：

```
[CarAudioService.java]

    private @AudioAttributes.AttributeUsage int getSuggestedAudioUsage() {
        int callState = mTelephonyManager.getCallState();
        if (callState == TelephonyManager.CALL_STATE_RINGING) {
            return AudioAttributes.USAGE_NOTIFICATION_RINGTONE;
        } else if (callState == TelephonyManager.CALL_STATE_OFFHOOK) {
            return AudioAttributes.USAGE_VOICE_COMMUNICATION;
        } else {
            List < AudioPlaybackConfiguration > playbacks = mAudioManager
                    .getActivePlaybackConfigurations()
                    .stream()
                    .filter(AudioPlaybackConfiguration::isActive)
                    .collect(Collectors.toList());
            if (!playbacks.isEmpty()) {
```

```
            return playbacks.get(playbacks.size() - 1)
                    .getAudioAttributes().getUsage();
        } else {
        return DEFAULT_AUDIO_USAGE;
        }
    }
}
```

原来是先判断当前通话的状态,如在响铃或者是通话中则优先调节铃声或通话音量,否则就通过 mAudioManager 获取当前活跃的音频属性进行调节。通过这样的策略保证用户在使用音量控制按钮进行调节的时候所调节的是当前主要音频源的音量。

6.2　音频焦点

6.1 节主要介绍了在音量控制方面 Android Automotive OS 对原有 Android 手机上机制的扩展和不同。这一节,将主要关注音频焦点的处理。在汽车音频中,音频焦点(Audio Focus)的处理也和手机有所不同。

在具体介绍 Android Automotive OS 中汽车音频焦点的实现之前,需要先了解 Android 的音频焦点机制[①],Android 引入音频焦点机制的主要目的是协调有多个应用同时播放音频时产生的声音竞争的问题,从而避免系统中有多个应用同时发声,而导致声音混杂,影响用户的体验。每个应用在播放音频时需要申请音频焦点,当获得音频焦点成功或音频焦点被抢占后,应用应当根据相关的规则,暂停/继续播放音频。

需要注意的是,音频焦点机制并不是系统强制执行的规则,应用可以忽略音频焦点的变化,而继续按自己的方式播放音频(尽管这可能造成不好的用户体验)。所以,音频焦点只是为应用提供了一套指导准则,但想一劳永逸地解决多应用声音竞争的问题,光靠音频焦点是不够的,毕竟不能期望所有的应用都是模范标兵。因此,在音频焦点的基础之上,为了保证车内音频体验,制造商可以通过在 HAL 层对不同的音频上下文采用强制性的策略,在此,对制造商的音频策略暂不做展开。

在 Android Automotive OS 中也继续沿用了 Android 的音频焦点机制来协调各应用同时播放音频时的行为。有所不同的是,Android Automotive OS 中对音频焦点有自己特殊的规则。这一规则定义在了 CarAudioFocus 这个类中,该类在 CarAudioService 中进行初始化,并绑定到 AudioPolicy 中。

通过 CarAudioFocus,汽车音频定义了属于自己的音频焦点规则。默认规则如表 6-2 所示。

其中竖列代表获得焦点并正在播放中的音频上下文,横行代表申请焦点的音频上下文。0 代表焦点获取被拒绝;1 代表焦点申请成功,且原持有者失去焦点;2 代表申请焦点成功,且原焦点保持。

[①]　音频焦点的官方文档: https://developer.android.com/guide/topics/media-apps/audio-focus。

表 6-2　音频焦点策略

Context	Music	Nav	Voice	Ring	Call	Alarm	Notification	System
Music	1	2	1	1	1	1	2	2
Nav	2	2	1	2	1	2	2	2
Voice	2	0	2	1	1	0	0	0
Ring	0	2	2	2	2	0	0	2
Context	0	2	0	2	2	2	2	0
Alarm	2	2	1	1	1	2	2	2
Notification	2	2	1	1	1	2	2	2
System	2	2	1	1	1	2	2	2

举例来看，如果一个应用正在使用导航（Nav）上下文播放音频，并获得了音频焦点，这时有一个应用以音乐（Music）上下文申请焦点，那么申请结果为 2，焦点申请将被接收，且导航应用保持焦点。也就是说，虽然音乐音频申请焦点成功了，导航音频却不会收到音频焦点丢失的通知。这一点与手机上的音频焦点机制不同，在手机上，系统中同时只有一个应用维持着音频焦点，有其他应用获得了焦点，就意味着之前的应用失去了焦点。但是在 CarAudioFocus 中却不是这样，使用导航上下文和音乐上下文的应用可以同时维持着音频焦点。这样的设计更符合在汽车上的使用场景，因为汽车上往往不同音频对应不同的扬声器设备，汽车本身已经有很好的车内音响环境，有的时候不同的声音可以同时播放并提供给用户出色的体验的。

6.3　多区音频

现在汽车开始提供越来越丰富的娱乐功能，信息娱乐系统需要为乘坐在不同区域的乘客提供服务，后排娱乐功能也更多地出现在座舱内。而对于 Android 系统来说，支持多音区音频可以算是一个挑战，因为 Android 一开始便是专门为手机所设计的系统，在手机上，扬声器、麦克风的数量屈指可数，因此对于多区音频这一使用场景，Android 的音频框架中并没有很好的支持。而 Android Automotive OS 基于 Android 原有的框架进行拓展，音频框架保持与手机 Android 的兼容性，因此加入对多音区的支持并不是件容易的事情。

当然，另一方面来说，目前，后排娱乐的解决方案也可采用多操作系统实例的方式。也就是说，不同乘客使用的是独立运行的 Android 系统（或其他系统），在这种情况下，Android Automotive OS 是否支持多区音频并不重要，音频的输出由各个系统进行控制。

但是，随着硬件设备的性能越来越强大，并且从成本的角度来说，通过一个 Android 实例实现多区音频的方案是有其价值的。因此，Android Automotive OS 正在完善多区音频的支持。本节将介绍多区音频分别在 Android 9 和 Android 10 上的相关内容。

在 Android 9 中，CarAudioService 中并没有与多音区相关联的功能。因此，对于希望基于 Android 9 打造多区音频的制造商来说，需要通过 Android 原有的音频框架来寻找其他可能的解决方案。

第一种可以考虑的方案是，通过应用来明确指明音频的输出设备。上文中曾提到过 Android 音频策略文件 audio_policy_configuration. xml，其定义了音频相关的总线设备。

因此,可以将特定区域的输出设备通过策略文件注册到 Android 系统中。而当某款应用需要为特定区域提供音频的时候,使用 AudioTrack 播放音频并直接指定该设备。源码如下:

```
public void playRearSeatAudio() {
    AudioDeviceInfo device = getRearSeatDevice(
      (AudioManager) getSystemService(AUDIO_SERVICE));
    if (device != null) {
    AudioTrack audioTrack = new AudioTrack.Builder()
          .setAudioFormat(
                new AudioFormat.Builder()
                  .setEncoding(AudioFormat.ENCODING_PCM_FLOAT)
                  .setSampleRate(48000).build())
          .setBufferSizeInBytes(bufferSizeInBytes).build();
      audioTrack.setPreferredDevice(device);
      audioTrack.play();
    }
}

private AudioDeviceInfo getRearSeatDevice(AudioManager audioManager) {
    AudioDeviceInfo[] deviceList = audioManager.getDevices(
      AudioManager.GET_DEVICES_OUTPUTS);
    for (AudioDeviceInfo device : deviceList) {
      if (device.getAddress().equals("bus100_rear_seat")) {
          return device;
      }
    }
    return null;
}
```

第二种可以考虑的方案是通过系统服务对 UID 与输出设备的关系进行配置。在 Android 中每个应用拥有自己独立的 UID,Android 9 允许系统服务通过 AudioPolicy 及相关方法将指定 UID 的音频输出到特定设备。因此,制造商可以通过自定义的系统服务对专为后排使用的应用配置指定输出设备。源码示意如下:

```
private void setupRearSeatAudio() {
    AudioManager audioManager = (AudioManager) mContext
      .getSystemService(Context.AUDIO_SERVICE);
    AudioDeviceInfo device = getRearSeatDevice(audioManager);
    AudioMixingRule.Builder mixingRuleBuilder =
        new AudioMixingRule.Builder();
    mixingRuleBuilder.addMixRule(AudioMixingRule.RULE_MATCH_UID,
        new Integer(context.getPackageManager()
          .getApplicationInfo(packageName, 0).uid));
    AudioFormat audioFormat = new AudioFormat.Builder()
      .setEncoding(AudioFormat.ENCODING_PCM_16BIT)
      .setChannelMask(AudioFormat.CHANNEL_OUT_STEREO)
      .setSampleRate(48000)
      .build();
```

CarAudioService——*汽车音频服务*

```
    AudioMix audioMix = new AudioMix.Builder(mixingRuleBuilder.build())
        .setFormat(audioFormat)
        .setDevice(device)
        .build();
    AudioPolicy audioPolicy = new AudioPolicy.Builder(context)
        .addMix(audioMix)
        .setLooper(Looper.getMainLooper())
        .build();
    audioManager.registerAudioPolicy(audioPolicy);
}
```

而在 Android 10 中，CarAudioService 开始支持多区音频。制造商可以通过 car_audio_configuration.xml 定义多个音区，并将音区与特定屏幕绑定。同时，Android 音频框架也增强了音频路由的支持，AudioPolicy 除了在初始化阶段可以配置 UID 与音频输出设备的关系外，可以动态修改。因此，特权应用可以通过如下方式修改音频的输出区域：

```
private void setupAudioOutput(int displayId) {
    int zoneId = mCarAudioManager.getZoneIdForDisplay(displayId);
    int uid = mContext.getPackageManager()
            .getApplicationInfo(mContext.getPackageName(), 0).uid;
    mCarAudioManager.setZoneIdForUid(zoneId, uid);
}
```

不过需要注意的是，如果已经在播放音频，这时如果需要切换播放的区域，应该首先停止播放后才能设置新的区域值。而上面源码片段中所涉及的 zoneId 和 displayId 的关系都定义在了 car_audio_configuration.xml 文件中。在未指定特定区域的情况下，音频默认将被路由到 car_audio_configuration.xml 文件中定义的主要区域。

除此以外，在 Android 10 中增加了多区域音频焦点的支持，因此，当某一应用将音频输出至其他区域时，应同时申请该区域的音频焦点，通过 CarAudioManager.AUDIOFOCUS_EXTRA_REQUEST_ZONE_ID 表明所需申请焦点的区域，源码如下：

```
private void requestFocusForDisplay(int displayId) {
    int zoneId = mCarAudioManager.getZoneIdForDisplay(displayId);
    Bundle bundle = new Bundle();
    bundle.putInt(CarAudioManager.AUDIOFOCUS_EXTRA_REQUEST_ZONE_ID, zoneId);
    AudioAttributes attributes = new AudioAttributes.Builder()
        .setUsage(AudioAttributes.USAGE_MEDIA).addBundle(bundle).build();
    mAudioManager.requestAudioFocus(mFocusListener, attributes,
        AudioManager.AUDIOFOCUS_GAIN, 0);
}
```

通过 Android 10 的模拟器，可以对多区音频进行简单的测试，模拟器的编译请参考之前源码编译章节的内容。在启动模拟器时加上多区音频的参数：

```
emulator - prop ro.aae.simulateMultiZoneAudio = true
```

不同区域的音频将被路由到主机的不同扬声器中进行播放。

6.4 小 结

Android Automotive OS 为车辆定制了不同的音量组,并且提供了可自定义的音频焦点机制,在原来 Android 的基础上,丰富了汽车音频的使用场景。同时,对于车辆而言,还有更丰富的应用场景,那就是多音区。Android Automotive OS 希望在运行单一系统实例的情况下,也能支持多区音频,提供后排娱乐场景的支持。

车内的音频环境要远比手机设备复杂,除了信息娱乐系统以外,车内的音频设备同样有可能被其他系统使用,而这些外部音频存在于 Android 系统之外,但有的时候却又需要与其和谐共存,因此如何协调外部音频相信是未来汽车音频需要完善的一个方面。

除此之外,车辆上的硬件设备要比手机上多得多,在一辆车上可能有十几个扬声器,光靠音频上下文来区分是不够的。车内的声音可以提供种类繁多的设置,切换不同的模式,如何为车上丰富的硬件设配提供更好的编程接口给上层应用使用,并进行管理,相信也是汽车音频后续需要继续完善的地方。

第 7 章 | UX Restrictions——汽车用户体验限制

本章涉及的源码文件名及位置：

- CarUxRestrictionsManager. java

  packages/services/Car/car-lib/src/android/car/drivingstate/

- CarUxRestrictions. java

  packages/services/Car/car-lib/src/android/car/drivingstate/

- CarDrivingStateService. java

  packages/services/Car/service/src/com/android/car/

- CarUxRestrictionsManagerService. java

  packages/services/Car/service/src/com/android/car/

- CarUxRestrictionsServiceHelper. java

  packages/services/Car/service/src/com/android/car/

- CarPackageManager. java

  packages/services/Car/car-lib/src/android/car/content/pm/

- CarPackageManagerService. java

  packages/services/Car/service/src/com/android/car/pm/

- CarAppMetadataReader. java

  packages/services/Car/service/src/com/android/car/pm/

- CarDrivingStateEvent. java

  packages/services/Car/car-lib/src/android/car/drivingstate/

- SystemActivityMonitoringService. java

  packages/services/Car/service/src/com/android/car/

读者可通过 cs. android. com 在线或下载完整 Android 源码进行查看，具体内容可参考第 3 章阅读准备。

本章将介绍 Android Automotive OS 中引入的用户体验限制机制。用户体验限制是专为汽车设备所设计的一种机制，主要的目的是增强驾驶安全性，减少对驾驶员的干扰。该机制对车内应用的人机交互设计有不小的影响，因此，对于参与人机交互设计或上层应用开发的读者而言，有必要深入了解该机制。

说到车载 Android 和手机的不同，可能第一个想到的就是用户界面。不仅仅是因为车载屏幕往往更大，屏幕形态各异。同时，由于涉及车辆的行驶安全，车载系统的用户界面要尽量简单，让驾驶者即使在行驶过程中也能安全地完成操控动作。另外，随着车载系统功能越来越丰富，人们不仅只是在车内驾驶汽车，汽车还成为驾驶者和乘客娱乐、与人交流、办公的移动平台。

　　丰富的娱乐功能和行驶安全有时候却是矛盾的，如果驾驶者边看视频边行驶，这会是非常危险的行为。因此车载系统的人机交互，除了要有良好的界面设计规范，同时也要有严格的限制，以保障车辆的行驶安全，同时满足相关的法律法规要求。

　　对于用户界面的设计上，特别是媒体应用，Android Automotive OS 和 Android Auto 有严格的设计规范和模板，第三方应用需要按照模板的布局设计开发应用（关于媒体应用的开发，会在后续章节中进行介绍）。

　　同时，Android Automotive OS 中增加了 UX Restrictions 用户体验限制机制，根据车辆的行驶状态，来对应用的行为进行限制。例如，在行驶状态下，禁止播放视频或进入设置页面。

　　本章，主要介绍 Android Automotive OS 上的 UX Restrictions 用户体验限制机制。了解如何开发一个满足该机制要求的应用以及该机制是如何工作的。

7.1　应用开发——适配 UX Restrictions

　　Android Automotive OS 要求安装的应用需要满足 UX Restrictions 的要求。如果应用不满足相关要求就有可能不允许被安装，或在一定条件下被强制退出。所以一款运行在 Android Automotive OS 系统上的应用为了满足相关的要求需要对用户界面的相关逻辑进行适配。

　　适配 UX Restrictions 主要包含以下步骤。

　　（1）在 AndroidManifest.xml 声明 distractionOptimized 信息。

　　（2）监听 UX Restrictions 规则的变化，并进行相应的处理。

　　本节通过一个具体的例子来介绍如何完成对汽车用户体验限制的适配。

　　用户体验限制主要针对的是包含用户交互界面的应用程序。首先，需要在应用的 AndroidManifest.xml 文件中为应用的组件声明 distractionOptimized 信息。该字段表明相关组件是经过 UX Restrictions 优化的。由于是用户交互界面相关的组件，在 Android 中通常就是 Activity。应用需要对其包含的 Activity 按情况单独声明 distractionOptimized 信息，系统在运行时会读取相关字段判断某一 Activity 是否进行了优化。

　　此处，以一个包含了两个 Activity 的 AndroidManifest.xml 文件为例，其内容如下：

```
< application
    android:allowBackup = "false"
    android:icon = "@mipmap/ic_launcher"
    android:label = "@string/app_name"
    android:roundIcon = "@mipmap/ic_launcher_round"
    android:theme = "@style/AppTheme">
    < activity android:name = ".MainActivity">
      < meta - data
        android:name = "distractionOptimized"
        android:value = "true"/>
```

```
    < intent - filter >
        < action android:name = "android. intent. action. MAIN"/>

        < category android:name = "android. intent. category. LAUNCHER"/>
    </ intent - filter >
 </ activity >

 < activity
     android:name = ". SecondActivity"
     android:theme = "@style/AppTheme">
     < meta - data
         android:name = "distractionOptimized"
         android:value = "true"/>
 </ activity >

</ application >
```

在这个例子中，应用中的两个 Activity 都声明了 distractionOptimized 为 true，表明这两个 Activity 都对 UX Restrictions 进行了适配，具体的方式就是在 activity 标签下，加入以下 meta-data 声明：

```
< meta - data
    android:name = "distractionOptimized"
    android:value = "true"/>
```

接着，需要在应用中对 UX Restrictions 的变化进行监听，并根据要求，做出相应处理。这就需要应用使用到一个新的服务 CarUxRestrictionsManager。

作为 CarService 中的一个服务，获取方式和其他服务是一样的。在 Car 连接成功后通过以下方式获取 CarUxRestrictionsManager 对象实例：

```
mCarUxRestrictionsManager =
 (CarUxRestrictionsManager) mCar.
 getCarManager(Car.CAR_UX_RESTRICTION_SERVICE);
```

接着，实现 OnUxRestrictionsChangedListener 并注册，方法十分简单，源码如下：

```
private final OnUxRestrictionsChangedListener mListener =
       (carUxRestrictions) - > { };

// 注册监听规则变化
mCarUxRestrictionsManager. registerListener(mListener);
```

通过注册监听器，应用就能收到 UX Restrictions 规则变化的通知。这里的重点是，回调方法中 CarUxRestrictions 会传递的当前 UX Restrictions 的状态信息。

在 CarUxRestrictions 中,定义了不同的限制规则,目前有以下不同的限制级别[①],见表 7-1。

表 7-1　限　制　规　则

定　　义	规　　则
UX_RESTRICTIONS_BASELINE	基础限制,表示当前处于限制状态,但无具体要求
UX_RESTRICTIONS_NO_DIALPAD	无拨号键盘
UX_RESTRICTIONS_NO_FILTERING	无列表过滤
UX_RESTRICTIONS_LIMIT_STRING_LENGTH	字段长度限制
UX_RESTRICTIONS_NO_KEYBOARD	无键盘输入
UX_RESTRICTIONS_NO_VIDEO	无视频播放
UX_RESTRICTIONS_LIMIT_CONTENT	内容数量限制
UX_RESTRICTIONS_NO_SETUP	无设置界面
UX_RESTRICTIONS_NO_TEXT_MESSAGE	无文字信息
UX_RESTRICTIONS_NO_VOICE_TRANSCRIPTION	无语音文本转录
UX_RESTRICTIONS_FULLY_RESTRICTED	全限制(包含以上所有)

在 CarUxRestrictions 中定义了不同种类的限制类型。需要注意的是,当前的限制类型可能随着车速和行驶状态的变化而变化,当系统的限制规则发生变化时,应用注册的监听器就会被触发,应用中就需要在收到 OnUxRestrictionsChanged 回调的时候,判断当前的限制规则,并按规则调整显示的内容。CarUxRestrictions 类中的 getActiveRestrictions 方法会返回当前的限制值。

例如,判断当前是否允许播放视频,如不允许,则退出视频播放,并禁止视频相关功能,示例源码如下:

```
private CarUxRestrictionsManager.OnUxRestrictionsChangedListener mListener =
  new OnUxRestrictionsChangedListener() {
    @Override
    public void onUxRestrictionsChanged(CarUxRestrictions carUxRestrictions){
      if (carUxRestrictions != null) {
        int activeRule = carUxRestrictions.getActiveRestrictions();
        if ((activeRule & CarUxRestrictions.UX_RESTRICTIONS_NO_VIDEO) != 0) {
        // 禁用应用中视频相关功能
        disableVideoFunctions();
        }
      }
    }
  };
```

除此以外,应用也可以使用 getCurrentCarUxRestrictions 方法获取当前的规则进行判断,例如,在注册监听器后,主动获取当前规则进行处理:

---

① 具体的 API 参考手册请见:https://developer.android.com/reference/android/car/drivingstate/CarUxRestrictionsManager。

UX Restrictions——汽车用户体验限制

```
mCarUxRestrictionsManager.registerListener(mListener);

mListener.onUxRestrictionsChanged(
  mCarUxRestrictionsManager.getCurrentCarUxRestrictions());
```

从上面的例子中可以看出，一个满足 UX Restrictions 规则的应用，最主要的任务就是监听 UX Restrictions 的变化，并从 CarUxRestrctions 中读取当前的限制规则。应用应该严格按照要求使能或禁止部分功能。

应用中的处理流程并不复杂，为了保障驾驶安全，遵守相关的 UX Restrictions 要求还是很有必要的。而具体的 UX Restrictions 规则触发条件（例如，在到达多少车速时禁止播放视频）则可以由汽车制造商进行自定义。因此对于应用而言，监听规则变化而非实际的驾驶状态变化可以做到更好的通用性。

在 Android 9 中，CarUxRestrictionsManager 的相关 API 第三方应用无法直接进行访问。因此，基于 Android 9 平台开发的第三方应用可以通过导入 Jetpack 中的"androidx.car:car:1.0.0-alpha7"开发库监听并获取用户体验限制规则。

测试：用户体验限制机制与车辆的行驶状态相关，在应用开发的阶段可能无法在车上进行测试。好在 CarService 中提供了相关命令，帮助应用在模拟器上进行开发时，可以模拟车辆行驶的状态，触发不同的 UX Restrictions 规则。

开发者可以使用以下命令模拟车速和挡位信息：

（1）设置车速，单位：米/秒。

```
// 将车速设置为 30 m/s
adb shell dumpsys car_service inject - vhal - event 0x11600207 30
```

（2）设置挡位。

```
// 设置挡位为 D 挡
adb shell dumpsys car_service inject - vhal - event 0x11400400 8
```

其中具体挡位值如下：
N 挡：1。
R 挡：2。
P 挡：4。
D 挡：8。

7.2　UX Restrictions 的实现原理

7.1 节介绍了应用如何使用相关 API 完成对用户体验限制的适配。而要更深入地了解 UX Restrictions 机制就有必要了解其实现的更多细节。这一节主要根据源码，对 UX Restrictions 机制做更深入地分析，并说明系统制造商该如何对用户体验限制规则进行定义。

1. 规则定义

UX Restrictions 的具体规则是通过资源文件进行定义的。CarService 中提供了默认的定义，制造商可根据自己的需要进行覆盖。

CarService 的默认规则定义在 packages/services/Car/service/res/xml/car_ux_restrictions_map.xml 中。源码如下：

```
[packages/services/Car/service/res/xml/car_ux_restrictions_map.xml]

< UxRestrictions xmlns:car = "http://schemas.android.com/apk/res - auto">

    < RestrictionMapping >
        < DrivingState car:state = "parked">
            < Restrictions car:requiresDistractionOptimization = "false"
            car:uxr = "baseline" />
        </DrivingState >

        < DrivingState car:state = "idling">
            < Restrictions car:requiresDistractionOptimization = "false"
            car:uxr = "baseline" />
        </DrivingState >

        < DrivingState car:state = "moving" car:minSpeed = "0" car:maxSpeed = "5.0">
            < Restrictions car:requiresDistractionOptimization = "true"
            car:uxr = "fully_restricted" />
        </DrivingState >

        < DrivingState car:state = "moving" car:minSpeed = "5.0">
            < Restrictions car:requiresDistractionOptimization = "true"
            car:uxr = "fully_restricted" />
        </DrivingState >

    </RestrictionMapping >

    < RestrictionParameters >
        < StringRestrictions car:maxLength = "120" />
        < ContentRestrictions car:maxCumulativeItems = "21"
        car:maxDepth = "3" />
    </RestrictionParameters >

</UxRestrictions >
```

从该文件中，读者可以发现，各个限制规则是与车速和车辆行驶状态相关的。车辆行驶状态的具体判断是通过后文中会介绍到的 CarDrivingStateService 服务实现的。

以默认的 car_ux_restrictions_map.xml 文件中的定义为例，在停车静止的状态下，没有限制；在车速大于 5m/s 的时候，则进行全限制。同时定义了字段长度、内容数量限制的具体值。

89

第 7 章

car_ux_restrictions_map.xml 中的所使用的限制规则与 CarUxRestrictions 类中的定义相一致，申明在 packages/services/Car/service/res/values/attrs.xml 中：

```
[packages/services/Car/service/res/values/attrs.xml]

    < declare - styleable name = "UxRestrictions_Restrictions">
        < attr name = "requiresDistractionOptimization" format = "boolean" />
        < attr name = "uxr">
            < flag name = "baseline" value = "0" />
            < flag name = "no_dialpad" value = "1" />
            < flag name = "no_filtering" value = "2" />
            < flag name = "limit_string_length" value = "4" />
            < flag name = "no_keyboard" value = "8" />
            < flag name = "no_video" value = "16" />
            < flag name = "limit_content" value = "32" />
            < flag name = "no_setup" value = "64" />
            < flag name = "no_text_message" value = "128" />
            < flag name = "no_voice_transcription" value = "256" />
            < flag name = "fully_restricted" value = "511" />
        </attr>
    </declare - styleable>
```

虽然已经有 11 项不同的规则限制，规则涉及视频、文字内容的长度、设置等，还是比较全面的。但是对于制造商而言，可能希望在此基础上进行拓展，增加新的规则。可惜的是，Android Automotive OS 并不支持拓展限制规则。这是因为希望用户体验限制能有更广泛的通用性，避免不同设备出现规则不一的情况。

2. 规则的加载

7.1 节分析了用户体验限制的规则是如何定义的，这些静态定义的规则需要在运行时通过系统服务动态进行解析与加载，与 UX Restrictions 关联最紧密的服务就是 CarUxRestrictionsManagerService，相关的业务逻辑主要集中在该服务中。

car_ux_restrictions_map.xml 文件的解析在 CarUxRestrictionsManagerService 的初始化过程中完成。

下面的时序图（见图 7-1）描述了 CarUxRestrictionsManagerService 的启动流程，在 CarUxRestrictionsManagerService 的启动过程中完成了对配置文件的解析。

CarUxRestrictionsManagerService 是由 ICarImpl 创建的，在 CarUxRestrictionsManagerService 的构造函数中会加载定义在 car_ux_restrictions_map.xml 中的规则，并生成相应的 CarUxRestrictionsConfiguration。在 init 方法中注册监听了车辆行驶状态的变化，以及车速的变化。以下是相关的源码实现。

CarUxRestrictionsManagerService 的 init 方法：

```
[CarUxRestrictionsManagerService.java]

  public synchronized void init() {
    try {
      if (!mHelper.loadUxRestrictionsFromXml()) {
```

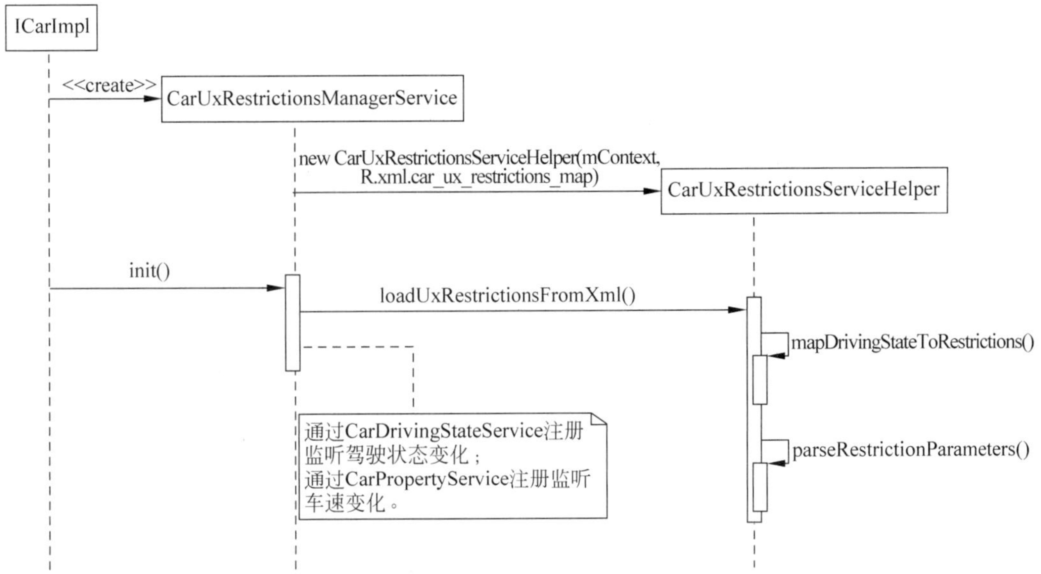

图 7-1　CarUxRestrictionsManagerService 启动时序图

```
    mFallbackToDefaults = true;
  }
} catch (IOException | XmlPullParserException e) {
  mFallbackToDefaults = true;
}
// 注册监听驾驶状态变化
mDrivingStateService.registerDrivingStateChangeListener(
  mICarDrivingStateChangeEventListener);
// 注册监听车速变化
mCarPropertyService.registerListener(VehicleProperty.PERF_VEHICLE_SPEED,
  PROPERTY_UPDATE_RATE,
  mICarPropertyEventListener);
initializeUxRestrictions();
}
```

对规则文件进行解析：

```
[CarUxRestrictionsServiceHelper.java] - 解析 car_ux_restrictions_map.xml 文件

  public boolean loadUxRestrictionsFromXml() {
    mRestrictionsMap.clear();
    // mXmlResource 就是 car_ux_restrictions_map.xml 文件,在构造函数中赋值
    XmlResourceParser parser = mContext.getResources().getXml(mXmlResource);
    AttributeSet attrs = Xml.asAttributeSet(parser);
    int type;

    while ((type = parser.next()) != XmlResourceParser.END_DOCUMENT
```

UX Restrictions——汽车用户体验限制

```
            && type != XmlResourceParser.START_TAG) {
    }
    if (!ROOT_ELEMENT.equals(parser.getName())) {
        Log.e(TAG, "XML root element invalid: " + parser.getName());
        return false;
    }

    while (parser.getEventType() != XmlResourceParser.END_DOCUMENT) {
        if (parser.next() == XmlResourceParser.START_TAG) {
            switch (parser.getName()) {
                case RESTRICTION_MAPPING:
                    // 进一步解析,将驾驶状态与具体规则对应
                    if (!mapDrivingStateToRestrictions(parser, attrs)) {
                        return false;
                    }
                    break;
                case RESTRICTION_PARAMETERS:
                    // 解析具体的参数,如字符长度限制
                    if (!parseRestrictionParameters(parser, attrs))
                        break;
                default:
                    Log.w(TAG, "Unknown class:" + parser.getName());
            }
        }
    }
    return true;
}
```

3. 规则的变化

通过注册监听车辆行驶和车速的变化,CarUxRestrictionsManagerService 就可以根据这两个状态判断当前的限制规则是什么。这样当车辆行驶状态发生变法时,就能生成新规则并通知注册了 CarUxRestrictionsManager. OnUxRestrictionsChangedListener 的应用了。

从图 7-2 中可以看到,CarUxRestrictionsManagerService 在收到车速或者行驶状态变化的通知后,会调用 handleDispatchUxRestrictions 方法,通过 CarUxRestrictionsConfiguration 获取当前应该执行的限制规则,然后分发给客户端。通过该流程,在应用中注册的回调函数就会被触发,然后应用中相关的处理就开始执行了。

handleDispatchUxRestrictions 方法的实现如下:

```
[CarUxRestrictionsManagerService.java]

  private synchronized void handleDispatchUxRestrictions(int currentDrivingState,
      float speed) {
    CarUxRestrictions uxRestrictions;
    if (mFallbackToDefaults) {
      uxRestrictions = getDefaultRestrictions(currentDrivingState);
    } else {
      // 获取限制规则
```

```
    uxRestrictions = mHelper.getUxRestrictions(currentDrivingState, speed);
}

...

if (mCurrentUxRestrictions.isSameRestrictions(uxRestrictions)) {
    // 规则未发生变化则不通知应用
    return;
}

...

mCurrentUxRestrictions = uxRestrictions;
// 通知监听 UX 事件的各个应用
for (UxRestrictionsClient client : mUxRClients) {
    client.dispatchEventToClients(uxRestrictions);
}
}
```

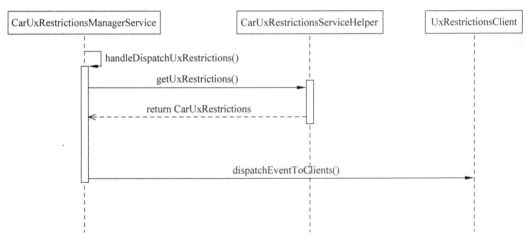

图 7-2   UX Restrictions 事件分发

4. 限制未优化的应用

除了对监听了 UX Restrictions 规则的应用进行通知以外，对于未对 UX Restrictions 规则进行适配（未声明 distractionOptimized 为 true）的应用。系统也会有相应的限制，限制应用的启动，或者强制退出当前的应用。

这主要通过和 CarPackageManagerService 的通力合作来实现（CarPackageManagerService 是 CarService 中为汽车应用所拓展的包管理服务），主要的流程如图 7-3 所示。

相关的逻辑主要有三部分：

（1）CarPackageManagerService 在启动、应用安装卸载的时候，对应用进行分析，判断是否为 distractionOptimized 的应用。

（2）CarPackageManagerService 实现并监听 UX Restrictions 的规则变化，对正在运行但不符合要求的 Activity 进行强制关闭。

UX Restrictions——汽车用户体验限制

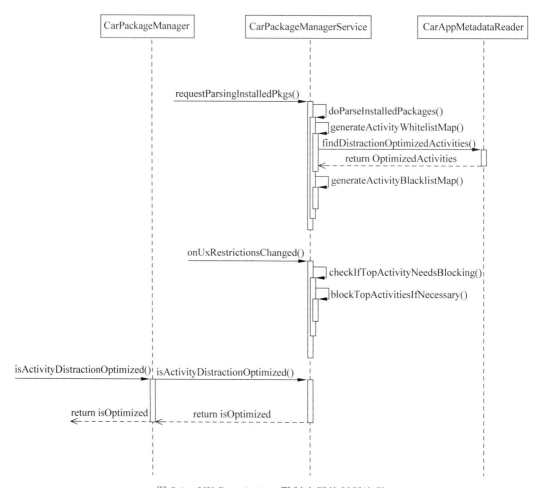

图 7-3　UX Restrictions 限制应用的判断流程

（3）通过 CarPackageManager 的 isActivityDistractionOptimized 方法可以获取当前应用的 Activity 是否符合要求。这样其他系统应用就可以获取状态，对不符合要求的应用进行管理。

下面对以上三点进一步进行说明。

首先，需要将目光转移到一个之前尚未涉及的服务 CarPackageManagerService 的身上，CarPackageManagerService 的一个主要的任务就是帮助管理各个应用中用户体验限制的相关信息。

CarPackageManagerService 作为 CarService 中的服务之一，其也是在 ICarImpl 类中创建的。后文中会对 CarPackageManagerService 做进一步分析。这一部分主要关注 CarPackageManagerService 是如何解析应用中 UX Restrictions 信息的。

CarPackageManagerService 在初始化过程中会注册广播，该广播接收系统中包管理的相关事件（安装、卸载、替换等）；并向 CarUxRestrictionsService 注册监听器，监听 UX Restrictions 状态变化；同时，监听系统中 Activity 的启动情况，源码如下：

```
[CarPackageManagerService.java]

 private void doHandleInit() {
   ...
   IntentFilter pkgParseIntent = new IntentFilter();
   for (String action : mPackageManagerActions) {
     pkgParseIntent.addAction(action);
   }
   pkgParseIntent.addDataScheme("package");
   // 注册广播监听包管理事件
   mContext.registerReceiver(mPackageParsingEventReceiver, pkgParseIntent);
   try {
     // 监听用户体验限制变化
     mCarUxRestrictionsService.registerUxRestrictionsChangeListener(
       mUxRestrictionsListener);
   } catch (IllegalArgumentException e) {
     Log.w(CarLog.TAG_PACKAGE, "sensor subscription failed", e);
     return;
   }
   // 监听 Activity 的启动
   mSystemActivityMonitoringService.registerActivityLaunchListener(
       mActivityLaunchListener);
   ...
 }
```

当系统中包的状态发生变化，便会触发 CarPackageManagerService 对其进行解析，创建用户体验限制的黑白名单。CarPackageManagerService 的 doParseInstalledPackages 方法是进行解析的主要方法，其实现如下：

```
[CarPackageManagerService.java]

 private void doParseInstalledPackages() {
   generateActivityWhitelistMap();
   generateActivityBlacklistMap();
   synchronized (this) {
     mHasParsedPackages = true;
   }
   mUxRestrictionsListener.checkIfTopActivityNeedsBlocking();
 }
```

需要重点关注的是 generateActivityWhitelistMap 方法，其会根据应用 AndroidManifest.xml 中各个 Activity 声明的 distractionOptimized 字段情况将其加入白名单。

```
[CarPackageManagerService.java]

 private void generateActivityWhitelistMap() {
   ...
   if (!isDebugBuild()
```

```
                && ! info. applicationInfo. isSystemApp()
                && ! info. applicationInfo. isUpdatedSystemApp()) {
        try {
            if (mAllowedAppInstallSources != null) {
                String installerName = mPackageManager. getInstallerPackageName(
                        info. packageName);
                if (installerName == null
                    || (installerName != null
                            && !mAllowedAppInstallSources. contains(installerName))) {
                    continue;
                }
            }
        } catch (IllegalArgumentException e) {
            Log. w(CarLog. TAG_PACKAGE, info. packageName + " not installed!");
            continue;
        }
    }

    // 获取当前应用中满足用户体验优化的 Activity 列表
    activities =
            CarAppMetadataReader. findDistractionOptimizedActivities(
            mContext, info. packageName);

    Signature[ ] signatures;
    signatures = info. signatures;
    AppBlockingPackageInfo appBlockingInfo =
        new AppBlockingPackageInfo(
        info. packageName, 0, 0, flags, signatures, activities);
    AppBlockingPackageInfoWrapper wrapper =
        new AppBlockingPackageInfoWrapper(appBlockingInfo, true);
    activityWhitelist. put(info. packageName, wrapper);
    synchronized (this) {
        // 将当前应用中满足用户体验优化的 Activity 加入白名单
        mActivityWhitelistMap. clear();
        mActivityWhitelistMap. putAll(activityWhitelist);
    }
}
```

上面的源码片段中最主要的一点就是怎样判断一个应用满足了用户体验限制优化的要求了呢？主要涉及的方法是 findDistractionOptimizedActivities，因为列表是由 CarAppMetadataReader 的 findDistractionOptimizedActivities 方法返回的，因此答案就在该方法中。

```
[CarAppMetadataReader. java]

@Nullable
public static String[ ] findDistractionOptimizedActivities(
Context context, String packageName) throws NameNotFoundException {
    final PackageManager pm = context. getPackageManager();
    // 获取对应应用的包信息
```

```
PackageInfo pkgInfo =
        pm.getPackageInfo(
            packageName, PackageManager.GET_ACTIVITIES
                | PackageManager.GET_META_DATA
                | PackageManager.MATCH_DIRECT_BOOT_AWARE
                | PackageManager.MATCH_DIRECT_BOOT_UNAWARE);
if (pkgInfo == null) {
    return null;
}

ActivityInfo[] activities = pkgInfo.activities;
if (activities == null) {
    return null;
}
List<String> optimizedActivityList = new ArrayList();
for (ActivityInfo activity : activities) {
    Bundle mData = activity.metaData;
    // 判断 DO_METADATA_ATTRIBUTE 属性是否为 true;
    // 如果为 true,则加入列表当中.
    if (mData != null && mData.getBoolean(DO_METADATA_ATTRIBUTE, false)) {
        optimizedActivityList.add(activity.name);
    }
}
if (optimizedActivityList.isEmpty()) {
    return null;
}
return optimizedActivityList.toArray(
 new String[optimizedActivityList.size()]);
}
```

可以发现,对于一个应用是否满足用户体验限制要求的判断其实十分简单,那就是 Activity 中的 DO_METADATA_ATTRIBUTE,即 distractionOptimized 标签是否为 true。如果为 true,那么它就会被视为适配了 UX Restrictions 机制的页面。看到这里,读者可能会感到疑惑,那这个用户体验限制也过于简单了吧？无论应用是否真的遵守了当前系统的限制规则,只要在 Activity 中声明了 distractionOptimized 为 true,它就可以被认为进行了适配,从而不受系统的限制吗?

显然不能这么轻易就让应用钻了空子,再回到 generateActivityWhitelistMap 方法,会发现有这样一个判断[1],那就是当系统编译类型[2]不是调试版本(非 eng 和 userdebug 构建)的情况下,如果是非系统应用,会首先判断该应用的安装来源,如果该应用不是信任的安装来源所安装的,那么即使应用中的 Activity 声明了 distractionOptimized 为 true,也不会将其加入白名单中。也就是说,除了对应用中声明的判断,应用是需要通过前期审核的,如果应用通过正规的应用市场上架并安装,那么系统默认应用通过了相关审核。

---

① 注意:该判断在 android-9.0.0_r30 版本才引入。
② 关于构建类型的详细说明请见:https://source.android.com/setup/build/building。

UX Restrictions——汽车用户体验限制

因此，对于系统集成方而言，对于官方的安装源，不要忘记覆盖相关属性，将其添加至可信安装源列表，否则在正式的用户版本上，第三方应用可能会无法正常运行。allowedAppInstallSources 默认的定义为空，制造商按需将可信安装源加入列表中：

```
[packages/services/Car/service/res/values/config.xml]

< string - array translatable = "false" name = "allowedAppInstallSources">
</string - array >
```

通过上述流程，相信读者应该明白了一个 Activity 如何被解析及判断是否满足用户体验限制优化要求。

下面，进一步介绍当 UX Restrictions 规则生效后，系统又是如何屏蔽未优化的页面的。屏蔽未优化页面同样与 CarPackageManagerService 有紧密的关联。

CarPackageManagerService 注册监听了 Activity 的启动事件和 UX Restrictions 变化的事件，因此当有新的 Activity 启动或者限制规则发生变化时，CarPackageManagerService 就会判断当前 Activity 是否应该被屏蔽。屏蔽的主要逻辑在 CarPackageManagerService 的私有方法 doBlockTopActivityIfNotAllowed 方法中。

```
[CarPackageManagerService. java]

 private void doBlockTopActivityIfNotAllowed(TopTaskInfoContainer topTask) {
   ...
   // 判断是否在白名单中
   boolean allowed = isActivityDistractionOptimized(
     topTask. topActivity. getPackageName(),
     topTask. topActivity. getClassName());

   ...
   // 如果在白名单中，或者系统未启用屏蔽功能，则允许 Activity 继续显示
   if (allowed) {
     return;
   }
   synchronized (this) {
     if (!mEnableActivityBlocking) {
       Log. d(CarLog. TAG_PACKAGE,
         "Current activity " + topTask. topActivity
           + " not allowed, blocking disabled. Number of tasks in stack:"
           + topTask. stackInfo. taskIds. length);
       return;
     }
   }

   ...
   // 创建屏蔽页对应的 Intent
```

```
Intent newActivityIntent = new Intent();
newActivityIntent.setComponent(mActivityBlockingActivity);
newActivityIntent.putExtra(
    ActivityBlockingActivity.INTENT_KEY_BLOCKED_ACTIVITY,
    topTask.topActivity.flattenToString());

...
// 屏蔽不满足要求的 Activity
mSystemActivityMonitoringService.blockActivity(topTask, newActivityIntent);
}
```

上面的源码片段表明,如果当前 Activity 不满足规范且当前系统启用了屏蔽功能,那么这个时候就会启动屏蔽页面覆盖在原来的 Activity 之上,提示用户当前页面不满足用户体验限制要求,无法使用。

除了上述 CarPackageManagerService 中包含的限制处理以外,CarPackageManagerService 同样允许其他系统应用或服务查询某一 Activity 是否满足用户体验限制的状态。这样,就允许其他应用通过该状态进行相应的判断,一个典型的场景就是当开始行驶时,Launcher (桌面应用)通过 CarPackageManager 获取应用页面是否满足限制[1],如不满足,就将应用图标变为不可点击。

CarPackageManager 的使用十分简单,通过 CarPackageManager 的 isActivityDistractionOptimized 方法,其他组件便能知道当前 Activity 是否是满足用户体验限制要求的。例如:

```
// 通过 Car♯getCarManager 获取 CarPackageManager 实例
mCarPackageManager = (CarPackageManager) mCar.getCarManager(
    Car.PACKAGE_SERVICE);

// 通过包名和类名查询某 Activity 是否满足用户体验限制要求
boolean isDistractionOptimized =
    mCarPackageManager.isActivityDistractionOptimized(
        packageName, activityName);
```

为了保证行驶状态中的安全,Android Automotive OS 通过 UX Restrictions 机制增加应用在不同行驶状态下交互界面的限制。并且可以直接对未进行优化适配的应用进行屏蔽。

美中不足的是,应用只要申明了 distractionOptimized 为 true 就会被认为是符合要求的应用,而无法对应用是否遵守了具体的限制规则进行检验,这一点和音频焦点(Audio Focus)机制有些类似,需要依靠强有力的前期审核。

另一方面,在启用屏蔽功能的情况下,由于实际驾驶过程中,行驶速度有可能恰好在不同限制规则下来回切换,有可能会导致应用页面出现来回的变化,这一点也是用户体验限制策略所需要优化的。

---

[1]　可参考 packages/apps/Car/Launcher/src/com/android/car/carlauncher/AppLauncherUtils.java 的实现。

7.3　CarDrivingStateService ——驾车状态服务

在上文介绍汽车用户体验限制相关实现的时候，提到了 CarDrivingStateService 和 CarPackageManagerService 这两个服务。下面就来了解这两个服务的具体功能。首先介绍 CarDrivingStateService，也就是驾车状态服务。

在 UX Restrictions 中需要根据当前的车辆行驶状态，决定当前的限制规则。其中行驶状态地获取就是通过 CarDrivingStateService 来实现的。CarDrivingStateService 的主要职责就是对外提供车辆的行驶状态信息。

应用可以使用 CarDrivingStateManager 获取和监听驾车状态，CarDrivingStateManager 中的方法不多，用法上非常简单。需要注意的是相关接口是系统接口（SystemApi），系统应用才能使用。

在 CarDrivingStateEvent 类中主要定义有以下四种驾车状态。

（1）DRIVING_STATE_UNKNOWN，当前状态未知；

（2）DRIVING_STATE_PARKED，驻车状态；

（3）DRIVING_STATE_IDLING，静止状态，未驻车但车速为 0；

（4）DRIVING_STATE_MOVING，行驶状态，车速大于 0。

CarDrivingStateManager 的使用方式如下：

```
// 通过 Car#getCarManager 获取 CarDrivingStateManager 实例
mCarDrivingStateManager = (CarDrivingStateManager) mCar.getCarManager(
  Car.CAR_DRIVING_STATE_SERVICE);
```

获取当前驾车状态信息：

```
CarDrivingStateEvent state =
    mCarDrivingStateManager.getCurrentCarDrivingState();
if (state == null) {
  return;
}
String text;
switch (state.eventValue) {
  case CarDrivingStateEvent.DRIVING_STATE_PARKED:
    text = "驻车";
    break;
  case CarDrivingStateEvent.DRIVING_STATE_IDLING:
    text = "速度为 0";
    break;
  case CarDrivingStateEvent.DRIVING_STATE_MOVING:
    text = "行驶中";
    break;
  default:
    text = "Unknown";
}
Log.d(TAG, "驾车状态: " + text);
```

监听驾车状态变化：

```
mCarDrivingStateManager.registerListener(state -> {
//通过 state 值判断当前车辆行驶状态
});
```

驾车状态的判定需要依赖当前的车速信息和挡位信息。CarDrivingStateService 通过向 CarPropertyService 注册监听器，监听了 VehicleProperty. PERF_VEHICLE_SPEED（车速属性）、VehicleProperty. GEAR_SELECTION（挡位属性）、VehicleProperty. PARKING_BRAKE_ON（驻车制动属性）这三个属性的变化，从而实现了对当前行驶状态的判断。

结合这三个属性，确定当前的行驶状态是 unknown（未知）、parked（驻车）、idling（静止）还是 moving（移动），大致的判断规则如下。

（1）当前挡位为 P 挡时，当前状态为 parked；

（2）当前挡位不为 P 挡，如果辅助制动器（即通常所说的手刹）为工作状态，则当前状态为 parked；

（3）当前挡位不为 P 挡且辅助制动器未工作。则根据车速判断，车速为 0，则当前状态为 idling；车速不为 0，则当前状态为 moving。

总体来说，CarDrivingStateService 并不复杂，使用同样的方式，系统应用通过 CarPropertyManager 也可以实现对车辆状态的判断，但如果对行驶状态的判断都由应用去完成，那么难免出现不一致的情况。CarDrivingStateService 结合了各个属性，提供了更加统一的车辆行驶状态值，并提供给上层应用使用。

7.4 CarPackageManagerService——汽车包管理服务

前面的内容中，已经介绍了 CarPackageManagerService 是如何获取应用中用户体验限制的信息，并如何与 CarUxRestrictionsManagerService 协作，完成对不满足用户体验限制的应用进行屏蔽。本节继续对 CarPackageManagerService 进行一些补充，介绍其具体的方法和可供选择的配置。

CarPackageManagerService 主要基于车上使用场景扩充了一些包管理相关的接口。包括黑白名单的机制。这主要还是出于安全的考虑，车上的应用有更严格的限制。结合用户体验限制对运行在 Android Automotive OS 上的应用有一个更好的约束。

CarPackageManagerService 对应的 CarPackageManager 中的 API 不多，加起来也就六、七个，主要来看以下两个方法：

```
void setAppBlockingPolicy(String packageName,
                CarAppBlockingPolicy policy, int flags);

boolean isActivityDistractionOptimized(String packageName, String className);
```

isActivityDistractionOptimized 方法在介绍 UX Restrictions 内容的时候已经有所提及，通过该方法，其他的系统应用就有办法知道第三方应用中某一 Activity 是否是满足 UX

UX Restrictions——汽车用户体验限制

Restrictions 的要求。

而通过 setAppBlockingPolicy 方法，系统应用就能额外配置黑名单策略，被添加至黑名单中的应用在 UX Restrictions 使能的情况下会被屏蔽。

除了在 UX Restrictions 中介绍的流程，CarPackageManagerService 其他分支情况比较多，包括在系统启动时、重新配置策略时、应用安装卸载时、用户发生切换的时候。有兴趣的读者可以关注不同情况下，对应用黑白名单管理的细节处理。

对于制造商而言，CarPackageManagerService 中以下系统配置可以按需修改（相关定义在 packages/services/Car/service/res/values/config.xml 中）：

（1）配置当前显示的 Activity 不满足规范时，是否需要将其屏蔽。

```
< bool name = "enableActivityBlockingForSafety"> true </bool >
```

默认值为 true，则系统会屏蔽该 Activity，否则该 Activity 可以继续运行。

（2）制造商可自定义 Activity 白名单，在该名单中的页面运行不受 UX Restrictions 的约束。

```
< string name = "activityWhitelist"></string >
```

该选项支持填充包名或包名＋具体 Activity 的格式，可添加多个组件，以逗号区分，例如：

```
< string name = "activityWhitelist" translatable = "false">
    com.example/.OptimizedActivity,com.example2/.OptimizedActivity
</string >
```

（3）Activity 黑名单，在该名单中的应用即使满足 UX Restrictions 规范，依然会被屏蔽。

```
< string name = "activityBlacklist" translatable = "false"></string >
```

与白名单一样，该选项支持填充包名或包名＋具体 Activity 的格式，可添加多个组件，以逗号区分。

（4）配置屏蔽页面。

```
< string name = "activityBlockingActivity" translatable = "false"></string >
```

当阻止 Activity 时，弹出的系统提示界面，默认值为 com.android.car/com.android.car.pm.ActivityBlockingActivity，这是在 CarService 中实现的默认屏蔽页面，制造商可根据需要替换该页面。

7.5　小　　结

本章介绍了用户体验限制的相关用法及实现。同时，介绍了与用户体验限制密切相关的两个服务，驾车状态服务和汽车包管理服务。

第 8 章　　电 源 管 理

本章涉及的源码文件名及位置：
- CarPowerManager. java
  packages/services/Car/car-lib/src/android/car/hardware/power/
- CarPowerManagementService. java
  packages/services/Car/service/src/com/android/car/
- CarPowerManager. cpp
  packages/services/Car/car-lib/native/CarPowerManager/CarPowerManager. cpp
- PowerHalService. java
  packages/services/Car/service/src/com/android/car/hal/
- VehicleHal. java
  packages/services/Car/service/src/com/android/car/hal/
- JobScheduler. java
  frameworks/base/core/java/android/app/job/
- GarageModeService. java
  packages/services/Car/service/src/com/android/car/garagemode/
- GarageMode. java
  packages/services/Car/service/src/com/android/car/garagemode/
- Controller. java
  packages/services/Car/service/src/com/android/car/garagemode/
- CarIdlenessTracker. java
  frameworks/base/services/core/java/com/android/server/job/controllers/idle/
- IdleController. java
  frameworks/base/services/core/java/com/android/server/job/controllers/

读者可通过 cs. android. com 在线或下载完整 Android 源码进行查看，具体内容可参考第 3 章阅读准备。

本章介绍 Android Automotive OS 对于电源管理的相关内容。

电源管理是 Android Automotive OS 上又一比较特殊的部分。由于车辆的使用场景的特殊性和复杂性，同时需要和其他 ECU（Electronic Control Unit）电子控制单元的配合，都增加了车载系统电源管理的难度。在手机上，用户可能很长时间才关一次机，频繁的锁屏与唤醒已经成为了人们的习惯，哪怕长时间不用，手机电量耗尽，使用时再充上电就可以了，不会有什么问题。但是在车机上，行驶过程中车机需要始终保持工作，用户是不能随意重启车机的,否则可能会影响驾驶安全;而在停车熄火后,车机就要尽量降低其能耗,否则如果将车辆电瓶中的电耗尽,那可不是插上充电线这么简单了,会给用户造成很大的困扰。为了省电,将车机彻底关机看上去是最好的选择,但另一方面,如果过分追求熄火后的能耗也会影响用户的体验,启动车机的时间过长,会让用户每次上车都需要等待车机的启动。同时,相关的法律法规要求车机的启动需要足够迅速,以支持倒车影像等功能。

另一个需要考虑的就是系统的升级,车机系统的升级不能做到像手机一样随时随地,没有汽车制造商会希望用户升级的时候,车是停在大街中央的。那么什么时机来进行系统的更新,最好的时机应该是车辆空闲的状态下。这同样需要电源管理的配合才可以完成。

以下列出了一些具体的用户场景,帮助读者更直观地了解车载系统电源管理可能遇到的情况。

(1)短时间的熄火停车,如在加油站、下车买一些小的物品等。

(2)长达数周的熄火停车,如在机场停车场内停放数周。

(3)长途驾驶始终不熄火,如长途旅游。

(4)一天内多次启动熄火,如周末的使用场景。

(5)停车状态下的车内娱乐场景。

(6)对部分远程控车功能的支持。

8.1　电源的状态变化

那么 Android Automotive OS 是如何管理系统电源以满足车辆的使用场景的呢？先通过以下的状态图(见图 8-1)对总体的状态转换有一个了解[①]。

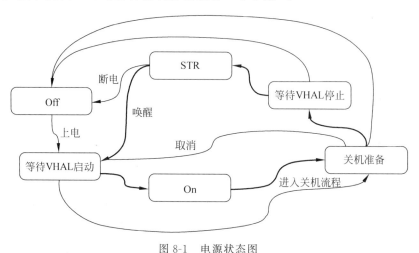

图 8-1　电源状态图

简单梳理图 8-1 中的状态变换,粗线条代表一次典型的车辆使用流程。

(1)用户准备使用车辆,此时车载系统处于 STR(Suspend to RAM)深度睡眠状态;

---

①　在写作本章时,Android 10 中对电源状态进行了大规模的更新。笔者决定直接基于 Android 10 进行分析,因此请读者注意,电源管理相关的内容主要基于 android-10.0.0_r30 进行介绍。

（2）用户操作唤醒车载系统，VHAL（Vehicle HAL）开始启动车辆相关服务；

（3）车载系统启动完成；

（4）用户停止使用车辆，一定时间后，车载系统进入关机流程；

（5）等待 VHAL 停止车辆相关服务；

（6）车载系统再次进入 STR 状态。

在典型的状态变化中，车机始终不会完全关机，而是处于深度睡眠状态，以此保证用户再次使用车辆时，车载系统的迅速唤醒，同时以低能耗保证车辆的电量充足。当然，在实际场景中也有可能并非完全和典型的状态转换流程相一致，例如，车辆长时间停放或在维修过程中断电，此时车机需要从 Off 状态启动；也有可能用户在关机流程尚未完成的时候，又开始使用车辆，此时需要取消关机流程，再次启动车载系统；抑或在系统更新后车载系统进行完整重启流程，而不进行深度睡眠。

8.2 CarPowerManagementService——汽车电源管理服务

在了解了 Android Automotive OS 中电源状态的变化情况后，下面将继续介绍相关的服务具体是如何工作的，并且提供了哪些 API 供其他组件进行使用。

与其他的 CarService 中的服务不同，除了提供了 Java 类的接口 CarPowerManager 以外，CarPowerManagementService 还有对应的 C++ 类的接口，类名同样也叫 CarPowerManager，这两个 CarPowerManager 的源码位置分别位于：packages/services/Car/car-lib/src/android/car/hardware/power/CarPowerManager. java 和 packages/services/Car/car-lib/native/CarPowerManager/CarPowerManager. cpp 下。增加 C++ 类的接口主要是为了向一些使用 C++ 编写的服务提供 CarPowerManager 相关的功能，帮助其管理电源状态。在接口的定义和功能上面，无论是 Java 还是 C++ 的 CarPowerManager 都是一样的，它们都对应同一个 CarPowerManagementService。电源管理服务关系如图 8-2 所示。

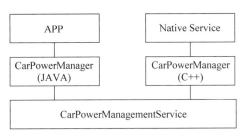

图 8-2 电源管理服务关系图

1. CarPowerManager 的用法

本节介绍 CarPowerManager 相关 API 的用法。CarPowerManager 提供了电源状态变化通知、调度电源状态的功能，主要的方法和常量如下面的类图（图 8-3）所示。

CarPowerManager 主要提供了四个公开方法。

setListener 和 setListenerWithCompletion 方法用于监听电源状态的变化，不同的地方是 setListenerWithCompletion 传递的 CarPowerStateListenerWithCompletion 接口的回调中包含 CompletableFuture＜Void＞对象，用于通知 CarPowerManagementService 该注册监

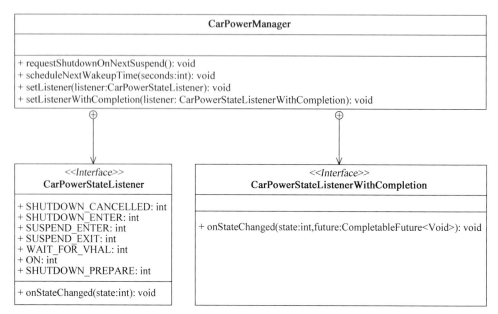

图 8-3　CarPowerManager 类图

听的应用已经完成了相关流程的处理。

而 requestShutdownOnNextSuspend 和 scheduleNextWakeupTime 方法作用分别是请求在下次进入关机流程时关闭车机而非进入深度休眠和设置下次唤醒的间隔。

在 CarPowerManager 的 CarPowerStateListener 中定义了如表 8-1 中提及的几种不同的电源状态[①]。

表 8-1　电源状态列表

状　　态	含　　义
SHUTDOWN_CANCELLED	取消关机
SHUTDOWN_ENTER	关机
SUSPEND_ENTER	深度睡眠
SUSPEND_EXIT	退出睡眠
WAIT_FOR_VHAL	等待 Vehicle Hal 启动
ON	启动
SHUTDOWN_PREPARE	进入关机准备

在此，以注册 CarPowerStateListenerWithCompletion 为例，看一下如何使用 CarPowerManager。CarPowerStateListenerWithCompletion 的作用是监听电源状态的变化，同时监听者可以通知自身任务的完成状态，该方法并非任何应用都能使用，但是它与后面要介绍的车库模式密切相关，因此在这里先对其进行介绍。

---

　① 由于 Android 9 中，CarPowerStateListener 中缺少了几个重要的电源状态，包括 WAIT_FOR_VHAL、ON、SHUTDOWN_PREPARE。此处使用了 Android 10 中的定义。

首先,需要在 AndroidManifest. xml 中声明权限[1]:

```
< uses – permission android:name = "android.car.permission.CAR_POWER"/>
```

该权限为系统级别的权限,只有特权应用才能使用。

通过 Car 对象获取 CarPowerManager 实例:

```
mCarPowerManager = (CarPowerManager) mCar.getCarManager(Car.POWER_SERVICE);
```

实现 CarPowerStateListenerWithCompletion 接口,并注册监听器:

```
private CarPowerManager.CarPowerStateListenerWithCompletion mListener =
    new CarPowerStateListenerWithCompletion() {
    @Override
    public void onStateChanged(int state,
                CompletableFuture < Void > completableFuture) {
    if (state == CarPowerManager.CarPowerStateListener.SHUTDOWN_PREPARE) {
    // 车辆进入准备关机状态
    doSomething();
    // 完成处理流程后通知 CarPowerManagementService 该任务已经完成.
    // 否则可能影响关机流程
    if (completableFuture != null) {
      completableFuture.complete(null);
    }
    return;
    }
    }
};
```

使用方面,并不复杂,需要额外注意以下几点。

(1)调用 setListenerWithCompletion 方法除了需要 android. car. permission. CAR_POWER 权限以外,还需要以 System UID 运行,否则会抛出异常,因此,一般情况下会使用 CarPowerStateListener,CarPowerStateListener 在使用上和 CarPowerStateListenerWithCompletion 基本一致,只是少了 CompletableFuture < Void >参数,使用者仅可以收到状态变化的通知,而无法控制进入下一状态的时机。

(2)同一个 CarPowerManager 同时只能注册一个 CarPowerStateListenerWithCompletion 或 CarPowerStateListener。

(3)注册监听可以获取 ON、SHUTDOWN_CANCELLED、SHUTDOWN_PREPARE 等状态,其中 SHUTDOWN_PREPARE 状态可能是最为常用的。因为在进入休眠前应用往往希望保存某些状态,后文将介绍的车库模式(Garage Mode)也正是利用了这段时间。另一方面,ON 状态会在系统冷启动或者睡眠重新唤醒的时候被触发。在手机上,应用开发者习惯接收 BOOT_COMPLETED 广播获取系统的启动事件,但这在 Android Automotive

---

[1] 在 Android 9 中可以在 Car. java 中找到 PERMISSION_CAR_POWER,但该权限却未在 AndroidManifest. xml 进行定义,这应该是一个 bug。

107

第 8 章

电源管理

OS 上却并不可靠，如果车机只是睡眠唤醒且未发生用户切换，那么 BOOT_COMPLETED 是不会被发送的，这一点也是需要开发者有所留意的。

2. CarPowerManagementService 的处理流程

本节通过源码介绍 CarPowerManagementService 处理电源状态变化的具体流程。

总体来说，电源状态的变化由车辆主控单元由下往上推送至 CarPowerManagementService 的。举例来说，由于用户的熄火动作（具体的信号触发条件不同），车辆的电源状态开始变化，车辆主控单元将信号发送给车载娱乐系统（In-Vehicle Infotainment，IVI）单元，即 Android Automotive OS 车载娱乐系统。进而再由 VehicleHAL 硬件抽象层上报给 CarPowerManagementService，进入 Android 系统相关的关机流程。

状态上报的主要流程如图 8-4 所示。

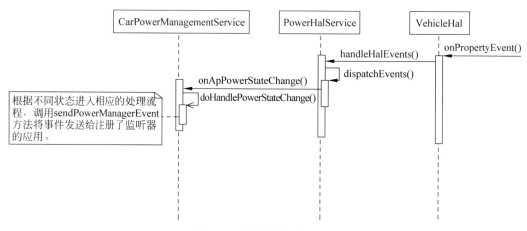

图 8-4　电源事件上报流程

VehicleHAL 收到电源变化的信号后，通过 PowerHalService 再分发给 CarPowerManagementService。电源事件在 VehicleHAL 中定义了相关的属性 ID，通过属性 ID 进行分发。PowerHalService 对象是在 VehicleHal（此处并非指车辆硬件抽象层，而是 CarService 中的 VehicleHal 类）的构造函数中创建的。最后再由 CarPowerManagementService 根据不同状态进行处理，并通知相关使用了 CarPowerManager 监听状态变化的应用。

电源状态的属性 ID 是 AP_POWER_STATE_REQ，定义在 VehicleHAL 相关的 types.hal 文件中（关于 VehicleHAL 的介绍请见之前的 CarPropertyService 章节），具体定义如下：

```
[hardware/interfaces/automotive/vehicle/2.0/types.hal]

AP_POWER_STATE_REQ = (
 0x0A00
 | VehiclePropertyGroup:SYSTEM
 | VehiclePropertyType:INT32_VEC
 | VehicleArea:GLOBAL),
```

与 AP_POWER_STATE_REQ 相关的枚举值是 VehicleApPowerStateReq，同样定义

在 types.hal 中。包含四种状态,分别是开机、准备关机、取消关机和完成关机准备:

```
[hardware/interfaces/automotive/vehicle/2.0/types.hal]

enum VehicleApPowerStateReq : int32_t {
  ON = 0,
  SHUTDOWN_PREPARE = 1,
  CANCEL_SHUTDOWN = 2,
  FINISHED = 3,
};
```

制造商通过以上定义上报电源状态给 CarService。除了以上电源状态,细心的读者可能发现了 AP_POWER_STATE_REQ 的参数类型是列表(INT32_VEC)。除了状态,制造商还可以上报 VehicleApPowerStateShutdownParam 属性,其定义如下:

```
[hardware/interfaces/automotive/vehicle/2.0/types.hal]

enum VehicleApPowerStateShutdownParam : int32_t {
  SHUTDOWN_IMMEDIATELY = 1,
  CAN_SLEEP = 2,
  SHUTDOWN_ONLY = 3,
};
```

通过 VehicleApPowerStateShutdownParam 属性,制造商可上报当前设备或当前条件下,车机是需要立即关机(不支持延时关机),还是支持睡眠或者是仅支持关机的。

了解了硬件抽象层对于电源状态的定义。接着重点关注 CarPowerManagementService 中关于关机准备状态的处理流程。当 CarPowerManagementService 接收到 VehicleHAL 上报的关机准备事件时会进行以下处理:

```
[CarPowerManagementService.java]

private void handleShutdownPrepare(CpmsState newState) {
  mSystemInterface.setDisplayState(false);
  mShutdownOnFinish |= !mHal.isDeepSleepAllowed()
    || !mSystemInterface.isSystemSupportingDeepSleep()
    || !newState.mCanSleep;
  if (newState.mCanPostpone) {
    sendPowerManagerEvent(CarPowerStateListener.SHUTDOWN_PREPARE);
    mHal.sendShutdownPrepare();
    doHandlePreprocessing();
  } else {
    synchronized (CarPowerManagementService.this) {
      releaseTimerLocked();
    }
    mHal.sendShutdownStart(0);
    mSystemInterface.shutdown();
  }
}
```

当进入关机准备状态时,会进行判断是否支持延迟关机,以及是进入深度睡眠状态还是关机状态。如果此时系统支持延时关机,则会调用 sendPowerManagerEvent(CarPowerStateListener. SHUTDOWN_PREPARE)将状态通知相关监听者并调用 doHandlePreprocessing 方法。

```
[CarPowerManagementService.java]

  private void doHandlePreprocessing() {
    ...
    synchronized (CarPowerManagementService.this) {
      mProcessingStartTime = SystemClock.elapsedRealtime();
      releaseTimerLocked();
      mTimer = new Timer();
      mTimerActive = true;
      mTimer.scheduleAtFixedRate(
        new ShutdownProcessingTimerTask(pollingCount),
        0 /* delay */,
        SHUTDOWN_POLLING_INTERVAL_MS);
    }
  }
```

在 doHandlePreprocessing 方法中,启动了一个定时器。来看一下定时器所执行的任务:

```
[CarPowerManagementService.java]

  private class ShutdownProcessingTimerTask extends TimerTask {
    ...
    @Override
    public void run() {
      synchronized (CarPowerManagementService.this) {
        ...
        mCurrentCount++;
        if (mCurrentCount > mExpirationCount) {
          PowerHandler handler;
          releaseTimerLocked();
          handler = mHandler;
          handler.handleProcessingComplete();
        } else {
          mHal.sendShutdownPostpone(SHUTDOWN_EXTEND_MAX_MS);
        }
      }
    }
  }
```

通过该定时器,CarPowerManagementService 向 HAL 发送延迟关机的请求(调用 sendShutdownPostpone 方法),保持系统的运行。如果始终发送延迟请求,那么车机可能始终无法进入关机或深度睡眠状态。那么什么时候该定时器任务会被取消?一是超过了预设的延迟次数的上限,该次数与制造商配置的最长车库模式运行持续时间有关;二就与注册的 CarPowerStateListenerWithCompletion 有关了。具体流程有些复杂,在此,截取关键的源码片段进行分析,首先回到 CarPowerManager 中:

```
[CarPowerManager.java]

private void updateFutureLocked(int state) {
  cleanupFutureLocked();
  if (state == CarPowerStateListener.SHUTDOWN_PREPARE) {
    ...
    mFuture.whenComplete((result, exception) -> {
    ...
    try {
      mService.finished(mListenerToService);
    } catch (RemoteException e) {
      handleRemoteExceptionFromCarService(e);
    }
  });
  }
}
```

当应用通过 CarPowerManager 的 setListenerWithCompletion 方法注册了监听器时，
updateFutureLocked 方法会被调用，通过该方法配置了当监听的应用完成任务后，
CarPowerManager 进一步调用 CarPowerManagementService 的 finished 方法。省略部分
中间过程，该方法最终会调用到 CarPowerManagementService 的 doHandleProcessingComplete
方法，并取消定时器任务。定时器任务被取消后，延迟关机请求就不再发送了，这样系统就
可以进入下一状态了。

```
[CarPowerManagementService.java]

private void doHandleProcessingComplete() {
  synchronized (CarPowerManagementService.this) {
    releaseTimerLocked();
    ...
  }
  ...
}
```

之所以要着重介绍关机准备状态的处理流程，是因为其建立了 CarPowerManagementService
与底层电源管理模块的调度方式。协调同步了 Android 系统相关的关机流程与底层流程状
态。同时，它也与接下来要介绍的车库模式（Garage Mode）有着紧密的联系，车库模式是
Android Automotive OS 中重要的机制，是系统可以空闲时更新的基础。除此以外，
CarPowerManagementService 中还包含对多用户启动、屏幕关闭与打开的相关处理，有兴趣
的读者可以留意。

8.3　Garage Mode 车库模式

车库模式是 Android Automotive OS 中特有的一种空闲模式。它的触发时机是在用户
停止使用车辆时（用户停止使用车辆事件的具体定义由制造商决定，如用户熄火后，抑或是

熄火并开关车门后等）。进入车库模式意味着车机系统进入了关机流程中。

与手机不同，车辆在使用过程中始终需要提供服务，即使用户长时间不对车载系统进行操作，车机同样需要保持正常运行，而不能进行更新等空闲时操作。车库模式的作用就是在用户停止使用车辆后，延长系统关机的时间，并通过该段时间窗口进行空闲时操作（如更新、扫描、优化等）。

车库模式的用法

车库模式的使用与 Android 的 JobScheduler 机制有着紧密的联系。JobScheduler 是 Android 5.0 时加入 Framework 中的。通过 JobScheduler，应用可以设置满足特定条件所需触发的任务，并交由系统进行管理，当条件满足时，系统就会执行应用所配置的任务。随着 Android 8.0 加入的后台运行限制[①]，JobScheduler 也获得了更广泛的应用。关于 JobScheduler 更多的用法，有兴趣的读者可以查阅相关的资料。

下面具体介绍车库模式是如何通过 JobScheduler 提供的相关接口，完成任务的配置的。

通过 JobScheduler 应用可以将需要在车库模式下运行的任务进行绑定。绑定一个简单的任务并使其运行在车库模式下的方式如下：

```
JobScheduler jobScheduler = context.getSystemService(JobScheduler.class);
jobScheduler
    .schedule(new JobInfo.Builder(JOB_ID,
                new ComponentName(context, GarageRunner.class))
        .setRequiresDeviceIdle(true)
        .build());
```

通过 JobInfo 传入需要触发的服务及 ID。同时调用 setRequiresDeviceIdle(true)告诉 JobScheduler 在系统进入空闲状态时执行该任务，这是任务在车库模式中运行的必要条件，除此以外，与其他 JobScheduler 在使用上一样，也可以配置其他条件，例如在 JobInfo.Builder 中增加 setRequiredNetworkType(JobInfo.NETWORK_TYPE_ANY)条件，确保任务在有网络的情况下才会执行。

一个简单的任务实现如下：

```
public class GarageRunner extends JobService {

    @Override
    public boolean onStartJob(JobParameters jobParameters) {
      // 执行任务
      ...
      // 如任务耗时较长,需要异步执行,则返回 true;
      // 如任务在当前方法中,便可执行完成,则可返回 false;
      // 对于返回 true 的任务,在任务完成后,务必调用 jobFinished 通知系统该任务完成
      return true;
```

---

① 后台限制的具体内容，请参考：https://developer.android.com/about/versions/oreo/background.html。

```
    }

    @Override
    public boolean onStopJob(JobParameters jobParameters) {
    // 在任务未完成的情况下,如果用户再次使用车辆,退出车库模式,会调用该方法
    return true;
    }
}
```

同时在 AndroidManifest.xml 中声明该服务及权限：

```
< service android:name = ".GarageRunner"
        android:permission = "android.permission.BIND_JOB_SERVICE" />
```

通过以上步骤,就可以创建一个在车库模式下运行的服务了。使用起来非常简单。需要注意的是,对于需要异步执行的任务,需要在任务结束后调用 jobFinished 方法通知系统该任务已经完成,否则可能导致系统迟迟无法进入睡眠或关机；同时,需要留意在任务未完成的情况下,退出车库模式的情况,例如用户离开车辆后,发现东西忘拿,又迅速返回车辆,这个时候 onStopJob 方法会被调用,任务需要妥善处理该情况。

另外,一个注册在车库模式中的任务在运行完成后系统进入休眠状态,下次车辆唤醒后,如果希望在新的使用周期结束后再次运行任务,应用需要再次注册该任务。

通过 adb 的命令可以模拟系统进入车库模式,在开发调试过程中有一定帮助,同时可以配置车库模式的时长。

开始/停止 Garage Mode：

```
adb shell dumpsys car_service garage - mode on/off
```

设定 Garage Mode 的时长：

```
// 设置最长执行时间,单位为秒
adb shell setprop android.car.garagemodeduration < duration in seconds >
```

8.4 车库模式的实现

本节通过对源码的分析进一步介绍车库模式的实现。

车库模式(Garage Mode)的相关实现源码主要在 packages/services/Car/service/src/com/android/car/garagemode/路径下,相关类图如图 8-5 所示。

在 CarService 启动过程中便会创建 GarageModeService。通过 Controller 对象,会向 CarPowerManager 注册 CarPowerStateListenerWithCompletion,获取电源状态的变化通知,并进行相应的处理。同时,通过 CarPowerStateListenerWithCompletion 保持向系统发送延迟关机的请求。(CarPowerStateListenerWithCompletion 及 CarPowerManagementService 的使用方式及其原理在介绍 CarPowerManager 时有所介绍)。

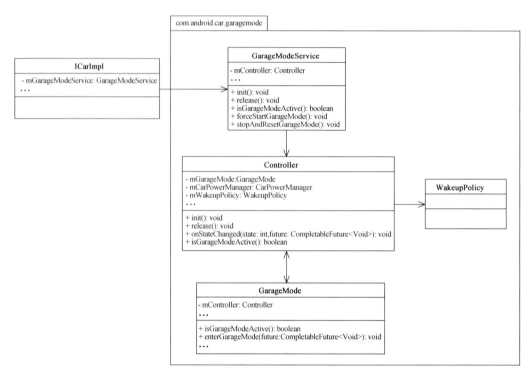

图 8-5　车库模式相关类图

在收到 SHUTDOWN_PREPARE 状态的通知后，Controller 便会调用 GarageMode 的 enterGarageMode 方法，系统就会进入车库模式。如果电源状态的变化事件不是 SHUTDOWN_ PREPARE，则会退出或重置 GarageMode 的状态。图 8-6 说明了具体的流程。

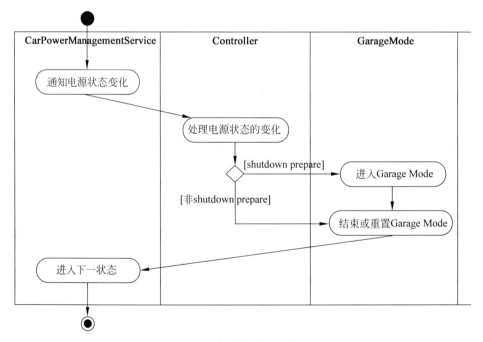

图 8-6　车库模式处理流程

其中，Controller 类负责对电源状态的监听，并在电源状态发生变化时进行相应的处理。在此，选取 Controller 类中的关键源码进行分析：

```java
[Controller.java]

public class Controller implements CarPowerStateListenerWithCompletion {

...

public void init() {
    mCarPowerManager = CarLocalServices.createCarPowerManager(mContext);
    try {
        mCarPowerManager.setListenerWithCompletion(Controller.this);
    } catch (CarNotConnectedException e) {

    }
}

...

@Override
public void onStateChanged(int state, CompletableFuture<Void> future) {
    switch (state) {
        case CarPowerStateListener.SHUTDOWN_CANCELLED:
            LOG.d("CPM state changed to SHUTDOWN_CANCELLED");
            handleShutdownCancelled();
            break;
        case CarPowerStateListener.SHUTDOWN_ENTER:
            LOG.d("CPM state changed to SHUTDOWN_ENTER");
            handleShutdownEnter();
            break;
        case CarPowerStateListener.SHUTDOWN_PREPARE:
            LOG.d("CPM state changed to SHUTDOWN_PREPARE");
            handleShutdownPrepare(future);
            break;
        case CarPowerStateListener.SUSPEND_ENTER:
            LOG.d("CPM state changed to SUSPEND_ENTER");
            handleSuspendEnter();
            break;
        case CarPowerStateListener.SUSPEND_EXIT:
            LOG.d("CPM state changed to SUSPEND_EXIT");
            handleSuspendExit();
            break;
        default:
    }
}
...
```

虽然不同的电源变化对应有不同的处理函数，但是当前的实现中，其实只有两种不同的处理逻辑，源码如下：

```
[Controller.java]

  void initiateGarageMode(CompletableFuture<Void> future) {
     mWakeupPolicy.incrementCounter();
     mGarageMode.enterGarageMode(future);
  }

  void resetGarageMode() {
     mGarageMode.cancel();
     mWakeupPolicy.resetCounter();
  }

  ...

  private void handleSuspendExit() {
     resetGarageMode();
  }

  private void handleSuspendEnter() {
     resetGarageMode();
  }

  private void handleShutdownEnter() {
     resetGarageMode();
  }

  private void handleShutdownPrepare(CompletableFuture<Void> future) {
     initiateGarageMode(future);
  }

  private void handleShutdownCancelled() {
     resetGarageMode();
  }
}
```

可以看到，除了在 handleShutdownPrepare 方法中会调用 initiateGarageMode 以外，其他电源状态的处理函数，调用的都是 resetGarageMode 方法。也就是说，车库模式其实就是在 SHUTDOWN_PREPARE 事件中触发的，同时在其他电源事件发生时，都会执行重置操作，也就是退出车库模式。

通过对 Controller 实现的分析，相信读者对车库模式的触发时机以及它是如何与电源状态关联起来的有了认识。但与其他汽车相关的 API 不同，车库模式并没有提供 CarService 相关的 API，而是借用了 Android 原有的 JobScheduler 机制。那么车库模式是如何与 JobScheduler 关联起来的呢？

以 GarageMode 对象中的 enterGarageMode 方法为切入口进行分析说明，车库模式与 JobScheduler 的关联，源码如下：

```
[GarageMode.java]

void enterGarageMode(CompletableFuture<Void> future) {
  ...
  updateFuture(future);
  broadcastSignalToJobSchedulerTo(true);
  ...
}
```

其中 broadcastSignalToJobSchedulerTo 方法,会发送广播通知 GarageMode 的状态,
实现如下:

```
[GarageMode.java]

private void broadcastSignalToJobSchedulerTo(boolean enableGarageMode) {
  Intent i = new Intent();
  if (enableGarageMode) {
   i.setAction(ACTION_GARAGE_MODE_ON);
  } else {
   i.setAction(ACTION_GARAGE_MODE_OFF);
  }
  i.setFlags(
     Intent.FLAG_RECEIVER_REGISTERED_ONLY | Intent.FLAG_RECEIVER_NO_ABORT);
  mController.sendBroadcast(i);
}
```

看到这里,读者可能已经可以猜到,该广播的接收者就在和 JobScheduler 相关的类中。
把目光转移到 JobScheduler 相关的 CarIdlenessTracker 中,发现在 CarIdlenessTracker 里,
注册接收了 ACTION_GARAGE_MODE_ON 和 ACTION_GARAGE_MODE_OFF 的广
播,并进行相应的处理,当接收到 ACTION_GARAGE_MODE_ON 的广播后,便通知
JobScheduler,系统进入空闲状态,再由 JobScheduler 开始执行配置好的任务。从名字上就
可以看出 CarIdlenessTracker 是专门为汽车设备所创建的,因此虽然它并不包含在
CarService 中,但同样也是在随着 Android Automotive OS 引入框架中的。

CarIdlenessTracker 的处理比较简单,接收事件,并通知状态变化,源码如下:

```
[CarIdlenessTracker.java]

@Override
public void onReceive(Context context, Intent intent) {
   final String action = intent.getAction();

   ...
   else if (action.equals(ACTION_GARAGE_MODE_ON)) {
      logIfDebug("GarageMode is on...");
      mGarageModeOn = true;
      updateIdlenessState();
   } else if (action.equals(ACTION_GARAGE_MODE_OFF)) {
```

```
        logIfDebug("GarageMode is off...");
        mGarageModeOn = false;
        updateIdlenessState();
    }
    ...
}

private void updateIdlenessState() {
    final boolean newState = (mForced || mGarageModeOn);
    if (mIdle != newState) {
        mIdle = newState;
        mIdleListener.reportNewIdleState(mIdle);
    } else {
        logIfDebug("Device idleness is the same. Current idle = " + newState);
    }
}
```

进一步再追溯 CarIdlenessTracker 的创建过程，会发现其在系统中的 IdleController 类中进行创建：

```
[IdleController.java]

private void initIdleStateTracking(Context ctx) {
    final boolean isCar = mContext.getPackageManager().hasSystemFeature(
            PackageManager.FEATURE_AUTOMOTIVE);
    if (isCar) {
        mIdleTracker = new CarIdlenessTracker();
    } else {
        mIdleTracker = new DeviceIdlenessTracker();
    }
    mIdleTracker.startTracking(ctx, this);
}
```

原来在 IdleController 中会根据当前设备的属性判断并创建相应的 mIdleTracker 对象，如果该系统是运行在车机系统上的，就会创建 CarIdlenessTracker 对象，如果是其他设备，如手机，则创建 DeviceIdlenessTracker 对象。而 IdleController 是在 JobSchedulerService 服务启动伊始便会被创建的，用于帮助判断设备是否进入空闲状态。

通过在框架中加入新的 Tracker 对象的巧妙做法，车库模式便与原来 Android 中的已有空闲状态结合了起来。为 Android Automotive OS 提供了一种特殊的闲时状态，让有需要的应用及系统服务可以在车载系统关机或深度睡眠之前进行必要的处理。

关于车库模式的持续时间，制造商可以通过 maxGarageModeRunningDurationInSecs 属性进行配置，默认值为 900 秒，即 15 分钟。15 分钟也是车库模式的最低要求，制造商的覆盖值需要大于或等于 15 分钟。

```
[packages/services/Car/service/res/values/config.xml]

< integer name = "maxGarageModeRunningDurationInSecs"> 900 </integer>
```

8.5 小　　结

关于 Android Automotive OS 的电源管理,本章主要介绍了以下内容。

CarPowerManager 的使用方法,以及其对应服务 CarPowerManagementService 的实现原理。重点分析了关机准备流程的具体逻辑。

通过与 CarPowerManagementService 结合,Android Automotive OS 引入了 GarageMode 车库模式。介绍了车库模式的用法以及实现。

值得注意的是,为了完整支持 Android Automotive OS 所设计的电源管理策略,制造商同样需要实现 HAL 层(硬件抽象层)的服务,支持车辆主控单元与车机的电源控制。同时确保系统支持 Suspend to RAM 的深度睡眠模式,并在进入深度睡眠时正确处理各服务的状态。

第9章 输入事件管理

本章涉及的源码文件名及位置：

- InputManager. java

  frameworks/base/core/java/android/hardware/input/

- InputReader. cpp

  frameworks/native/services/inputflinger/

- InputHalService. java

  packages/services/Car/service/src/com/android/car/hal/

- CarInputService. java

  packages/services/Car/service/src/com/android/car/

- CarProjectionManager. java

  packages/services/Car/car-lib/src/android/car/

- CarProjectionService. java

  packages/services/Car/service/src/com/android/car/

读者可通过 cs. android. com 在线或下载完整 Android 源码进行查看，具体内容可参考第 3 章阅读准备。

本章介绍 Android Automotive OS 中与输入事件相关的内容。

9.1 CarInputService——汽车输入管理服务

除了触控屏以外，车内往往会提供其他控制按钮和开关，这些额外的输入设备所产生的事件部分需要传递到 Android 系统中进行处理。在输入事件的管理方面，Android Automotive OS 在 CarService 中进行了一些特殊的处理。与一般 Android 的输入事件不同，制造商可以通过在 VehicleHAL 中接收输入事件，并将其传递到上层。而传统的 Android 输入事件一般都是通过 Linux Kernel 层向上传递的。

在车内，各个制造商往往会在方向盘以及中控位置附近设置一些功能按钮，如语音键、音量控制旋钮、空调通风等相关功能的实体按钮。按理说也可以在驱动层将这些事件与 Linux Kernel 的按键事件进行映射传递到上层。但对于车辆来说，往往这些按键事件是通过车内的各种总线进行传递的，在 VehicleHAL 中获取输入事件对于制造商而言实现更加简单以及灵活。

通过图 9-1 可以更直观地看到 CarService 对原来 Android Input 系统的扩充。VehicleHAL 的事件来源并非来自 Kernel 层，而可能是由制造商自己实现的车辆总线服务所产生的。通过 VehicleHAL 向上传递的事件会首先到达 CarInputService,然后或经过处理或再将事件传递给 InputManager。(因此通过 adb shell input keyevent 有时候无法在 Android Automotive OS 中模拟部分输入事件,因为通过该命令模拟的 keyevent 是不会经过 CarInputService 处理的)。

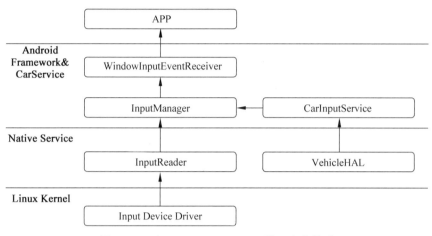

图 9-1　Android Automotive OS 输入事件传递

下面具体介绍 CarService 所拓展的按键事件是如何进行传递的,读者可以打开手中的源码进行查阅。

在 CarService 中按钮事件的传递总得来说和电源状态的传递流程很相似。输入事件拥有自己所对应的属性 ID,定义在车辆硬件抽象层对应的 types.hal 文件中,属性名是 HW_KEY_INPUT,具体定义如下:

```
[hardware/interfaces/automotive/vehicle/2.0/types.hal]

HW_KEY_INPUT = (
  0x0A10
  | VehiclePropertyGroup:SYSTEM
  | VehiclePropertyType:INT32_VEC
  | VehicleArea:GLOBAL)
```

可以看到,它的类型是整型列表(INT32_VEC)。制造商在实现 VehicleHAL 服务进程并传递 HW_KEY_INPUT 属性时,需要按顺序包含以下三个参数:

(1) 动作类型,即按下还是松开,该类型通过 types.hal 中定义的枚举类型 VehicleHwKeyInputAction 表示。

```
[hardware/interfaces/automotive/vehicle/2.0/types.hal]

  enum VehicleHwKeyInputAction : int32_t {
  ACTION_DOWN = 0,

  ACTION_UP = 1,
};
```

（2）键码，必须使用标准的 Android 键码[①]。例如，媒体播放暂停按钮的键码应为 KEYCODE_MEDIA_PLAY_PAUSE（值为 85）。

（3）目标的显示设备，由于车上可能有多块屏幕，因此还需要指定当前的按键事件应该路由给哪块显示设备，该类型通过 types.hal 中定义的枚举类型 VehicleDisplay 表示，当前支持主屏及仪表。

```
[hardware/interfaces/automotive/vehicle/2.0/types.hal]

  enum VehicleDisplay : int32_t {
    MAIN = 0,

    INSTRUMENT_CLUSTER = 1,
  };
```

结合以上内容，制造商实现的汽车服务进程中创建一个输入事件的源码大致如下：

```
shared_ptr<VehiclePropValue> createInputEvent(VehicleHwKeyInputAction action, int key_code)
{
    auto prop_value = make_shared<VehiclePropValue>();
    prop_value->timestamp = android::elapsedRealtimeNano();
    prop_value->areaId = 0;

    prop_value->prop = static_cast<int>(VehicleProperty::HW_KEY_INPUT);
    prop_value->value.int32Values.resize(3);
    prop_value->value.int32Values[0] = static_cast<int>(action);
    prop_value->value.int32Values[1] = key_code;
    prop_value->value.int32Values[2] = static_cast<int>(VehicleDisplay::MAIN);
    return prop_value;
}
```

在 CarService 中，输入事件会首先由 VehicleHal 类接收，再转发给 InputHalService 并将其转化成 Android 中标准的 KeyEvent 事件，然后进一步传递给 CarInputService 进行处理，传递的过程如图 9-2 所示。

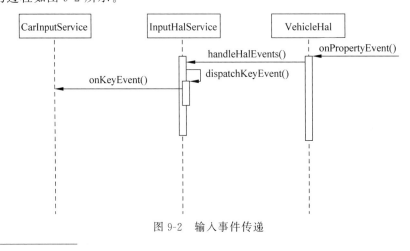

图 9-2　输入事件传递

① 标准键码可参考：https://developer.android.com/reference/android/view/KeyEvent。

其中，InputHalService 中两个主要的方法 handleHalEvents 和 dispatchKeyEvent 具体的实现：

```
[InputHalService.java]

  @Override
  public void handleHalEvents(List<VehiclePropValue> values) {
    //通过 HW_KEY_INPUT 获取当前输入事件的值
    ...
    for (VehiclePropValue v : values) {
      if (v.prop != HW_KEY_INPUT) {
        continue;
      }
      int action = (v.value.int32Values.get(0) ==
                    VehicleHwKeyInputAction.ACTION_DOWN) ?
                    KeyEvent.ACTION_DOWN : KeyEvent.ACTION_UP;
      int code = v.value.int32Values.get(1);
      int display = v.value.int32Values.get(2);
      ...

      dispatchKeyEvent(listener, action, code, display);
    }
  }
```

InputHalService 的 handleHalEvents 方法将从 VehicleHAL 传上来的值进行解析，获得 action、code、display 所对应的值。

dispatchKeyEvent 方法会进一步将其转化为 KeyEvent 对象，因此 CarInputService 中获取的按键事件已经转化成为 Android 标准的 KeyEvent 了，dispatchKeyEvent 方法的实现如下：

```
[InputHalService.java]

  private void dispatchKeyEvent(InputListener listener, int action, int code,
                      int display) {
    long eventTime = SystemClock.uptimeMillis();

    if (action == KeyEvent.ACTION_DOWN) {
      mKeyDownTimes.put(code, eventTime);
    }
    long downTime = action == KeyEvent.ACTION_UP
        ? mKeyDownTimes.get(code, eventTime) : eventTime;
    //将其转化为 KeyEvent 对象
    KeyEvent event = KeyEvent.obtain(
        downTime,
        eventTime,
        action,
        code,
        0 /* repeat */,
```

```
            0 /* meta state */,
            0 /* deviceId */,
            0 /* scancode */,
            0 /* flags */,
            InputDevice.SOURCE_CLASS_BUTTON,
            null /* characters */);

    listener.onKeyEvent(event, display);
    event.recycle();
}
```

以上提到的方法还只是对按键事件的获取和转换，还没有对按键事件的具体响应逻辑。而对具体按键事件的响应及处理是在 CarInputService 中进行的，当底层的输入事件传递到 CarInputService 中之后，CarInputService 会进行一些额外的处理。来看一下 CarInputService 的 onKeyEvent 方法：

```
[CarInputService.java]

    @Override
    public void onKeyEvent(KeyEvent event, int targetDisplay) {
      if (mCarInputListener != null
          && isCustomEventHandler(event, targetDisplay)) {
        try {
          mCarInputListener.onKeyEvent(event, targetDisplay);
        } catch (RemoteException e) {
          Log.e(CarLog.TAG_INPUT, "Error while calling car input service", e);
        }
        return;
      }

      switch (event.getKeyCode()) {
        case KeyEvent.KEYCODE_VOICE_ASSIST:
          handleVoiceAssistKey(event);
          return;
        case KeyEvent.KEYCODE_CALL:
          handleCallKey(event);
          return;
        default:
          break;
      }

      if (targetDisplay == InputHalService.DISPLAY_INSTRUMENT_CLUSTER) {
        handleInstrumentClusterKey(event);
      } else {
        mMainDisplayHandler.onKeyEvent(event);
      }
    }
```

主要有三个判断值得注意。

（1）判断该输入事件是否有 Custom Handler（自定义的接收者），如果有则将事件分发给自定义的接收者，并返回。也就是说，制造商可以通过添加自定义的接收者，截断并处理输入事件。

（2）CarInputService 会直接处理 KeyEvent. KEYCODE_ VOICE_ ASSIST 和 KeyEvent. KEYCODE_CALL。

（3）CarInputService 会判断该事件是否发送给仪表相关的服务，如果不是，则由 mMainDisplayHandler 进行处理。而 mMainDisplayHandler 其实就是将事件发送给 InputManager，再通过 Android 标准的 Input 系统向上传递。而对于目标屏幕是仪表的按键事件，CarInputService 则会将事件通知仪表服务进行处理，关于仪表服务的实现，在这里先不做展开，在后面会有专门的章节进行介绍。

对于第一点，如何实现一个自定义的事件接受者，CarService 在源码中就包含一个最简单的例子。路径在 packages/services/Car/car-default-input-service/下。

实现很简单，有兴趣的读者可自行查看源码。需要说明的是，该自定义的事件接受者是以服务的形式存在的。也就是说，系统中只会有单个实例存在，并且通过它可以直接处理 CarInputService 中的事件，而不继续原有的流程。该服务完全是给系统方使用的，如果制造商并不想使用 CarInputService 中对输入事件的默认处理流程，那么就可以自行实现一个服务来处理输入事件。

自定义的输入事件服务需要在 CarService 的 config. xml 中进行配置，制造商可根据自身的实现进行覆盖，例如：

```
[packages/services/Car/service/res/values/config.xml]

< string name = "inputService"> android.car. input. service/. InputService </string>
```

9.2　为投屏服务——CarProjectionManager

上面提到了 CarInputService 会对 KeyEvent. KEYCODE _ VOICE _ ASSIST 和 KeyEvent. KEYCODE_CALL 事件进行处理。那么具体的流程是什么？它和本节的主角 CarProjectionManager 又有什么样的联系呢？

CarProjectionManager 是 Car API 中的一部分，可以通过 Car 对象获取。CarProjectionManager 的名字很有意思，第一次看到这个服务可能不知道它的功能是什么。Projection 是投射的意思，那难道是要将内容投射到某个地方？在实际开发的过程中，笔者在很长的时间内也没有使用到它，所以对它的实际应用也一直有些疑惑。直到笔者所在的公司要与一家国内手机制造商合作他们新推出的车内手机投屏服务时，才恍然大悟，原来 CarProjectionManager 设计的初衷是为了该类手机投屏应用。

在手机投屏方面，大家最熟悉的应该就是苹果的 CarPlay 了，通过 CarPlay 用户可以将手机的屏幕投射到车的中控屏上。对于导航、音乐类应用非常的方便，用户可以直接使用手机上的导航，继续收听正在手机上听的音乐。但是 CarPlay 仅支持苹果的手机，Android 手机用户是无法使用的。谷歌虽然同样推出了属于自己的手机投屏服务 Android Auto，提供与 CarPlay 类似的功能，但是在国内并不能使用，所以有许多消费者甚至并不知道 Android Auto 的存在。也许是看到了 Android 用户的这一痛点，在人们熟悉的国内公司中，百度也推出过自己的手机投屏服务 CarLife，支持 Android 手机的投屏。2020 年，华为也推出了其 Android 投屏解决方案 HiCar。

虽然随着车机变得越来越智能，应用生态更加丰富，在很多情况下，即使没有手机，也能够带给用户很好的体验。但另一方面，手机的更新换代依然要远远快于车机，功能迭代更加快速，成本更低。在未来，车机与手机投屏会如何发展，并最终带给用户什么样的体验，是一个很有意思的话题。

言归正传，一般而言，一款手机投屏方案需要在手机和车机上同时部署相应的服务，并通过有线、蓝牙等方式进行连接（如图 9-3 所示）。连接建立后，主要的运算处理工作在手机上进行，但同时，为了得到更好的体验，手机需要通过部署在车机端的服务获取车上的相关信息，如按键事件、蓝牙状态等。而这就和本节所要提到的 CarProjectionManager 有所联系了。

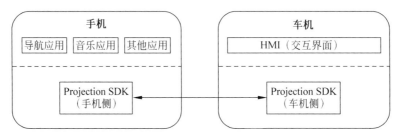

图 9-3　手机投屏产品架构

下面，将以输入事件作为切入点，通过源码介绍 CarProjectionManager 的相关功能及具体实现。

在 9.1 节关于 CarInputService 处理流程的介绍中，提到了可以通过在系统中实现自定义服务的方式获取并处理输入事件，但该方式是给系统方所预留的。如果只是一个投屏应用想要获取车上的按键事件（如语音按钮、电话按钮）还需要依赖制造商的额外实现，未免太过复杂了，那么是否有其他方式呢？答案是肯定的。

回到 CarInputService 的源码中，以 PTT（Push to talk）语音按键为例，来看看具体的流程。

```
[CarInputService.java]

  private void handleVoiceAssistKey(KeyEvent event) {
    int action = event.getAction();
    if (action == KeyEvent.ACTION_DOWN && event.getRepeatCount() == 0) {
      mVoiceKeyTimer.keyDown();
      dispatchProjectionKeyEvent(
       CarProjectionManager.KEY_EVENT_VOICE_SEARCH_KEY_DOWN);
    } else if (action == KeyEvent.ACTION_UP) {
      if (mVoiceKeyTimer.keyUp()) {
        dispatchProjectionKeyEvent(
         CarProjectionManager.KEY_EVENT_VOICE_SEARCH_LONG_PRESS_KEY_UP);
```

```
        return;
    }

    if (dispatchProjectionKeyEvent(
        CarProjectionManager.KEY_EVENT_VOICE_SEARCH_SHORT_PRESS_KEY_UP)) {
        return;
    }

    launchDefaultVoiceAssistantHandler();
    }
}
```

在 CarInputService 判断获取到键值为 KEYCODE_VOICE_ASSIST 的事件时, 便会执行 handleVoiceAssistKey 方法。通过上面的源码片段可以发现, 该方法最后调用了 launchDefaultVoiceAssistantHandler 方法, 该方法的主要作用是以默认的方式唤醒系统的语音助手。但是, 在执行 launchDefaultVoiceAssistantHandler 方法前, 有一些前置的判断。首先会执行 dispatchProjectionKeyEvent 方法, 如果该方法执行成功则 launchDefaultVoiceAssistantHandler 的处理流程就不会被执行了。

从 dispatchProjectionKeyEvent 的方法名和调用参数就可以知道, 该方法与 CarProjectionManager 有直接的关联。dispatchProjectionKeyEvent 的源码实现如下:

```
[CarInputService.java]

private boolean dispatchProjectionKeyEvent(
  @CarProjectionManager.KeyEventNum int event) {
  CarProjectionManager.ProjectionKeyEventHandler projectionKeyEventHandler;
  synchronized (this) {
    projectionKeyEventHandler = mProjectionKeyEventHandler;
    if (projectionKeyEventHandler == null
        || !mProjectionKeyEventsSubscribed.get(event)) {
      return false;
    }
  }

  projectionKeyEventHandler.onKeyEvent(event);
  return true;
}
```

在 dispatchProjectionKeyEvent 方法中, 主要判断是否有该事件对应的处理者, 如有则将事件分发给相应的处理者, 如果没有则返回 false。这里主要的对象是 mProjectionKeyEventHandler, 因此, 再追溯该对象的来源。原来是通过 CarInputService 中的 setProjectionKeyEventHandler 设置的。

```
[CarInputService.java]

public void setProjectionKeyEventHandler(
    @Nullable CarProjectionManager.ProjectionKeyEventHandler listener,
    @Nullable BitSet events) {
  synchronized (this) {
  mProjectionKeyEventHandler = listener;
  mProjectionKeyEventsSubscribed.clear();
  if (events != null) {
    mProjectionKeyEventsSubscribed.or(events);
  }
  }
}
```

而 setProjectionKeyEventHandler 方法的调用者,是 CarProjectionService:

```
[CarProjectionService.java]

private void updateInputServiceHandlerLocked() {
    BitSet newEvents = computeHandledEventsLocked();

    if (!newEvents.isEmpty()) {
        mCarInputService.setProjectionKeyEventHandler(this, newEvents);
    } else {
        mCarInputService.setProjectionKeyEventHandler(null, null);
    }
}
```

updateInputServiceHandlerLocked 方法是 CarProjectionService 的私有方法,它在 registerKeyEventHandler 方法中被调用:

```
[CarProjectionService.java]

@Override
public void registerKeyEventHandler(
    ICarProjectionKeyEventHandler eventHandler,
    byte[] eventMask) {
  ICarImpl.assertProjectionPermission(mContext);
  ...
  updateInputServiceHandlerLocked();
}
```

这里的 registerKeyEventHandler 方法定义在 ICarProjection.aidl 中,是 CarProjectionManager 向 CarProjectionService 注册按键事件处理函数的 AIDL 方法。

应用客户端调用 CarProjectionManager 提供的相关 API 后,再通过 CarProjectionService 向 CarInputService 注册相应的 ProjectionKeyEventHandler,进而使投屏应用可以获取到按键事件。大致的流程如图 9-4 所示(首次注册一个 ProjectionKeyEventHandler,包含 Binder

跨进程调用)。

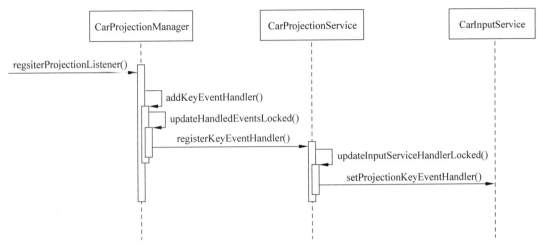

图 9-4　CarProjectionManager 注册按键处理方法流程

以上内容,通过对 CarInputService 中语音按键的处理逻辑进行分析,引出了关联的 CarProjectService 投屏服务。通过 CarProjectionService 其他应用可以对语音按键事件进行拦截和处理。

除了语音按键以外,CarInputService 对于通话按键的处理也是大同小异,有默认的处理方式(拨打、接听电话),也同样支持通过 CarProjectionService 获取通话按键事件进行处理。

除了不同的按键以外,在 CarInputService 中还会对如长按、短按、按下、松开等不同情况进行区分。不同情况下,会有一些不一样的处理方式。感兴趣的读者可以进一步阅读源码了解更多关于 CarInputService 对于按键事件的处理细节。

CarProjectionManager 的用法

通过前面的介绍,相信读者已经了解了 CarProjectionService 的主要功能。 CarProjectionService 向 CarInputService 注册 setProjectionKeyEventHandler 拦截输入事件。而对于其他应用来说,不会直接使用 CarProjectionService,而是通过 CarProjectionManager 来使用相应的功能,完成对按键事件的捕获和处理。下面介绍 CarProjectionManager 的具体用法。

对于想使用 CarProjectionManager 的应用来说,首先需要申请相应的权限。 CarProjectionManager 对应的权限是系统级别的,特权应用才可以使用。

```
< uses - permission android:name = "android.car.permission.CAR_PROJECTION" />
```

通过 Car 对象获取 CarProjectionManager 实例:

```
mCarProjectionManager = (CarProjectionManager) mCar
  .getCarManager(Car.PROJECTION_SERVICE);
```

以注册语音按键事件为例,首先需要实现 CarProjectionListener:

```
private final CarProjectionManager.CarProjectionListener mListener =
    new CarProjectionManager.CarProjectionListener() {
    @Override
    public void onVoiceAssistantRequest(boolean fromLongPress) {
      // 自定义语音按键的处理逻辑
    }
  };
```

然后通过 registerProjectionListener 方法进行注册：

```
mCarProjectionManager.registerProjectionListener(mListener,
  CarProjectionManager.PROJECTION_VOICE_SEARCH);
```

以上，通过注册监听 PROJECTION_VOICE_SEARCH 事件，应用就可以获取并拦截语音按钮输入事件了，同时通过回调方法的参数还可以判断按键事件的长短。

在本节一开始，提到了 CarProjectionManager 的特殊性：它是为手机投屏应用服务的。所以它的职责并不像其他服务那样明确或单一。截至写作本书时 CarProjectionManager 的功能还比较有限，虽然本章主要是介绍输入事件相关的处理流程，但是既然 CarProjectionManager 是为投屏应用服务的，那么可以想象，投屏应用所涉及其他的功能，如蓝牙、热点、多媒体等，也有可能通过 CarProjectionManager 完成。因此 CarProjectionManager 的职责很可能会在未来变得更加丰富。

9.3 小　　结

本章介绍了 CarInputService 的实现，以及与 CarInputService 有密切关联的 CarProjectionService 的相关实现和用法。

Android Automotive OS 中对于输入事件的特殊处理主要体现在两个层面。

（1）在硬件抽象层中，定义了额外的输入事件属性，允许制造商通过 VehicleHAL 服务将特定的输入事件传递到上层 Android 框架中；

（2）在 CarService 中，对输入事件进行预处理，增加汽车设备所特有的按键响应逻辑。同时，允许制造商进行自定义。

第 10 章　多屏幕支持

本章涉及的源码文件名及位置：

- Presentation. java
  frameworks/base/core/java/android/app/
- ActivityOptions. java
  frameworks/base/core/java/android/app/
- DisplayManager. java
  frameworks/base/core/java/android/hardware/display/
- VirtualDisplay. java
  frameworks/base/core/java/android/hardware/display/
- ActivityView. java
  frameworks/base/core/java/android/app/
- InstrumentClusterService. java
  packages/services/Car/service/src/com/android/car/cluster/
- AppFocusService. java
  packages/services/Car/service/src/com/android/car/
- CarAppFocusManager. java
  packages/services/Car/car-lib/src/android/car/
- InstrumentClusterRenderingService. java
  packages/services/Car/car-lib/src/android/car/cluster/renderer/
- SampleClusterServiceImpl. java
  packages/services/Car/tests/DirectRenderingClusterSample/src/android/car/
  cluster/sample/
- ClusterDisplayProvider. java
  packages/services/Car/tests/DirectRenderingClusterSample/src/android/car/
  cluster/sample/
- MainClusterActivity. java
  packages/services/Car/tests/DirectRenderingClusterSample/src/android/car/
  cluster/sample/
- NavigationFragment. java
  packages/services/Car/tests/DirectRenderingClusterSample/src/android/car/
  cluster/sample/

- CarInstrumentClusterManager.java

  packages/services/Car/car-lib/src/android/car/cluster/

- NavigationRenderer.java

  packages/services/Car/car-lib/src/android/car/cluster/renderer/

读者可通过 cs.android.com 在线或下载完整 Android 源码进行查看，具体内容可参考第 3 章阅读准备。

本章将介绍与多屏幕相关的内容。

数字座舱是当下很热门的概念，如果在网上搜索相关的内容和图片，会发现目前的数字座舱的设计中，多块屏幕成为一个很明显的特征，座舱内至少也有两三块屏幕，多的可能更是屏幕遍布在车内的各个地方。在这些颇具未来感的图片中，用户仿佛置身于一个数字化的空间中，结合自动驾驶，在车内通过不同的屏幕进行着各种交互。相比于自动驾驶，车内数字化似乎离人们更近，在技术上已经完全有能力为用户打造一片数字化的空间。基于目前传统的车舱结构，为了迎合目前数字座舱的趋势，在副驾和后排增加屏幕是广大制造商很容易就想到的方案，同样的，传统的仪表、方向盘，加上 HUD（Head Up Display）抬头显示都有可能成为除了中控屏以外的第二、三块显示屏。

Android 作为手机操作系统并不太需要考虑复杂的多屏幕场景，大多数手机也只有一块屏幕。虽然现在的 Android 手机上已经支持分屏显示的相关功能，并在 Android 8.0 中加强了多显示设备的支持[①]。但是对于车载系统而言，要在同一个系统上管理多个屏幕显然要面临更多的问题。包括输入事件的管理分发、窗口管理、输入法、音频系统、系统界面等，都需要重构才能从框架上支撑起多屏幕丰富的应用场景。

Android Automotive OS 作为谷歌官方推出的首款车载信息娱乐系统，显然希望能够统一管理并更好地支持多屏幕特性。但同时，由于涉及较多的系统相关组件的重构工作，在 Android 9 的源码中，对多屏幕的支持还比较有限，主要是通过 Android 8.0 中已有的多显示功能及虚拟显示设备的方式提供支持，并加入仪表显示、导航等相关功能。

目前，Android Automotive OS 中的多屏幕主要针对仪表显示，因此本章会主要基于仪表上的相关实现，分析 Android Automotive OS 中对于多屏幕的支持，并介绍所涉及的相关服务。

10.1　多显示器支持与虚拟显示设备

在开始介绍 Android Automotive OS 中关于多屏显示的相关内容之前，先简单介绍多显示器支持的相关背景知识，这样有助于读者更好地了解 Android Automotive OS 中仪表显示的实现方式。

在 Linux 中，通过 framebuffer（帧缓冲）作为系统显示设备的接口。在/dev 设备目录下存在 fb 字符设备文件（在 Android 中，相关设备在/dev/graphics/下），通过读写其内容可以对显存进行控制，并完成图像的显示。

---

① Android 8.0 中对于多显示设备支持的更新，请参考：https://developer.android.com/about/versions/oreo/android-8.0#mds。

在 Android 框架中对显示设备进行进一步的抽象,将其对应为 Display 设备,屏幕信息存于 Display 类中,并通过系统服务 DisplayManagerService 对显示设备进行管理。因此,无论是对于负责窗口管理的 WindowManagerService,还是管理系统任务的 ActivityManagerService 相关的模块只需关注 Display(其中包含显示设备的 displayID)即可,而将与硬件抽象层、设备驱动打交道的任务交给 SurfaceFlinger 进行处理。

自 Android 8.0 开始,Android 加强了对多显示设备的支持,在此之前,开发者只能使用 Presentation 类[①]将需要显示的内容投到第二块屏幕上面,而 Android 8.0 中引入了新的 API,允许开发者在启动 Activity 的时候指定显示的 Display,方式如下:

```
ActivityOptions options = ActivityOptions.makeBasic();
options.setLaunchDisplayId(displayId);
startActivity(intent, options.toBundle());
```

同时,自 Android 4.4 以来,在框架中增加了对 VirtualDisplay(虚拟显示设备)的支持,通过 DisplayManager 的 createVirtualDisplay 方法,应用能创建虚拟的显示设备,该显示设备拥有自己的 Surface,同时 VirtualDisplay 中持有 Display 对象。使开发者能像其他物理显示设备一样使用 VirtualDisplay。同样的,开发者能将 Activity 启动至指定的 VirtualDisplay 之上。

通过 Android 8.0 及 Android 4.4 提供的特性,便可以在创建虚拟显示设备的同时,启动页面在该虚拟设备上。在 AOSP 的源码中,有很好的例子可供参考,有兴趣的读者可以找到 frameworks/base/core/java/android/app/ActivityView.java[②]。ActivityView 是 ViewGroup 的子类,主要功能是创建一块独立的显示区域,同时允许将 Activity 启动到该区域中,并传递收到的点击事件。在 Android 8.0 中对该类进行了重构,使用了 VirtualDisplay 进行实现,通过配置 ActivityOptions 的方式将 Activity 显示到指定区域中。可惜的是,该类是隐藏(hide)的,所以无法在标准的 SDK 中找到该类。

Android 9 对多显示支持基本与 Android 8.0 中保持一致,在框架中并未增加新的功能。在 Android 9 中,最多同时支持两块硬件显示屏。从图 10-1 中可以看到,不同的 ActivityStack 与不同的屏幕进行关联,主 Display 可以同时管理多个 ActivityStack,而副 Display 只能管理一组 ActivityStack。

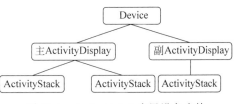

图 10-1　Android 8.0 多屏设备支持

而到了 Android 10 中,多屏幕在 Android 框架中获得了更完善的支持。系统允许两块及更多地物理屏幕接入,同时,通过固定的显示屏标识符对每一块屏幕进行区分。另外,Android 10 支持输入法的路由,在 Android 9 及之前版本中,不同的输入设备产生的输入事件无法对显示设备进行区分,而从 Android 10 开始,可以将指定输入设备的事件与指定的显示设备进行绑定。在 SystemUI(系统界面)方面,从 Android 10 开始,允许对导航栏、锁

① Presentation API：https://developer.android.com/reference/android/app/Presentation。
② ActivityView 并不包含在公开的 SDK 中,因此 Android 并不保证其接口的稳定性。

屏等系统界面针对不同屏幕进行配置。每块屏幕可以管理多个 ActivityStack。为了支持以上提到的这些新的特性，Android 10 中对不少系统模块进行了重构，包括 InputManager、WindowManager、ActivityManager、DisplayManager、InputMethodManagerService、SurfaceFlinger 等。因此，Android 10 中除了仪表以外，对后排娱乐的支持也更加完善了。

前面介绍了 Android 中关于多屏幕的相关背景知识，主要是为了引出 Android Automotive OS 中数字仪表的内容。在 Android 9 的实现中，只支持双屏显示，而数字仪表正是作为这第二块屏幕设备存在于系统中的。因此，数字仪表显示的背后更多的是上层服务与应用对于第二块屏幕的使用。明白了这一点，相信读者就能更好的理解 Android Automotive OS 中对于数字仪表的实现方案了。

这一节，主要介绍的就是 CarService 中是如何构建仪表相关的服务的，以及制造商该如何实现仪表应用。当然，除了 Android Automotive OS 中的设计之外，仪表往往拥有自己的 ECU，而非仅仅作为显示屏所存在，对于通过单独 ECU 负责仪表显示，而与信息娱乐系统之间非通过 Android 显示设备进行实现的技术方案在本章中并不会涉及。

在本节中，笔者同样会基于实际项目的相关经验，介绍补充一些相关的实现方式。

尽管 Android 9 和 Android 10 中仪表功能相关的架构是一致的，但是在具体的实现上会有一些差异，对于一些重要的变化会在本章中进行说明。

10.2 InstrumentClusterService——仪表服务

在 CarService 中包含仪表显示相关的服务，是仪表功能的重要组件。该服务的类名为 InstrumentClusterService，它的实现位于 packages/services/Car/service/src/com/android/car/cluster/InstrumentClusterService.java 中，属于 CarService 众多服务中的一个。但实际上，说 InstrumentClusterService 是一个服务却有些勉强，因为它的主要作用是绑定并拉起真正的仪表渲染服务，InstrumentClusterService 本身并没有承担太多的业务相关任务。

下面首先通过 Android 9 的源码介绍 InstrumentClusterService 的启动过程和主要功能。

InstrumentClusterService 的初始化是在 ICarImpl 的构造函数中，ICarImpl 是 CarService 启动的入口，在系统启动过程中会被创建，在之前章节介绍 CarService 的启动流程的时候已经有所分析。InstrumentClusterService 创建后，其 init 方法会被调用，InstrumentClusterService 的 init 方法实现很简单，源码如下：

```
[InstrumentClusterService.java]

public void init() {
  ...
  mAppFocusService.registerContextOwnerChangedCallback(this);
  mCarInputService.setInstrumentClusterKeyListener(this);
  mRendererBound = bindInstrumentClusterRendererService();
}
```

可以看到，这里做了三件事情。

（1）注册监听 Context Owner（这与下文中要介绍的 AppFocusService 有关）的变化；

（2）向 CarInputService 注册按键事件的监听（当 CarInputService 中接收到目标为仪表的按键事件之后，InstrumentClusterService 中便会收到通知，按键事件的分发具体请参考第9章输入事件管理）；

（3）最主要就是调用了 bindInstrumentClusterRendererService 方法。从方法名中，可以看出其主要作用是绑定名为 ClusterRendererService（仪表渲染）的服务，仪表渲染服务是仪表显示真正的实现者，后文将进行详细的介绍。

此处，bindInstrumentClusterRendererService 的实现如下：

```
[InstrumentClusterService.java]

  private boolean bindInstrumentClusterRendererService() {
    String rendererService =
        mContext.getString(R.string.instrumentClusterRendererService);
    if (TextUtils.isEmpty(rendererService)) {
      Log.i(TAG, "Instrument cluster renderer was not configured");
      return false;
    }

    Log.d(TAG, "bindInstrumentClusterRendererService, component: "
      + rendererService);

    Intent intent = new Intent();
    intent.setComponent(ComponentName.unflattenFromString(rendererService));
    Bundle extras = new Bundle();
    extras.putBinder(
      InstrumentClusterRenderingService.EXTRA_KEY_CALLBACK_SERVICE,
      mClusterCallback);
    intent.putExtras(extras);
    return mContext.bindService(intent, mRendererServiceConnection,
      Context.BIND_AUTO_CREATE | Context.BIND_IMPORTANT);
  }
```

这里的关键是从 XML 中读取系统指定的 InstrumentClusterRendererService，并进行绑定。稍后再来重点分析 InstrumentClusterRendererService 的真正实现者。先继续看下去，绑定成功后，InstrumentClusterService 又继续进行了哪些处理。

```
[InstrumentClusterService.java]

  private final ServiceConnection mRendererServiceConnection =
      new ServiceConnection() {
        @Override
        public void onServiceConnected(ComponentName name, IBinder binder) {
          ...
          IInstrumentCluster service =
              IInstrumentCluster.Stub.asInterface(binder);
          ContextOwner navContextOwner;
```

```
        synchronized (mSync) {
            mRendererService = service;
            navContextOwner = mNavContextOwner;
        }
        if (navContextOwner != null && service != null) {
            notifyNavContextOwnerChanged(service, navContextOwner.uid,
                navContextOwner.pid);
        }
    }
    ...
};
```

在服务绑定成功的 onServiceConnected 回调中，将获取的 IInstrumentCluster 的服务远程对象赋值给了 mRendererService，并通知 NavContext（导航上下文）的状态。

到此为止，主要是 InstrumentClusterService 中进一步绑定仪表服务的流程，重点是拉起了仪表渲染服务。除此以外，InstrumentClusterService 中的 getNavigationService 方法也值得关注，其实现如下：

```
[InstrumentClusterService.java]

  public IInstrumentClusterNavigation getNavigationService() {
    IInstrumentCluster service;
    synchronized (mSync) {
      service = mRendererService;
    }

    try {
      return service == null ? null : service.getNavigationService();
    } catch (RemoteException e) {
      Log.e(TAG, "getNavigationServiceBinder", e);
      return null;
    }
  }
```

通过 mRendererService 进一步获取 NavigationService，该服务又用到什么地方了呢？再回到 ICarImpl 中的 getCarService 方法，会发现原来 CAR_NAVIGATION_SERVICE 正是从 InstrumentClusterService 的 getNavigationService 获取的。

```
[ICarImpl.java]

  public IBinder getCarService(String serviceName) {
    switch (serviceName) {
      ...
      case Car.CAR_NAVIGATION_SERVICE:
          assertNavigationManagerPermission(mContext);
          IInstrumentClusterNavigation navService =
                  mInstrumentClusterService.getNavigationService();
```

```
        return navService == null ? null : navService.asBinder();
      ...
    }
  }
```

这里暂时还没有介绍到 NavigationService 的相关内容，读者可以先记住它是怎么来的，又与仪表相关的服务有什么样的联系，后面介绍仪表导航的相关内容的时候会再介绍其具体的作用。

10.3　AppFocusService——应用焦点服务

在进一步介绍如何实现仪表服务之前，先介绍另一个在 CarService 中引入的服务 AppFocusService，也就是应用焦点服务。AppFocusService 是 CarService 众多服务中的一个，与其关联的客户端对象是 CarAppFocusManager。在众多的 Manager 中，CarAppFocusManager 显得不太起眼。但其实 AppFocusService 同样做着自己的贡献，维持着系统的秩序。

AppFocusService 的主要作用是帮助管理应用焦点，截至写作本书时，AppFocusService 只涉及两类应用，导航类和语音类。通过 AppFocusService，协调同类应用之间的运行状态，确保系统中同一时刻只有单个应用获取该类型的焦点。

在 Android 手机中并没有应用焦点的概念，用户可以同时使用不同的地图应用进行导航，甚至是多个语音助手进行语音交互。那么 Android Automotive OS 中为何引入了应用焦点的概念？一是因为车内可能涉及多屏幕的使用场景。现在的车内数字化中，仪表导航正在越来越多地被使用，中控屏和仪表上都显示着导航的内容。那么在这种使用场景下，如果系统中同时存在多个导航应用，并且同时运行，就有可能出现问题，仪表上该显示哪个导航的内容？该如何处理仪表的显示内容和中控屏的显示内容相一致的问题？最简单的方式就是使系统同一时刻只有单个活跃的导航应用在运行。二是语音作为车内的主要交互方式之一，需要更好的规范与协调。这正是 AppFocusService 的主要作用，协调导航类和语音类应用的运行。

在介绍音频相关内容时，提到了音频焦点的作用，如果读者已经对音频焦点有了一定的了解，那么应该很容易就能理解 AppFocusService 和 CarAppFocusManager 的工作原理及使用方式。应用焦点和音频焦点的设计思想是大同小异的，应用都是通过申请焦点、监听焦点的变化并做出响应的方式互相协调的。

1. CarAppFocusManager 的用法

首先，先来了解 CarAppFocusManager 的使用方式。应用该如何申请及监听焦点变化，由于目前只涉及导航和语音类应用，只有该两类应用在使用时会用到 CarAppFocusManager 申请焦点。除了以上两类应用需要申请、监听焦点变化，其他系统应用很可能也需要监听焦点变化，并进行相应的处理。具体类图见图 10-2。

CarAppFocusManager 的使用者需要调用 requestAppFocus 方法进行焦点申请，同时传入 OnAppFocusOwnershipCallback 监听焦点的变化，以导航的焦点为例。

首先，实现 OnAppFocusOwnershipCallback：

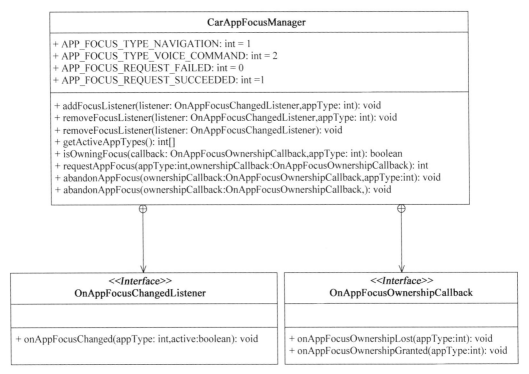

图 10-2　CarAppFocusManager 类图

```
private final CarAppFocusManager.OnAppFocusOwnershipCallback mFocusCallback =
    new CarAppFocusManager.OnAppFocusOwnershipCallback() {
    @Override
    public void onAppFocusOwnershipLost(
        @CarAppFocusManager.AppFocusType int appType) {

    }

    @Override
    public void onAppFocusOwnershipGranted(
        @CarAppFocusManager.AppFocusType int appType) {

    }
};
```

申请焦点的方式很简单，通过 mCarAppFocusManager 的 requestAppFocus 方法，应用即可申请焦点：

```
mCarAppFocusManager.requestAppFocus(
    CarAppFocusManager.APP_FOCUS_TYPE_NAVIGATION, mFocusCallback);
```

作为一个导航应用，应该在使用时申请焦点，申请焦点成功了，才能开始导航，否则就有可能影响用户体验。

通过 CarAppFocusManager 提供的 API,应用也可以主动查询当前是否占有应用焦点,方式如下:

```
boolean hasNavFocus() {
 boolean ownsFocus = mCarAppFocusManager.isOwningFocus(mFocusCallback,
  CarAppFocusManager.APP_FOCUS_TYPE_NAVIGATION);
 return ownsFocus;
}
```

当应用退出导航或者变成后台服务后,应使用 abandonAppFocus 放弃应用焦点:

```
mCarAppFocusManager.abandonAppFocus(mFocusCallback,
  CarAppFocusManager.APP_FOCUS_TYPE_NAVIGATION);
```

除了 OnAppFocusOwnershipCallback,CarAppFocusManager 还提供了另一个监听器接口 OnAppFocusChangedListener,区别于 OnAppFocusOwnershipCallback 可以反映当前应用对焦点的持有状况,通过 OnAppFocusChangedListener 可以实现监听某类应用是否处于活跃状态,即当前是否有应用持有某类型的应用焦点。同样以导航类应用为例:

```
CarAppFocusManager.OnAppFocusChangedListener mOnAppFocusChangedListener =
 (appType, active) -> {
   Log.d(TAG, "onAppFocusChanged, appType: " + appType + " active: "
     + active);
 };


mCarAppFocusManager.addFocusListener(mOnAppFocusChangedListener,
  CarAppFocusManager.APP_FOCUS_TYPE_NAVIGATION);
```

OnAppFocusChangedListener 的使用者不限于导航或语音类应用,其他的系统应用同样可以通过该方法获取应用焦点变化的通知。

2. 焦点的判定

对于 AppFocusService 来说,其业务逻辑并不复杂,开发者主要关心的是焦点申请成功与失败的条件是什么。

在 AppFocusService 中 requestAppFocus 的判断逻辑如下:

```
[AppFocusService.java]

  public int requestAppFocus(IAppFocusOwnershipCallback callback, int appType) {
  synchronized (this) {
   OwnershipClientInfo info = (OwnershipClientInfo) mAllOwnershipClients
    .getBinderInterface(callback);
   ...
   Set<Integer> alreadyOwnedAppTypes = info.getOwnedAppTypes();
   if (!alreadyOwnedAppTypes.contains(appType)) {
      OwnershipClientInfo ownerInfo = mFocusOwners.get(appType);
```

```
        if (ownerInfo != null && ownerInfo != info) {
            if (mSystemActivityMonitoringService
                .isInForeground(ownerInfo.getPid(), ownerInfo.getUid())
                && !mSystemActivityMonitoringService
                .isInForeground(info.getPid(), info.getUid())) {
                return CarAppFocusManager.APP_FOCUS_REQUEST_FAILED;
            }
            ...
        }
        updateFocusOwner(appType, info);
    }
    info.addOwnedAppType(appType);
    mDispatchHandler
    .requestAppFocusOwnershipGrantDispatch(info.binderInterface, appType);

    ...
    }
    return CarAppFocusManager.APP_FOCUS_REQUEST_SUCCEEDED;
    }
```

通过上述源码，可以发现，主要判断的依据就是该应用是否在前台，如果申请的应用不在前台，而原来持有焦点的应用在前台运行，则申请失败，其他情况下，应用焦点申请都会成功。

10.4　实现自定义的仪表服务
——InstrumentClusterRendererService

前面介绍了 CarService 中 InstrumentClusterService 的启动过程。在 InstrumentClusterService 的启动过程中，通过读取 XML 配置文件中的字段，绑定了指定的 InstrumentCluster-RendererService。InstrumentClusterRendererService 的实现者承担着管理仪表显示的主要任务。本节继续基于源码进一步介绍 InstrumentClusterRendererService 的实现细节。

InstrumentClusterRendererService 服务的名称是从 XML 文件中读取的，其定义是在 CarService 所在包的 config.xml 文件中：

```
[packages/services/Car/service/res/values/config.xml]

    < string name = "instrumentClusterRendererService"> android.car.cluster.sample/
.SampleClusterServiceImpl </string >
```

在 AOSP 的源码中，默认的仪表服务是在包名为 android.car.cluster.sample 的应用中[①]。不过，从名字上就可以看出，该实现是一个样例，Android Automotive OS 将其作为示例工程放在 AOSP 源码仓库里。而真正的产品中，制造商应该实现自己的仪表服务，并覆

---

　　① 此处基于 Android 9 的源码进行分析，该示例更加易于理解。Android 10 中提供了新的实现，但也更加复杂，两者的基本原理是一样的。

盖默认的示例实现。

　　虽然 android.car.cluster.sample 仅仅是示例工程,但其实很有参考价值,通过该示例,读者可以大致了解仪表服务的实现方式,以及设计思路。因此,下面就基于该示例工程介绍其基本的实现及业务逻辑。

　　找到 android.car.cluster.sample,其源码位于 packages/services/Car/tests/DirectRenderingClusterSample 下,先看 AndroidManifest.xml 文件。

```
[packages/services/Car/tests/DirectRenderingClusterSample/AndroidManifest.xml]

    < application android:label = "@string/app_name"
            android:icon = "@mipmap/ic_launcher"
            android:directBootAware = "true">
        < service android:name = ".SampleClusterServiceImpl"
            android:exported = "false"
            android:permission = "android.car.permission.
                        BIND_INSTRUMENT_CLUSTER_RENDERER_SERVICE"/>

        < activity android:name = ".MainClusterActivity"
            android:exported = "false"
            android:theme = "@android:style/Theme.Black.NoTitleBar.Fullscreen">
            < intent - filter >
                < action android:name = "android.intent.action.MAIN"/>
                < category android:name = "android.intent.category.DEFAULT"/>
            </ intent - filter >
        </activity>

    </application>
```

　　在 application 标签中有在 config.xml 文件中声明的 SampleClusterServiceImpl 服务,也就是仪表服务的真正实现者,这里需要注意的是 android.car.permission.BIND_INSTRUMENT_CLUSTER_RENDERER_SERVICE 权限。出于安全考虑,仪表服务不应该被任何第三方使用,所以在实现该服务的时候,需要为其增加该权限。该权限的定义如下:

```
[packages/services/Car/service/AndroidManifest.xml]

< permission
    android:name = "android.car.permission.BIND_INSTRUMENT_CLUSTER_RENDERER_SERVICE"
    android:protectionLevel = "signature"
    android:label = "@string/car_permission_label_bind_instrument_cluster_rendering"
    android:description = "@string/
                car_permission_desc_bind_instrument_cluster_rendering"/>
```

　　保护级别(protectionLevel)是 signature 的,意味着只有系统签名的应用或者服务可以拥有该权限。如果制造商想要实现自己的仪表服务,别忘记加上该权限。否则,就有被恶意的第三方应用所利用的风险。

然后，再来分析 SampleClusterServiceImpl 类在示例实现中主要的作用。

SampleClusterServiceImpl 继承了 InstrumentClusterRenderingService，InstrumentClusterRenderingService[①] 的实现位于 packages/services/Car/car-lib/src/android/car/cluster/renderer/InstrumentClusterRenderingService.java，是 car-lib 中的一部分，稍后再来分析它，先来看 SampleClusterServiceImpl 的 onCreate 方法：

```
[SampleClusterServiceImpl.java]

 @Override
 public void onCreate() {
  super.onCreate();
  Log.i(TAG, "onCreate");

  mDisplayProvider =
    new ClusterDisplayProvider(this, new DisplayListener() {
      @Override
      public void onDisplayAdded(int displayId) {
        Log.i(TAG, "Cluster display found, displayId: " + displayId);
        doClusterDisplayConnected(displayId);
      }

      @Override
      public void onDisplayRemoved(int displayId) {
        Log.w(TAG, "Cluster display has been removed");
      }

      @Override
      public void onDisplayChanged(int displayId) {

      }
    });
 }
```

在 onCreate 方法中创建了一个 ClusterDisplayProvider 对象，并在收到 onDisplayAdded 回调的时候调用 doClusterDisplayConnected 方法，doClusterDisplayConnected 方法的实现如下：

```
[SampleClusterServiceImpl.java]

 private void doClusterDisplayConnected(int displayId) {
   ActivityOptions options = ActivityOptions.makeBasic();
   options.setLaunchDisplayId(displayId);
   Intent intent = new Intent(this, MainClusterActivity.class);
   intent.setFlags(FLAG_ACTIVITY_NEW_TASK);
   startActivity(intent, options.toBundle());
 }
```

---

① 对于仪表渲染服务的命名，Android Automotive OS 当中并不太统一，读者可以将 InstrumentClusterRenderingService 和 InstrumentClusterRendererService 看作是同一个服务。

看到这里是不是感到有点熟悉？用到了之前介绍的 Android 8.0 开始支持的多屏显示的 API，通过 ActivityOptions 配置 Activity 在哪块屏幕上显示。以上源码的主要作用就是将 MainClusterActivity 启动到了指定的屏幕上。那这里的 displayId 应该是仪表吗？ClusterDisplayProvider 中传递过来的 displayId 是从哪来的？

```
[ClusterDisplayProvider.java]

  ClusterDisplayProvider(Context context,
    DisplayListener clusterDisplayListener) {
   mListener = clusterDisplayListener;
   mDisplayManager = context.getSystemService(DisplayManager.class);

   Display clusterDisplay = getInstrumentClusterDisplay(mDisplayManager);
   if (clusterDisplay != null) {
    mClusterDisplayId = clusterDisplay.getDisplayId();
    clusterDisplayListener.onDisplayAdded(clusterDisplay.getDisplayId());
    trackClusterDisplay(null /* no need to track display by name */);
   } else {
    Log.i(TAG, "No physical cluster display found, starting network display");
    setupNetworkDisplay(context);
   }
  }
```

原来在 ClusterDisplayProvider 的构造方法中获取了 DisplayManager 服务，并通过 getInstrumentClusterDisplay 方法得到仪表对应的 Display 实例后，通过回调方法 on DisplayAdded 将其传递给了 SampleClusterServiceImpl。

```
[ClusterDisplayProvider.java]

  private static Display getInstrumentClusterDisplay(
     DisplayManager displayManager) {
   Display[] displays = displayManager.getDisplays();

   if (displays.length > 1) {
    return displays[1];
   }
   return null;
  }
```

关于 getInstrumentClusterDisplay 方法，该示例中只是返回了第二块显示设备。当制造商自己实现仪表服务时，就需要根据实际的屏幕情况进行返回。整个逻辑还是非常清晰明了的，仪表屏幕作为标准的显示设备存在于系统中，然后通过指定启动的 displayId，将仪表上需要的内容显示到上面，而仪表上其实显示的是一个 Activity。

这里值得一提的是，虽然仪表作为标准的显示设备存在于系统中，但是并不意味着整块仪表就完全由车载系统所控制了。因为对于目前绝大多数的制造商而言，数字仪表往往有自己的电子控制单元，负责绘制如速度计、转速计等信息，因此可能只是将中间的一小块区域作为 Android 的标准显示设备挂载到 Android 系统中。这种情况下，实现的 InstrumentClusterRenderingService 的主要功能，其实是控制仪表的部分显示区域。从这点上可以看出，制造商对于仪表显示的控制上还是有不少的灵活性的。

到这里，读者们应该已经清楚了 Android Automotive OS 对于仪表显示的基本逻辑了。并且，由于仪表屏上启动的是 Activity，那么其实回到了 Android 开发者最熟悉的界面开发了。理论上，显示的内容完全取决于该 Activity 的实现了。这样看来，这个样例工程非常的简单。不过，其实除了 MainClusterActivity 的启动以外，其中还有值得分析的地方。那就是，与仪表导航相关的内容。

10.5 仪 表 导 航

数字仪表中，导航信息及画面的显示是重要的一部分，好的仪表导航画面可以让驾驶者更容易地获取导航信息，将视线更多集中到路面状况上，提高驾驶安全。本节将继续分析 DirectRenderingClusterSample 这个示例工程，说明 Android Automotive OS 对于仪表导航是如何设计并实现的。

1. 仪表显示区域的创建

回到 DirectRenderingClusterSample 的 MainClusterActivity 中，在上一节中介绍了，通过 SampleClusterServiceImpl 启动过程中获取的 Display，MainClusterActivity 会被启动到仪表上。下面，具体看一下 MainClusterActivity 的实现：

在示例页面 MainClusterActivity 的 onCreate 方法中，设置了几个具有不同内容的显示页面：

```
[MainClusterActivity.java]

  @Override
  protected void onCreate(Bundle savedInstanceState) {
    super.onCreate(savedInstanceState);
    ...
    registerFacets(
      new Facet<>(findViewById(R.id.btn_nav), 0, NavigationFragment.class),
      new Facet<>(findViewById(R.id.btn_phone), 1, PhoneFragment.class),
      new Facet<>(findViewById(R.id.btn_music), 2, MusicFragment.class),
      new Facet<>(findViewById(R.id.btn_car_info), 3, CarInfoFragment.class));

    mPager = findViewById(R.id.pager);
    mPager.setAdapter(new ClusterPageAdapter(getSupportFragmentManager()));
    mOrderToFacet.get(0).button.requestFocus();
  }
```

这几个页面分别是 NavigationFragment、PhoneFragment、MusicFragment、CarInfoFragment。也就是说在该示例工程中，会有四个卡片页面，分别显示导航、电话、音乐、车辆状态相关的信息。但查看源码会发现，其中 PhoneFragment、MusicFragment、CarInfoFragment 都是空实现，并没有什么实际的业务逻辑。不过在与导航相关的 NavigationFragment 中，却是有相关实现的。

直接来看 NavigationFragment 的 onCreateView 方法：

```java
[NavigationFragment.java]

  @Override
  public View onCreateView(LayoutInflater inflater, ViewGroup container,
    Bundle savedInstanceState) {
   mDisplayManager = getActivity().getSystemService(DisplayManager.class);
   mDisplayManager.registerDisplayListener(mDisplayListener, new Handler());

   View root = inflater.inflate(R.layout.fragment_navigation, container, false);

   mSurfaceView = root.findViewById(R.id.nav_surface);
   mSurfaceView.getHolder().addCallback(new Callback() {
    @Override
    public void surfaceCreated(SurfaceHolder holder) {
     Log.i(TAG, "surfaceCreated, holder: " + holder);
    }

    @Override
    public void surfaceChanged(SurfaceHolder holder, int format,
      int width, int height) {
     mUnobscuredBounds = new Rect(40, 0, width - 80, height - 40);

     if (mVirtualDisplay == null) {
      mVirtualDisplay = createVirtualDisplay(holder.getSurface(),
        width, height);
     } else {
      mVirtualDisplay.setSurface(holder.getSurface());
     }
    }

    @Override
    public void surfaceDestroyed(SurfaceHolder holder) {
     mVirtualDisplay.setSurface(null);
    }
   });

   return root;
  }
```

NavigationFragment 的 onCreateView 方法中，首先获取了 DisplayManager 系统服务，并且注册了 DisplayListener，该监听器会在系统中的 Display 设备发生变化的时候收到通知。接着，实例化了布局对象，并且从源码中可以看出，该布局中有一个 mSurfaceView。最关键的处理是在 surfaceChanged 方法中，调用了该类的私有方法 createVirtualDisplay，createVirtualDisplay 的实现如下：

```
[NavigationFragment.java]

  private VirtualDisplay createVirtualDisplay(Surface surface, int width,
    int height) {
    return mDisplayManager.createVirtualDisplay("Cluster - App - VD", width,
      height, 160, surface,
      DisplayManager.VIRTUAL_DISPLAY_FLAG_OWN_CONTENT_ONLY);
  }
```

该方法进一步通过 DisplayManager 的 createVirtualDisplay 方法创建了一块虚拟显示设备。此处，又在仪表屏幕上创建了新的显示设备，也就是说在仪表作为第二块显示设备的情况下，又在其显示的 Activity 内部创建了一块虚拟显示设备。虚拟显示设备可以像物理显示设备一样，作为 Display 被使用。随着显示设备的创建成功，之前注册的回调方法 DisplayListener 就会被调用。

```
[NavigationFragment.java]

  private final DisplayListener mDisplayListener = new DisplayListener() {
  @Override
  public void onDisplayAdded(int displayId) {
   int navDisplayId = getVirtualDisplayId();

   if (navDisplayId == displayId) {
     try {
       getService().setClusterActivityLaunchOptions(CATEGORY_NAVIGATION,
           ActivityOptions.makeBasic().setLaunchDisplayId(displayId));
       mRegisteredNavDisplayId = displayId;

       getService().setClusterActivityState(CATEGORY_NAVIGATION,
           ClusterActivityState.create(true, mUnobscuredBounds).toBundle());
     } catch (CarNotConnectedException e) {
       throw new IllegalStateException(
         "Failed to report nav activity cluster launch options", e);
     }
   }
  }

  @Override
  public void onDisplayRemoved(int displayId) {
   if (mRegisteredNavDisplayId == displayId) {
     try {
       mRegisteredNavDisplayId = Display.INVALID_DISPLAY;
       getService().setClusterActivityLaunchOptions(
         CATEGORY_NAVIGATION, null);
     } catch (CarNotConnectedException e) {

     }
   }
```

```
    }

    @Override
    public void onDisplayChanged(int displayId) {
    }
};
```

注意 onDisplayAdded 的处理,判断新增的设备就是刚才创建的 VirtualDisplay 之后,创建了 ActivityOptions。之前通过 ActivityOptions,将仪表服务所需显示的内容启动到了仪表屏幕上,这次又将创建的 VirtualDisplay 的 displayId 传递给了 ActivityOptions,这又是要做什么呢?其实,就是要将导航应用提供的导航画面显示到由 NavigationFragment 创建的 SurfaceView 区域中。上面源码中 getService 方法所获取的对象其实就是 SampleClusterServiceImpl,而 setClusterActivityLaunchOptions 以及 setClusterActivityState 方法的实现在 SampleClusterServiceImpl 的父类 InstrumentClusterRenderingService 中。

之前介绍了 SampleClusterServiceImpl 的实现,其父类 InstrumentClusterRenderingService 并未具体介绍。现在把目光转移到 InstrumentClusterRenderingService。首先,来看一下之前在 NavigationFragment 中使用到的两个方法,setClusterActivityLaunchOptions 和 setClusterActivityState。

```
[InstrumentClusterRenderingService.java]

  public void setClusterActivityLaunchOptions(String category,
    ActivityOptions activityOptions)
    throws CarNotConnectedException {
  IInstrumentClusterCallback cb;
  synchronized (mLock) {
    cb = mCallback;
  }
  if (cb == null)
    throw new CarNotConnectedException();
  try {
    cb.setClusterActivityLaunchOptions(category, activityOptions.toBundle());
  } catch (RemoteException e) {
    throw new CarNotConnectedException(e);
  }
  }

  public void setClusterActivityState(String category, Bundle state)
    throws CarNotConnectedException {
  IInstrumentClusterCallback cb;
  synchronized (mLock) {
    cb = mCallback;
  }
  if (cb == null)
```

```
    throw new CarNotConnectedException();
  try {
    cb.setClusterActivityState(category, state);
  } catch (RemoteException e) {
    throw new CarNotConnectedException(e);
  }
}
```

可以发现，这两个方法只是一个包装，都是用到了 mCallback 对象，并继续调用一样的方法。那 mCallback 对象是从哪里来的呢？答案在 InstrumentClusterRenderingService 的 onBind 方法中，它是在 InstrumentClusterRenderingService 被创建绑定的时候从 Intent 中获取的，而该 Intent 是由 InstrumentClusterService 传递的。InstrumentClusterRenderingService 的 onBind 方法实现如下：

```
[InstrumentClusterRenderingService.java]

  public IBinder onBind(Intent intent) {
    if (intent.getExtras().containsKey(EXTRA_KEY_CALLBACK_SERVICE)) {
      IBinder callbackBinder =
        intent.getExtras().getBinder(EXTRA_KEY_CALLBACK_SERVICE);
      synchronized (mLock) {
        mCallback = IInstrumentClusterCallback.Stub.asInterface(callbackBinder);
      }
    } else {
      Log.w(TAG, "onBind, no callback in extra!");
    }

    if (mRendererBinder == null) {
      mRendererBinder = new RendererBinder(getNavigationRenderer());
    }

    return mRendererBinder;
  }
```

回到之前介绍的 InstrumentClusterService，找到了 setClusterActivityLaunchOptions 和 setClusterActivityState 方法的具体实现：

```
[InstrumentClusterService.java]

  private class ClusterServiceCallback
      extends IInstrumentClusterCallback.Stub {

    @Override
    public void setClusterActivityLaunchOptions(String category,
        Bundle activityOptions) throws RemoteException {
      doSetActivityLaunchOptions(category, activityOptions);
    }
```

```
    @Override
    public void setClusterActivityState(String category,
      Bundle clusterActivityState) throws RemoteException {
     doSetClusterActivityState(category, clusterActivityState);
    }
  }
```

继续看下去：

```
[InstrumentClusterService.java]

  private void doSetActivityLaunchOptions(String category,
     Bundle activityOptions) {
   synchronized (mSync) {
     ClusterActivityInfo info = getOrCreateActivityInfoLocked(category);
     info.launchOptions = activityOptions;
    }
  }

  private void doSetClusterActivityState(String category,
     Bundle clusterActivityState) throws RemoteException {
   List < ManagerCallbackInfo > managerCallbacks;
   synchronized (mSync) {
     ClusterActivityInfo info = getOrCreateActivityInfoLocked(category);
     info.state = clusterActivityState;
     managerCallbacks = new ArrayList <>(mManagerCallbacks.values());
    }

    for (ManagerCallbackInfo cbInfo : managerCallbacks) {
      cbInfo.callback.setClusterActivityState(category, clusterActivityState);
    }
  }

  private ClusterActivityInfo getOrCreateActivityInfoLocked(String category) {
   return mActivityInfoByCategory.computeIfAbsent(
     category, k -> new ClusterActivityInfo());
  }
```

可以发现，这两个方法都会调用 getOrCreateActivityInfoLocked，将 NavigationFragment 传过来的信息缓存至 mActivityInfoByCategory 中。

通过以上方式，在仪表服务中，除了自身绘制显示的内容外，通过创建 VirtualDisplay 的方式，又进一步划分，将特定的显示区域的绘制权交给了其他应用。具体的做法是将 VirtualDisplay 对应的启动参数传递到 InstrumentClusterService。而在这里，就是要将导航区域的显示交由导航应用进行绘制，在之后导航应用请求的时候，就直接通过该启动参数拉起对应页面。

到这里，总结一下，因为上述过程中出现了多个对象，涉及比较多的实现细节，容易让人弄不明白各类之间的关系。

其实，这里的逻辑并不复杂，但是由于涉及跨进程之间的通信，中间通过 Binder 对象的层层包装，又涉及具体的业务逻辑，让整个调用过程变得不那么清晰。其实整个工作流简单概述起来如下：

首先，InstrumentClusterService 作为 CarService 中的服务，在系统启动过程中被创建。InstrumentClusterService 主要的任务是拉起了真正的仪表服务 InstrumentClusterRenderingService 的实现者，并向 InstrumentClusterRenderingService 注册回调方法。

InstrumentClusterRenderingService 的实现者负责仪表上内容的显示，并为导航页面创建了虚拟显示设备，然后通过回调方法，又将虚拟设备及仪表导航页面的相关状态传回给 InstrumentClusterService。

当仪表导航页面真正启动的时候，仪表上的层级结构如图 10-3 所示。

仪表屏幕
MainClusterActivity
NavigationFragment
VirtualDisplay
导航应用中的Activity

图 10-3　仪表导航显示层级

2. 仪表导航应用的启动流程

前面介绍了仪表导航的显示区域、虚拟显示设备的创建过程。本节介绍 InstrumentClusterService 是如何启动导航应用中的页面至虚拟显示设备中的。这部分的逻辑在 Android 9 和 Android 10 中的变化较大，因此这里会分别进行说明。

1）Android 9

在 Android 9 中，导航应用需要显式的通过 CarInstrumentClusterManager 来将地图画面显示至仪表上。CarInstrumentClusterManager 是 Car API 中的一部分，具体导航应用的适配及启动方法会在 13.2 导航应用进一步介绍。

在此，以 CarInstrumentClusterManager 的 startActivity 方法作为切入点，跟踪流程。CarInstrumentClusterManager 的 startActivity 方法的源码实现如下：

```
[CarInstrumentClusterManager.java]

public void startActivity(Intent intent) throws CarNotConnectedException {
  try {
    mService.startClusterActivity(intent);
  } catch (RemoteException e) {
    throw new CarNotConnectedException(e);
  }
}
```

CarInstrumentClusterManager 的 startActivity 方法只是调用了服务端的 startClusterActivity,
这里的 mService 对应的其实就是 InstrumentClusterService,最终调用到了 Instrument-
ClusterService 的 doStartClusterActivity 方法。这也是启动 Activity 的关键流程。省略一
些中间调用过程,来看 doStartClusterActivity 方法的实现:

```
[InstrumentClusterService.java]

private void doStartClusterActivity(Intent intent) {
  enforceClusterControlPermission();

  List < ResolveInfo > resolveList =
      mPackageManager.queryIntentActivities(
        intent, PackageManager.GET_RESOLVED_FILTER);
  if (resolveList == null || resolveList.isEmpty()) {
    Log.w(TAG, "Failed to resolve an intent: " + intent);
    return;
  }

  resolveList = checkPermission(resolveList,
  Car.PERMISSION_CAR_DISPLAY_IN_CLUSTER);
  if (resolveList.isEmpty()) {
    return;
  }
  Pair < ResolveInfo, ClusterActivityInfo > attributedResolveInfo =
    findClusterActivityOptions(resolveList);
  if (attributedResolveInfo == null) {
    return;
  }
  ClusterActivityInfo opts = attributedResolveInfo.second;

  intent.setComponent(
    attributedResolveInfo.first.getComponentInfo().getComponentName());

  intent.putExtra(
    CarInstrumentClusterManager.KEY_EXTRA_ACTIVITY_STATE, opts.state);
  intent.addFlags(Intent.FLAG_ACTIVITY_NEW_TASK);
```

第
10
章

多屏幕支持

```
    final long token = Binder.clearCallingIdentity();
    try {
      mContext.startActivity(intent, opts.launchOptions);
    } finally {
      Binder.restoreCallingIdentity(token);
    }
  }
```

上面的源码中，通过 Intent 找到匹配的 Activity，并进行权限检查。格外需要注意的是 findClusterActivityOptions 方法，因为最终启动 Activity 的 ActivityOptions 就是从该方法中获取的。

```
[InstrumentClusterService.java]

  @Nullable
  private Pair<ResolveInfo, ClusterActivityInfo> findClusterActivityOptions(
      List<ResolveInfo> resolveList) {
    synchronized (mSync) {
      Set<String> registeredCategories = mActivityInfoByCategory.keySet();

      for (ResolveInfo resolveInfo : resolveList) {
        for (String category : registeredCategories) {
          if (resolveInfo.filter != null &&
            resolveInfo.filter.hasCategory(category)) {
            ClusterActivityInfo categoryInfo =
            mActivityInfoByCategory.get(category);
            return new Pair<>(resolveInfo, categoryInfo);
          }
        }
      }
    }
    return null;
  }
```

仔细阅读该段源码会发现导航页面与仪表服务的关联正是在该方法中。mActivityInfoByCategory 保存着仪表服务返回的 ActivityOptions，同时拥有相同的 category 信息。这样，导航应用实现的仪表导航 Activity，就与制造商实现的仪表服务结合起来了，成功实现了数字仪表的导航页面功能。

2）Android 10

在 Android 10 中 InstrumentClusterRenderingService 的变化是非常明显的，而这些变化同样还会影响导航应用对仪表导航的适配方式。CarInstrumentClusterManager 不仅是被直接弃用了，而且没有了实际的功能。因此笔者觉得有必要进行相应的补充，说明仪表服务的变化。

虽然，InstrumentClusterRenderingService 有了不小的变化，但是总体的设计思路并没有变。仪表服务也依然是通过创建虚拟显示设备的方式，提供显示区域供导航应用绘制。

主要的变化发生在仪表导航 Activity 的启动流程之上。导航应用不再需要使用 CarInstrumentClusterManager 来拉起 Activity,而主要是通过应用焦点的方式。

对于导航应用来说,意味着不再需要获取 CarInstrumentClusterManager 实例,而只要申请导航应用焦点。从流程上,其实是有所简化的。因此,导航应用的变化并不会太多,有兴趣的读者可以对比 EmbeddedKitchenSinkApp 中仪表导航 Activity 的实现变化,总体来说,变得更加简单了。

对于 InstrumentClusterRenderingService,最大的变化是其直接承担起了启动导航应用 Activity 的任务,而不再需要 InstrumentClusterService 这一中间人来完成了。实际上,由于仪表服务本身管理着仪表,由其直接启动 Activity 确实是更合理高效的方式。

简单来看一下新的 InstrumentClusterRenderingService 流程的变化,在制造商实现的仪表服务调用了 InstrumentClusterRenderingService 的 setClusterActivityLaunchOptions 方法之后,不再将 ActivityOptions 继续传递出去了,而是直接进行处理。

```
[Android 10.0 - InstrumentClusterRenderingService.java]

public void setClusterActivityLaunchOptions(String category,
    ActivityOptions activityOptions) {
  mActivityOptions = activityOptions;
  updateNavigationActivity();
}
```

在 updateNavigationActivity 方法中就会启动 Activity 了:

```
[Android 10.0 - InstrumentClusterRenderingService.java]

private void updateNavigationActivity() {
  ContextOwner contextOwner = getNavigationContextOwner();
  ...
  if (contextOwner == null || contextOwner.mUid == 0
      || mActivityOptions == null
      || mActivityState == null || !mActivityState.isVisible()) {
    if (mNavigationComponent != null) {
      mNavigationComponent = null;
    }
    return;
  }

  ComponentName component = getNavigationComponentByOwner(contextOwner);
  if (Objects.equals(mNavigationComponent, component)) {
    return;
  }

  if (component == null) {
    return;
  }
```

```
    if (!startNavigationActivity(component)) {
      return;
    }

    mNavigationComponent = component;
    ...
  }
```

通过上述源码会发现，这里的关键，变成了导航应用此时是否持有导航应用的焦点。updateNavigationActivity 同样会在导航应用焦点发生变化时被调用，尝试拉起相对应的 Activity。

由于 Android Automotive OS 尚处于刚落地的阶段，因此，变化是不可避免的，谷歌需要在不断的迭代中完善其功能。但同时这也对应用的开发带来了一些挑战，对于导航应用而言，需要根据项目所使用的 Android Automotive OS 版本做相应的调整。

除了以上变化外，在最新的源码库中，对于仪表导航增加了固定模式（Fixed Mode），也就是无论当前应用是否持有焦点，始终拉起特定的导航页面显示于仪表上，同时对该页面状态进行监听，在必要时重新拉起，因此如果希望仪表上始终显示地图，汽车制造商可以考虑使用固定模式。

10.6　小　　结

本章主要介绍 Android Automotive OS 中实现仪表显示的基本设计和实现原理，并通过 AOSP 中的示例工程进行了具体的分析。实现自己的仪表服务，并如何去创建导航的显示区域是本章介绍的主要内容。

为了便于理解，最后通过总体的架构图对整个数字仪表及导航应用的关系做一个梳理。Android Automotive OS 中仪表导航各模块与组件的关系如图 10-4 所示。

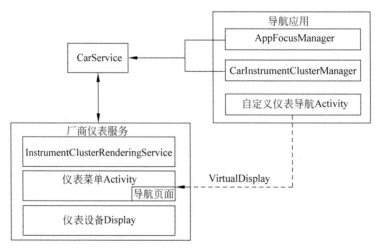

图 10-4　仪表导航架构

值得一提的是，除了着重分析的 DirectRenderingClusterSample 以外，Android 9 在 packages/services/Car/tests/InstrumentClusterRendererSample 路径下，还存在另外一个仪表服务的示例工程，该工程通过 Android 4.2 引入的 Presentation 机制将特定视图显示到第二块屏幕，是另一种实现方式。有兴趣的读者可以了解一下。在该示例中并未为导航页面创建特定显示区域，也就说导航应用无法直接控制仪表上的部分区域，而是由该仪表服务全权绘制显示的内容。不过，据笔者了解，Android Automotive OS 更倾向于 DirectRenderingClusterSample 的实现方式。后文也会继续基于 DirectRenderingClusterSample 的实现及其设计，深入介绍导航应用该如何适配仪表导航的相关功能。

第 11 章   多用户支持

与手机不同,汽车的使用者往往是以家庭为单位的,而并非仅仅被某个人使用。而信息娱乐系统又承载着很多个性化的内容,每个人喜欢用的应用、爱听的音乐、操作的习惯都是不同的。同样的,不仅限于娱乐系统,座椅的位置、空调的配置等车辆功能相关的设置也各有偏好。因此,作为一辆"智能"汽车,如果不能做到因人而异,聪明的为不同用户选择个性化的配置,那显然称不上足够的"智能"。也基于此,多用户的使用场景也成为 Android Automotive OS 不得不考虑的一部分。

Android 对于多用户的支持并非在 Android Automotive OS 中才引入的,实际上,从 Android 4.2 开始,Android 就加入了多用户的功能,引入了 UserManager API[①]。从 Android 5.0 开始,多用户功能默认处于停用状态,设备的制造商可以选择是否开启该功能。历经几个版本的发展,Android 的多用户已经相对比较完善了。但是,多用户的特性可以说始终没有被广泛关注,无论是手机抑或是平板,用户都很少会用到多用户这一特性。而这种情况很可能在车机系统上变得不同。不同的驾驶者使用同一车辆的情况会非常普遍。可以说,经过多个版本的迭代,Android 多用户终于有了大显身手的机会。同时,Android Automotive OS 虽然基于原有的 Android 多用户机制,但在此基础上又有一些特殊的处理。

本章将对 Android Automotive OS 上的多用户机制进行分析,介绍其实现的相关细节。

11.1   Android 多用户基础

在详细介绍多用户机制之前,读者首先需要对 Android 的多用户机制有一个大致的了解。

第一个需要了解的是用户的角色,或者说用户的类型,在 Android 的多用户中主要分为以下几种类型:

(1) 系统用户(System User),添加到设备的第一个用户。除非恢复出厂设置,否则无法移除系统用户;此外,即使其他用户在前台运行,系统用户也会始终处于运行状态。该用户还拥有只有自己可以设置的特殊权限和配置。

(2) 次要用户(Secondary User),除系统用户之外添加到设备的任何用户。次要用户可以移除(由用户自行移除或由系统用户移除),且不会影响设备上的其他用户。

---

①   UserManager API:https://developer.android.com/reference/android/os/UserManage。

（3）访客用户（Guest User），临时的次要用户。访客用户设置中有明确的删除选项，以便在访客用户账号过期时快速将其删除。一次只能创建一个访客用户。

其中，对于次要用户（Secondary User）还可以进行细分，分为管理员（Admin）用户和非管理员（Non-Admin）用户。在拥有的权限上面，系统用户＞管理员用户＞非管理员用户＞访客用户。

其次，读者需要对用户的 id 有一个了解，Android 每一个用户都有属于自己的 User id，系统用户的 id 为 0，此后新建用户的 User id 从 10 开始依次递增，如 10、11、12 等。

除了用户的类型和用户的 id，还可以对每个用户的行为进行限制（User restrictions），目前，已支持的用户行为限制规则已有不下 50 条，包括禁止该用户增加或删除账户（DISALLOW _ MODIFY _ ACCOUNTS）、禁止该用户恢复出厂设置（DISALLOW_ FACTORY_RESET）等。

在应用管理方面，对于在不同账户下安装的应用，应用的 apk 文件会存放在/data/app 目录下，被不同用户所共用，同时会保持版本更新的同步，如果两个用户下都安装了同一个应用，在一个用户下更新该应用，另一个用户下的应用也会同步更新。另一方面，应用的数据存储空间在不同用户下彼此独立，内置存储路径为/data/user/{userId}，而外置空间为/storage/emulated/{userId}，因此，即使是同一应用也无法跨用户读取用户数据。

图 11-1 反映了 Android 手机上的多用户运行时状态。

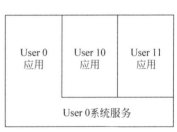

对于运行在 Android 手机上的多用户而言，User 0 就是默认的主用户，使用者首次使用设备时进入的便是 User 0，User 0 作为系统用户是不可删除的，并且除了运行应用以外，许多系统服务与系统应用也是运行在该用户下的。此时如果新创建了两个用户 User 10、User 11，并运行其中一个，User 0 也依然会在后台运行。

图 11-1　手机多用户

11.2　Android Automotive OS 的多用户

Android Automotive OS 在多用户的管理上基本使用了 Android 原有的多用户管理机制。同时，也有不同之处。

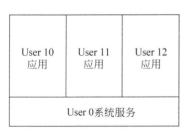

图 11-2　Android Automotive OS 多用户

在 Android Automotive OS 上的多用户运行时状态如图 11-2 所示。

与手机多用户运行时不同，在 Android Automotive 上系统用户（User 0）将不再对应实际的使用者，而 User 10 默认成为管理员用户，对应车主。但是由于不少系统应用及服务需要运行在 User 0 下，User 0 始终会在后台运行。而实际上，每次开机（完整启动，不包含休眠唤醒），都会发生一次用户切换，User 0 会率先启动，紧接着迅速切换至目标用户。

想要知道这过程中发生了什么，最好的方式还是打开源码一探究竟。下面介绍源码中对于多用户具体是如何处理的。这里需要说明的是，在 CarService 中对于多用户的实现细节变化比较快，但基本思路是一样的，下面的源码会基于 Android 10 的版本进行分析，为了避免涉及太多细节（很有可能发生变化），主要会对关键的流程进行分析。

User 10 的创建

既然 User 0 始终在后台运行，不会对应真实的使用者。那么也就是说，在系统初次启动的时候除了 User 0，还需要创建 User 10。之前介绍 CarService 启动流程时曾提到过 CarServiceHelperService 这一辅助类，它在系统启动过程中被初始化，并绑定 CarService。而 User 10 的创建同样也在该类中。打开 CarServiceHelperService 所在的源文件，对其流程进行分析。CarServiceHelperService 中的 onBootPhase 方法，会在系统启动过程中的一些主要流程节点完成后被调用，其实现如下：

```
[CarServiceHelperService.java]

  @Override
  public void onBootPhase( int phase) {
   ...
   if (phase == SystemService.PHASE_THIRD_PARTY_APPS_CAN_START) {
     checkForCarServiceConnection();
     setupAndStartUsers();
     checkForCarServiceConnection();
   }
   ...
  }
```

上面源码片段中主要的方法是 setupAndStartUsers，它在系统启动过程中被执行。

```
private void setupAndStartUsers() {
 ...
 if (mCarUserManagerHelper.getAllUsers().size() == 0) {
   // 首次启动，创建新的管理员用户
   UserInfo admin = mCarUserManagerHelper.createNewAdminUser();
   if (admin == null) {
     Slog.e(TAG, "cannot create admin user");
     return;
   }
   targetUserId = admin.id;
 } else {
   Slog.i(TAG, "Switch to default user");
   targetUserId = mCarUserManagerHelper.getInitialUser();
 }
 ...
 }
```

这里出现了一个新的类 mCarUserManagerHelper，它是 Android Automotive OS 中涉及多用户相关功能时被广泛使用的一个类，提供了很多有用的方法封装。它的源文件是 packages/services/Car/user/car-user-lib/src/android/car/userlib/CarUserManagerHelper.java。

在 setupAndStartUsers 方法中,做了判断,如果此时系统中的用户数为 0(注意,CarUser-ManagerHelper 的 getAllUsers 方法返回的用户列表中不包含 User 0),那么就会创建新的管理员用户,根据 User id 的规则,新的用户 id 是 User 10;而当已经存在多个用户,则会启动到目标用户下。这就是 User 10 在首次使用设备时如何被创建的。

除了首次启动 User 10 的创建,还需要关注的就是在非首次启动的情况下,是如何选择用户的。这主要是通过 CarUserManagerHelper 的 getInitialUser 方法获取目标用户的 id,实现如下:

```
[CarUserManagerHelper.java]

 public int getInitialUser() {
  ...
  int lastActiveUser = getLastActiveUser();
  if (lastActiveUser != UserHandle.USER_SYSTEM
          && allUsers.contains(lastActiveUser)) {
   return lastActiveUser;
  }
  ...
 }
```

这里返回的是"最后活跃用户",也就是上次使用周期结束时的用户。这里,就不再展开"最后活跃用户"是如何获取的,不难想象,只要记录在停止用车时所处的用户即可。这里需要说明的是,虽然 Android Automotive OS 的基本逻辑如此,但制造商也可以对多用户的切换逻辑做自己的定义。每次启动到最后活跃用户并不一定是最合理的方式,例如,在手机作为钥匙的情况下,启动的用户应该与使用者相对应。

11.3　制造商自定义

对于不同的汽车制造商,对于多用户所应该有的用户体验可能会有不同的理解。那么对于制造商来说对于多用户可以做哪些相关的自定义配置呢?

在系统的 config.xml 文件中存在多用户相关的配置,以下属性制造商可根据需要进行覆盖:

(1) config_multiuserMaximumUsers 支持的最多用户数(不包含 Guest),默认值为 1,因此如需支持多用户或指定最多用户数量,则需要覆盖该参数。

```
[frameworks/base/core/res/res/values/config.xml]

< integer name = "config_multiuserMaximumUsers"> 1 </integer >
```

(2) config_multiuserMaxRunningUsers 同时运行的最大用户数。用户的状态有运行(Running)、停止(Stopped)、锁定(Locked)等,该参数用于配置同时处于运行状态的最大用户数。

```
[frameworks/base/core/res/res/values/config.xml]

< integer name = "config_multiuserMaxRunningUsers"> 3 </integer >
```

除此以外，还有以下几项，虽与多用户相关，但是 CarService 中已做了相关覆盖，不建议再额外修改了：

（1）config_enableMultiUserUI 是否显示多用户的相关界面，默认为 true。

```
[packages/services/Car/car_product/overlay/frameworks/base/core/res/res/values/
config.xml]

< bool name = "config_enableMultiUserUI"> true </bool >
```

（2）config_multiuserDelayUserDataLocking 这是一项比较关键的配置，默认为 true。当其为 true 时，发生用户切换之后，切换至后台的用户会被停止（不包含系统用户）。

```
[packages/services/Car/car_product/overlay/frameworks/base/core/res/res/values/
config.xml]

< bool name = "config_multiuserDelayUserDataLocking"> true </bool >
```

（3）config_guestUserEphemeral 该选项用于指定创建的 Guest 用户是否是"临时的"，默认为 true。表明 Guest 用户只能运行在前台，切换到后台后会被停止并移除。

```
[packages/services/Car/car_product/overlay/frameworks/base/core/res/res/values/
config.xml]

< bool name = "config_guestUserEphemeral"> true </bool >
```

除了 Android Automotive 中预留给制造商进行自定义的相关多用户配置以外，对于用户的个性化配置来说，至少还需要考虑以下方面。

（1）多用户的应用数据管理；

（2）多用户的账号管理；

（3）多用户的车辆配置管理；

（4）多用户的身份判定。

对于应用数据和账号管理方面，Android 提供了一些解决方案，如应用数据是每个用户隔离的，也就是说即使相同的应用，在不同用户下的数据也是独立的；账号的问题，可以通过 Account API[①] 进行管理。

另一方面，对于车辆配置和使用者的身份判定这些与汽车或其他设备有更紧密联系的功能，则更多的需要制造商自行处理了。一种方案是，制造商可以在系统中增加相应的服务，监听用户的变化，并增加自己的用户切换逻辑。例如，通过不同车钥匙进行用户身份的

---

① Account API：https://developer.android.com/reference/android/accounts/Account.html。

鉴别,那么在服务中,可以将钥匙与 Android 中的用户进行映射及绑定,当完成绑定之后,下次判断到该钥匙开门时,就可以直接切换到该账户下了。同样的,不同用户会有不同的座椅调节、空调设置,那么制造商也应当用相关的服务将该类配置与用户关联起来,甚至将相关配置上传至云端,进行分享,让用户到了其他车上,也可以使用相同的配置。

11.4 使用 CarUserManagerHelper

本节介绍在涉及多用户相关开发过程中很有用的一个类 CarUserManagerHelper。

CarUserManagerHelper 封装了许多与多用户相关的 API,如获取用户 Id、用户名、注册用户切换监听器等。便于开发者直接使用相关方法,降低开发的复杂度。

CarUserManagerHelper 源文件位于 packages/services/Car/user/car-user-lib/src/android/car/userlib 目录下,主要提供给系统应用使用,除了 AOSP 中与汽车相关的应用外,制造商开发的系统应用也可以引入该库,使用其提供的 API。

系统应用一般通过 Android 的编译系统进行构建,通过 Android.mk 或 Android.bp 构建文件进行构建管理。因此,为了使用 CarUserManagerHelper,首先需要在使用模块的构建文件中加入以下内容:

```
[Android.bp]

   android_app {
     name: "MyApplication",
     ...
     static_libs: [
         "android.car.userlib",
     ],
     ...
   }

[Android.mk]

   LOCAL_STATIC_JAVA_LIBRARIES := android.car.userlib
```

通过引入 android.car.userlib 依赖,相关模块便能使用 CarUserManagerHelper 相关的 API 了。

CarUserManagerHelper 的创建方式如下:

```
mCarUserManagerHelper = new CarUserManagerHelper(context);
```

主要涉及以下权限:

```
< uses - permission android:name = "android.permission.MANAGE_USERS" />
< uses - permission android:name = "android.permission.CREATE_USERS" />
< uses - permission android:name = "android.permission.INTERACT_ACROSS_USERS_FULL" />
< uses - permission android:name = "android.permission.INTERACT_ACROSS_USERS" />
```

下面列举了部分 CarUserManagerHelper 中常见的 API 及其功能：

```
// 创建新的管理员用户
UserInfo createNewAdminUser(String userName);
// 创建新的非管理员用户
UserInfo createNewNonAdminUser(String userName);
// 切换至访客用户，并删除指定用户
boolean removeUser(UserInfo userInfo, String guestUserName);
// 切换至指定用户
boolean switchToUserId(int id);
// 设置用户名
void setUserName(UserInfo user, String name);
// 注册用户变化监听器
void registerOnUsersUpdateListener(OnUsersUpdateListener listener);
```

总体来说，CarUserManagerHelper 中提供的方法简洁明了，使用起来非常容易。对于需要进行用户管理的系统服务来说，使用其提供的 API 可以减少不必要的重复劳动。

11.5　小　　结

在越来越强调个性化的今天，丰富的多用户使用场景会更多地成为人们的关注点。Android 的多用户机制虽然存在了不短的时间，但是在过去，人们很少使用该特性，这一点在汽车设备上可能会变得不同，也对 Android Automotive OS 上多用户的体验提出了考验。目前 Android Automotive OS 的多用户还远远谈不上有吸引力，在多用户的应用上还有很多想象的空间。如何在保持系统可靠、统一、稳定的情况下，加入更多功能，满足制造商们对于多用户的不同设计，是笔者对 Android Automotive OS 中多用户后续发展的期待。

第 12 章　　车外影像系统

本章涉及的源码文件及位置：

- EVS HIDL

  hardware/interfaces/automotive/evs/

- EVS SampleDriver

  packages/services/Car/evs/sampleDriver/

- EVS Manager

  packages/services/Car/evs/manager/

- EVS App

  packages/services/Car/evs/app/

读者可通过 cs. android. com 在线或下载完整 Android 源码进行查看，具体内容可参考第 3 章阅读准备。

在现在的车辆上，泊车辅助系统已经成为人们非常熟悉的功能，泊车辅助系统让停车变得更加轻松，越来越多的人依赖倒车雷达、倒车影像提供的信息在停车时完成操作。Android Automotive OS 为汽车影像系统设计了全新的软件栈，以满足安全性、响应速度等方面的要求。本章，对 Android Automotive OS 的车外影像系统进行介绍，对车外影像的软件架构进行分析，同时，简单介绍制造商如何实现自己的倒车影像功能。

在 Android 平台上提到摄像、拍照功能时，有相关开发经验的读者可能首先会想到相机 API(Camera API)[①]。在手机设备上，通过相机 API，开发者可以使用摄像头并完成拍照、摄像。但在 Android Automotive OS 上，车外影像并不是通过相机 API 进行访问的，在汽车设备上，制造商可以选择不支持原有的相机 API。这主要是因为汽车泊车辅助系统要求更快的启动速度，以满足驾驶员启动车辆后马上进行倒车的使用场景，这通过原来的相机框架很难实现。另一方面，原有的相机 API 有许多兼容性的要求，这些要求在车外影像上可能并不需要。因此，Android Automotive OS 定义了新的拓展影像系统(Extended View System，EVS)专门处理与车外影像相关的功能。

12.1　EVS 的软件定义

EVS 在软件的实现上主要涉及 EVS 应用、EVS 服务、EVS HAL 和摄像头驱动这几个方面，其中 EVS 应用可进一步分为使用 C++ 开发的本地应用和使用 Java 开发的 Android

---

[①]　Camera API：https://developer. android. com/guide/topics/media/camera。

应用这两部分。与 CarService 不同的是，EVS 相关的组件主要的开发工作都是由制造商完成的，谷歌公司提供的公共实现比较少，而是主要定义了 EVS HAL，制造商需要完成与车外影像相关的上层应用与硬件抽象层开发。EVS 软件栈的主要结构如图 12-1 所示。

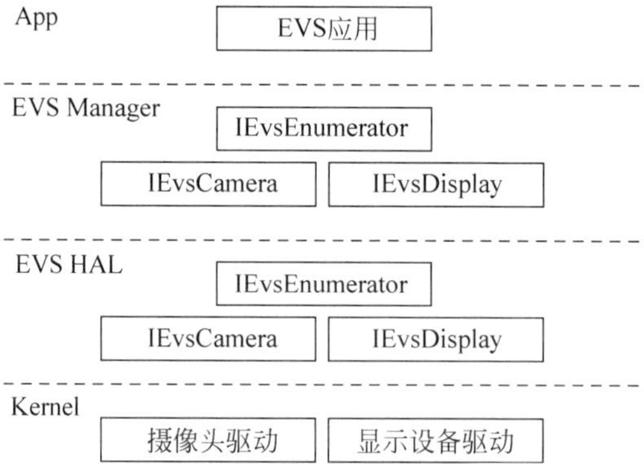

图 12-1　EVS 软件模块

EVS HAL 相关的源码定义位于 hardware/interfaces/automotive/evs 路径下，在 Android 10 中，EVS HAL 的版本为 1.0，主要包含以下文件：

- IEvsCamera.hal。
- IEvsCameraStream.hal。
- IEvsDisplay.hal。
- IEvsEnumerator.hal。
- types.hal。

其中 IEvsEnumerator 是 EVS HAL 主要的服务对象，客户端应用可以通过 IEvsEnumerator 的 getService 方法获取 IEvsEnumerator 对象的实例。IEvsEnumerator.hal 文件中定义了 IEvsEnumerator 所支持的 API，主要定义如下：

```
[IEvsEnumerator.hal]

interface IEvsEnumerator {

    getCameraList() generates (vec < CameraDesc > cameras);

    openCamera(string cameraId) generates (IEvsCamera carCamera);

    closeCamera(IEvsCamera carCamera);

    openDisplay() generates (IEvsDisplay display);

    closeDisplay(IEvsDisplay display);

    getDisplayState() generates (DisplayState state);
};
```

在以上方法中，getCameraList 用于获取可用的摄像设备列表，openCamera 用于打开指定的摄像头,同时返回 IEvsCamera 对象,而 openDisplay 方法用于打开显示设备,并返回 IEvsDisplay 对象。总体来说,车外影像的主要工作方式就是将通过 openCamera 方法获取到的摄像设备的输出写入由 openDisplay 方法获取到的显示设备中。

下面再来看 IEvsCamera 和 IEvsDisplay 的具体定义:

```
[IEvsCamera.hal]

interface IEvsCamera {
    getCameraInfo() generates (CameraDesc info);

    setMaxFramesInFlight(uint32_t bufferCount) generates (EvsResult result);

    startVideoStream(IEvsCameraStream receiver) generates (EvsResult result);

    oneway doneWithFrame(BufferDesc buffer);

    stopVideoStream();

    getExtendedInfo(uint32_t opaqueIdentifier) generates (int32_t value);

    setExtendedInfo(uint32_t opaqueIdentifier, int32_t opaqueValue)
            generates (EvsResult result);
};
```

在 IEvsCamera 的定义中,最重要的方法是 startVideoStream,通过该方法打开摄像设备进行拍摄,这里的参数 IEvsCameraStream 由客户端应用实现,用于接收摄像头的数据流。IEvsCameraStream 仅包含一个方法,定义如下:

```
[IEvsCameraStream.hal]

interface IEvsCameraStream {

    oneway deliverFrame(BufferDesc buffer);

};
```

IEvsCameraStream 的 deliverFrame 方法用于接收摄像头拍摄到的每一帧数据。在 deliverFrame 中获取到的图像数据,需要写入指定的显示设备中,显示设备的信息在 IEvsDisplay 中进行获取。IEvsDisplay 定义在 IEvsDisplay.hal 文件中,内容如下:

```
[IEvsDisplay.hal]

interface IEvsDisplay {

    getDisplayInfo() generates (DisplayDesc info);

    setDisplayState(DisplayState state) generates (EvsResult result);
```

车外影像系统

```
    getDisplayState() generates (DisplayState state);

    getTargetBuffer() generates (BufferDesc buffer);

    returnTargetBufferForDisplay(BufferDesc buffer) generates (EvsResult result);
};
```

在 IEvsDisplay 的方法中，最主要的是 getTargetBuffer 方法，其返回了显示设备的目标帧缓冲区域，通过对该区域的写入，最终将画面显示在指定的区域中。

除了以上所提到的文件中定义的具体方法以外，在 types.hal 文件中还定义了一些主要的数据结构，在实现上层应用与实现 HAL 服务时需要用到，主要的结构体有以下几个：

```
[types.hal]

struct CameraDesc {
    string      cameraId;
    uint32_t    vendorFlags;
};

struct DisplayDesc {
    string      displayId;
    uint32_t    vendorFlags;
};

struct BufferDesc {
    uint32_t    width;
    uint32_t    height;
    uint32_t    stride;
    uint32_t    pixelSize;
    uint32_t    format;
    uint32_t    usage;
    uint32_t    bufferId;
    handle      memHandle;
};
```

以上结构体中，CameraDesc 用于描述摄像设备，DisplayDesc 用于描述显示设备，而 BufferDesc 包含了图像缓冲区的参数以及句柄。

上述内容主要介绍了 EVS HAL 的定义，通过具体的方法，读者对 EVS 的工作原理可以有一个大致的了解。下面将具体介绍车外影像的各个相关模块该如何具体实现。

12.2　EVS HAL 与 EVS Manager

EVS HAL 与 EVS Manager 的实现是 Android Automotive OS 车外影像系统中比较特殊的地方。从 12.1 节的 EVS 软件架构图中可以发现，在 EVS Manager 和 EVS HAL 中都包含了 IEvsEnumerator、IEvsCamera 和 IEvsDisplay 的具体实现。这样的实现方式在 Android 系统中并不多见。一般而言，在制造商提供了 HAL 的具体实现后，Android 框架会在相关组件中调用 HAL 的接口，并进一步通过框架中的服务将相关功能提供给上层应用使用。而在 EVS 系统中，EVS Manager 本身其实也是一份对 EVS HAL 所定义 API 的完整实现，它同样由 C++ 编写，进一步对制造商实现的 EVS HAL 进行了封装，其目的是使多个客户端应用可以对 EVS 设备同时进行访问。

Android Automotive OS 中 EVS Manager 默认实现的源码位于 packages/services/Car/evs/manager 路径下，而 EVS HAL 的默认实现位于 hardware/interfaces/automotive/evs/1.0/default 路径下。尽管都是对 EVS HAL 的实现，EVS Manager 与 EVS HAL 服务通过注册时使用不同的名称进行区分。

EVS Manager 的注册相关源码如下：

```
[/packages/services/Car/evs/manager/service.cpp]

int main(int argc, char ** argv) {
    ...

    std::thread registrationThread(startService,
                                   evsHardwareServiceName,
                                   kManagedEnumeratorName);

    joinRpcThreadpool();

    return 1;
}

static void startService(const char * hardwareServiceName, const char * managerServiceName) {
    ...
    android::sp < Enumerator > service = new Enumerator();
    if (!service -> init(hardwareServiceName)) {
        exit(1);
    }

    status_t status = service -> registerAsService(managerServiceName);
    if (status != OK) {
        exit(2);
    }
}
```

从以上源码可以看到当 EVS Manager 注册时，使用的是 kManagedEnumeratorName 这一名称，kManagedEnumeratorName 常量的定义如下：

```
const static char kManagedEnumeratorName[] = "default";
```

EVS Manager 以"default"进行服务注册，也就是说，客户端应用在未特殊指明的情况下，获取到的 EVS 服务对象其实是 EVS Manager。

而 EVS HAL 的注册方式如下：

车外影像系统

```
[/hardware/interfaces/automotive/evs/1.0/default/service.cpp]

int main() {
    android::sp < IEvsEnumerator > service = new EvsEnumerator();

    configureRpcThreadpool(1, true / * callerWillJoin * /);

    status_t status = service - > registerAsService(kEnumeratorServiceName);
    if (status == OK) {
        joinRpcThreadpool();
    }
    ...
    return 1;
}
```

可以看到，EVS HAL 服务以 kEnumeratorServiceName 名称进行注册，kEnumerator-
ServiceName 的定义如下：

```
[/hardware/interfaces/automotive/evs/1.0/default/ServiceNames.h]

const static char kEnumeratorServiceName[ ] = "EvsEnumeratorHw";
```

也就是说，EVS HAL 服务本身的名称是"EvsEnumeratorHw"，与 EVS Manager 不
同。也正是通过这种方式，EVS Manager 和 EVS HAL 服务虽然都实现了 EVS HAL 定
义，但彼此之间不会产生不兼容的问题。此外，在实际实现服务时，制造商可以根据情况，修
改默认命名。

12.2.1　EVS Manager 的实现

相较于 EVS HAL 的实现而言，EVS Manager 的实现相对简单，其主要作用是对 EVS
HAL 进行封装，为多个客户端应用提供服务。

在 AOSP 提供的默认实现中，EVS Manager 的主要工作是通过定义的 VirtualCamera
对 IEvsCamera 对象进行包装以便于客户端应用使用。下面选取 EVS HAL 中定义的主要
的几个方法进行分析以进一步了解 EVS Manager 的功能。

在 EVS Manager 中，首先需要获取 EVS HAL 服务的客户端代理对象，在 EVS
Manager 的 Enumerator 类的 init 方法中，通过 EVS HAL 服务的名称（"EvsEnumeratorHw"）
获取对应的代理对象，源码如下：

```
[/packages/services/Car/evs/manager/Enumerator.cpp]

bool Enumerator::init(const char * hardwareServiceName) {
    mHwEnumerator = IEvsEnumerator::getService(hardwareServiceName);
    bool result = (mHwEnumerator.get() != nullptr);

    return result;
}
```

Enumerator 继承了 IEvsEnumerator，以 IEvsEnumerator 的 getCameraList 方法为例，EVS Manager 只是 EVS HAL 方法的代理，具体的逻辑需要在 EVS HAL 中实现：

```
[/packages/services/Car/evs/manager/Enumerator.cpp]

Return < void > Enumerator::getCameraList(getCameraList_cb list_cb) {
    if (!checkPermission()) {
        return Void();
    }

    return mHwEnumerator -> getCameraList(list_cb);
}
```

当然，如果仅仅是代理，EVS Manager 就没有存在的必要了。EVS Manager 同样对部分方法进行了装饰，其中 openCamera 是 EVS Manager 中最主要的方法，其实现如下：

```
[/packages/services/Car/evs/manager/Enumerator.cpp]

Return < sp < IEvsCamera >> Enumerator::openCamera(const hidl_string& cameraId) {
    if (!checkPermission()) {
        return nullptr;
    }

    sp < HalCamera > hwCamera;
    for (auto &&cam : mCameras) {
        bool match = false;
        cam -> getHwCamera() -> getCameraInfo(
                        [cameraId, &match](CameraDesc desc) {
                            if (desc.cameraId == cameraId) {
                                match = true;
                            }
                        }
        );
        if (match) {
            hwCamera = cam;
            break;
        }
    }
    if (hwCamera == nullptr) {
        sp < IEvsCamera > device = mHwEnumerator -> openCamera(cameraId);
        if (device == nullptr) {
            ALOGE("Failed to open hardware camera % s", cameraId.c_str());
        } else {
            hwCamera = new HalCamera(device);
            if (hwCamera == nullptr) {
                mHwEnumerator -> closeCamera(device);
            }
        }
```

车外影像系统

```
    }
    sp < VirtualCamera > clientCamera;
    if (hwCamera != nullptr) {
        clientCamera = hwCamera -> makeVirtualCamera();
    }

    if (clientCamera != nullptr) {
        mCameras.push_back(hwCamera);
    }
    return clientCamera;
}
```

从上面的源码片段中可以看到，EVS Manager 对 EVS HAL 提供的 IEvsCamera 对象进一步通过 HalCamera 进行包装，同时，将正在使用的设备放入列表中，如果有客户端请求的设备已经打开，则直接使用当前可用的实例对设备进行访问。而在方法的最后，返回了 VirtualCamera 对象。

VirtualCamera 对象继承了 IEvsCamera，并对摄像设备的状态做了更细致的管理；而 HalCamera 继承了 IEvsCameraStream，其目的是从 EVS HAL 获取数据流，并分发给多个 VirtualCamera 对象。此处对象之间互相依赖，之间的关系不那么清晰，为了进一步说明其工作原理，下面以获取视频数据为例说明具体的流程。

客户端应用需要通过 IEvsCamera 对象的 startVideoStream 方法获取摄像头设备所拍摄的视频流数据，VirtualCamera 是 IEvsCamera 对象的实例，因此其 startVideoStream 方法会被调用，其具体实现如下：

```
[/packages/services/Car/evs/manager/VirtualCamera.cpp]

Return < EvsResult > VirtualCamera::startVideoStream(
                const ::android::sp < IEvsCameraStream > & stream) {
    if (mStreamState != STOPPED) {
        return EvsResult::STREAM_ALREADY_RUNNING;
    }

    assert(mFramesHeld.size() == 0);

    mStream = stream;
    mStreamState = RUNNING;

    Return < EvsResult > result = mHalCamera -> clientStreamStarting();

    ...
    return EvsResult::OK;
}
```

而在停止使用摄像设备时，客户端应用需要调用 IEvsCamera 对象的 stopVideoStream 方法，同样的这时 VirtualCamera 对象实例的 stopVideoStream 会被调用，其实现如下：

```
[/packages/services/Car/evs/manager/VirtualCamera.cpp]

Return < void > VirtualCamera::stopVideoStream() {
    if (mStreamState == RUNNING) {
        mStreamState = STOPPING;

        BufferDesc nullBuff = {};
        auto result = mStream -> deliverFrame(nullBuff);
        ...
        mStreamState = STOPPED;

        mHalCamera -> clientStreamEnding();
    }

    return Void();
}
```

以上两个方法中，分别调用了 HalCamera 的 clientStreamStarting 和 clientStreamEnding 方法以开始或结束视频流的获取。这两个方法也是 EVS Manager 实现多客户端同时获取车外影像功能的关键。以下是 HalCamera 中的相关源码：

```
[/packages/services/Car/evs/manager/HalCamera.cpp]

Return < EvsResult > HalCamera::clientStreamStarting() {
    Return < EvsResult > result = EvsResult::OK;

    if (mStreamState == STOPPED) {
        mStreamState = RUNNING;
        result = mHwCamera -> startVideoStream(this);
    }

    return result;
}

void HalCamera::clientStreamEnding() {
    bool stillRunning = false;
    for (auto&& client : mClients) {
        sp < VirtualCamera > virtCam = client.promote();
        if (virtCam != nullptr) {
            stillRunning |= virtCam -> isStreaming();
        }
    }

    if (!stillRunning) {
        mStreamState = STOPPED;
        mHwCamera -> stopVideoStream();
    }
}
```

在以上源码中可以看到，开始获取数据流时，HalCamera 才真正调用了 EVS HAL 服务的 startVideoStream 方法。而在结束时，HalCamera 会逐一判断各个 VirtualCamera 的状态，只有当全部客户端都停止请求时，才调用 EVS HAL 的 stopVideoStream 关闭硬件设备。

本节对 EVS Manager 进行了具体的分析，同时说明了其与 EVS HAL 服务之间的关系，其主要作用是允许多个客户端同时对车外影像进行访问。

12.2.2　EVS HAL 的实现

相较于 EVS Manager，EVS HAL 的实现会更加复杂，在实现 EVS HAL 所定义接口的同时，需要与具体的设备驱动进行交互，而这部分内容往往包含许多制造商特有的功能逻辑。本节将对如何实现 EVS HAL 服务进行概述性的介绍。

在 12.2 节开始，通过位于 hardware/interfaces/automotive/evs/1.0/default 路径下所提供的 EVS HAL 默认实现分析了 EVS Manager 与 EVS HAL 服务不同的注册方式。与 EVS Manager 一样，EVS HAL 同样实现了 IEvsEnumerator、IEvsCamera 和 IEvsDisplay 所定义的接口。不过默认实现所涉及的内容较少，并不包含对具体设备的读写操作，只是显示一张图片，因此可供参考的内容有限。

除了默认的实现以外，在 packages/services/Car/evs/sampleDriver 目录下，还能找到另外一份 EVS HAL 的参考实现，在该示例中，包含更具体的实现逻辑。因此，下面将基于 sampleDriver 这个示例，进一步分析 EVS HAL 的实现方式。

总体来说，EVS HAL 的实现主要涉及两大内容，即摄像设备（Camera）的控制和显示设备（Display）的控制。前者负责图像数据的收集（输入），而后者负责影像的显示（输出）。

在 EVS HAL 的定义中，IEvsCamera 代表一个摄像设备。对于摄像设备的控制，Android Automotive OS 并未强制要求使用特定形式的驱动。从功能上来说，市场上的辅助影像功能非常丰富，用户不仅可以通过安装在不同位置的摄像头获取多视角的影像，还可以通过多摄像头融合，从车机屏幕上看到车外 360°全景影像。而在这些功能的背后，不同制造商的实现方式可能各不相同，车机对摄像头设备如何进行访问？影像的合成是在车机中还是通过单独的电子控制器完成？这些问题的答案都可能影响 EVS HAL 的具体实现。这里，以 V4L2 驱动为例，介绍对于摄像头设备的控制。

V4L2 是 Video4Linux2 的缩写，它是 Linux 下关于视频采集相关设备的驱动框架，为驱动和应用程序提供了一套统一的接口规范，摄像头设备是典型的 V4L2 设备之一。由于 Android 本身使用的是 Linux 内核，因此，使用 V4L2 框架管理车外摄像头是一种合理的选择，可以有更好的复用性。

V4L2 本身的使用方法并不是本章所要介绍的内容，有兴趣的读者可以查阅相关的资料进一步了解使用的细节。在各个 Linux 发行版系统中，一般都支持 V4L2 驱动，读者可以通过外接摄像头的方式在自己的计算机上运行相关程序。

一个摄像头设备在 Linux 中通常设备名称是"/dev/video＊"，因此，对于有多个摄像头的车辆，一种方案是由内核创建多个/dev/video 设备节点以对应不同的摄像头，并在 IEvsEnumerator 的 getCameraList 方法中返回摄像头列表。

在 sampleDriver 的示例中，通过以下源码对设备节点进行了遍历并将其转化为

CameraDesc 返回:

```cpp
[/packages/services/Car/evs/sampleDriver/EvsEnumerator.cpp]

void EvsEnumerator::enumerateDevices() {
    unsigned videoCount = 0;
    unsigned captureCount = 0;
    DIR * dir = opendir("/dev");
    if (!dir) {
        LOG_FATAL("Failed to open /dev folder\n");
    }
    struct dirent * entry;
    {
        std::lock_guard < std::mutex > lock(sLock);

        while ((entry = readdir(dir)) != nullptr) {
          if (strncmp(entry->d_name, "video", 5) == 0) {
                std::string deviceName("/dev/");
                deviceName += entry->d_name;
                videoCount++;
                if (sCameraList.find(deviceName) != sCameraList.end()) {
                    captureCount++;
                } else if(qualifyCaptureDevice(deviceName.c_str())) {
                    sCameraList.emplace(deviceName, deviceName.c_str());
                    captureCount++;
                }
            }
        }
    }
}

Return < void > EvsEnumerator::getCameraList(getCameraList_cb _hidl_cb) {
    ...

    const unsigned numCameras = sCameraList.size();

    hidl_vec < CameraDesc > hidlCameras;
    hidlCameras.resize(numCameras);
    unsigned i = 0;
    for (const auto& [key, cam] : sCameraList) {
        hidlCameras[i++] = cam.desc;
    }
    _hidl_cb(hidlCameras);

    return Void();
}
```

在实际实现的过程中,制造商应该知道具体的摄像头所对应的设备号,因此,无须遍历操作,可以直接生成具体的设备列表。对于需要多摄像头融合的辅助影像,则可以在打开多个设备后在车机中进行融合;也可以考虑在其他电子控制单元合成后,将其单独抽象为一个摄像头设备挂载到 Android 系统中；抑或是将各个摄像头都挂载在一个设备节点上，通过额外的控制命令来控制电子控制单元输出指定的影像到车机系统中。

在驱动充分支持的情况下，可以通过 V4L2 相关的 API 来获取车外影像的数据流。这部分源码在 sampleDriver 的 EvsV4lCamera.cpp 和 VideoCapture.cpp 中有所演示，这里选取主要的源码进行说明：

```
[/packages/services/Car/evs/sampleDriver/EvsV4lCamera.cpp]

Return < EvsResult > EvsV4lCamera::startVideoStream(
                        const ::android::sp < IEvsCameraStream > & stream) {
    ...
    mStream = stream;
    if (!mVideo.startStream([this](VideoCapture * , imageBuffer * tgt, void * data) {
                        this -> forwardFrame(tgt, data);
                    })
    ) {
        mStream = nullptr;
        return EvsResult::UNDERLYING_SERVICE_ERROR;
    }
    return EvsResult::OK;
}

void EvsV4lCamera::forwardFrame(imageBuffer * / * pV4lBuff * /, void * pData) {
    ...
    BufferDesc buff = {};
    buff.width = mVideo.getWidth();
    buff.height = mVideo.getHeight();
    buff.stride = mStride;
    buff.format = mFormat;
    buff.usage = mUsage;
    buff.bufferId = idx;
    buff.memHandle = mBuffers[idx].handle;

    void * targetPixels = nullptr;
    GraphicBufferMapper &mapper = GraphicBufferMapper::get();
    mapper.lock(buff.memHandle,
            GRALLOC_USAGE_SW_WRITE_OFTEN | GRALLOC_USAGE_SW_READ_NEVER,
            android::Rect(buff.width, buff.height),
            (void ** ) &targetPixels);

    ...
    mFillBufferFromVideo(buff, (uint8_t * )targetPixels,
                pData, mVideo.getStride());
    mapper.unlock(buff.memHandle);
    mVideo.markFrameConsumed();
    auto result = mStream -> deliverFrame(buff);
    ...
}
```

在 EvsV4lCamera 中，需要关注的是如何获取摄像头的数据，将其转化为 EVS HAL 定义的 BufferDesc 类型，并通过回调方法传递给上层应用。上面的源码片段中，首先通过调用 mVideo（Video Capture 类）的 startStream 方法开始获取缓冲的数据，VideoCapture 通过 V4L2 相关的 API 完成摄像头的数据获取，之后会进一步分析。在这里，EvsV4lCamera 获取到数据后，会通过 forwardFrame 方法做进一步处理，这一步很重要，需要将当前画面的尺寸、格式信息填入创建的 BufferDesc 结构体中。需要格外注意的是，memHandle 成员变量的赋值，其指代了一帧图像的缓冲区，memHandle 变量的类型是 hidl_handle[1]，在示例中通过 Gralloc[2] 相关的辅助类对缓冲区进行了创建和管理，并将从摄像头获得的缓冲数据复制到创建的缓冲中。

再来看 VideoCapture 中是如何通过 V4L2 接口从摄像头获取数据的，以下代码片段包含了 VideoCapture 的 startStream 和 collectFrames 方法的主要实现：

```
[/packages/services/Car/evs/sampleDriver/VideoCapture.cpp]

bool VideoCapture::startStream(std::function< void(VideoCapture *, imageBuffer *, void * )>
callback) {
    ...
    mPixelBuffer = mmap(
        NULL,
        mBufferInfo.length,
        PROT_READ | PROT_WRITE,
        MAP_SHARED,
        mDeviceFd,
        mBufferInfo.m.offset
    );
    ...
    memset(mPixelBuffer, 0, mBufferInfo.length);

    if (ioctl(mDeviceFd, VIDIOC_QBUF, &mBufferInfo) < 0) {
        ALOGE("VIDIOC_QBUF: %s", strerror(errno));
        return false;
    }

    int type = mBufferInfo.type;
    if (ioctl(mDeviceFd, VIDIOC_STREAMON, &type) < 0) {
        ALOGE("VIDIOC_STREAMON: %s", strerror(errno));
        return false;
    }
    mCallback = callback;
    mCaptureThread = std::thread([this](){ collectFrames(); });

    return true;
```

---

① 结构体 hidl_handle 是 HIDL 中的基本数据类型之一，具体定义在/system/libhidl/base/include/hidl/HidlSupport.h 中，其包含类型为 native_handle_t 的成员变量 mHandle，而 native_handle_t 是 libcutils 中定义的一般句柄，其可以包含文件描述符。

② Gralloc 是 Android 中负责申请和释放图像缓存的模块。

```
    }
    void VideoCapture::collectFrames() {
        while (mRunMode == RUN) {
            if (ioctl(mDeviceFd, VIDIOC_DQBUF, &mBufferInfo) < 0) {
                break;
            }
            markFrameReady();
            if (mCallback) {
                mCallback(this, &mBufferInfo, mPixelBuffer);
            }
        }
        mRunMode = STOPPED;
    }
```

V4L2 相关的 API 比较丰富，在获取视频数据前，还需要完成一些其他的初始化工作，配置数据的格式，设置具体的参数，请求缓冲区。获取数据的流程一般如下：

通过 VIDIOC_STREAMON 命令开始数据采集，通过 VIDIOC_QBUF 命令将空的缓冲区交给驱动程序，再通过 VIDIOC_DQBUF 获取采集到的数据。

在 sampleDriver 示例中，创建了共享缓冲区（mPixelBuffer），并在 EvsV4lCamera 将其中的内容复制至创建的图形缓冲区中。除此以外，也可以考虑通过 V4L2 的 VIDIOC_EXPBUF 命令将缓冲区导出为文件描述符后，创建相应的 native_handle_t，并传递给 BufferDesc。

以上，主要说明了控制摄像头设备。接着来了解与显示设备相关的内容。

在 sampleDriver 示例中，显示设备的管理的相关源码包含在 EvsGlDisplay 和 GlWrapper 类中，其通过 OpenGL ES 相关的 API 将图像显示到由 SurfaceFlinger 创建的 Surface 中。通过这种方式有效地屏蔽了硬件驱动的差异，使该示例有更好的通用性。

IEvsDisplay 中最重要的方法是 getTargetBuffer 和 returnTargetBufferForDisplay，前者返回了显示的缓冲区域，后者将缓冲区内的内容写入显示设备。在 sampleDriver 中 getTargetBuffer 实现如下：

```
[/packages/services/Car/evs/sampleDriver/EvsGlDisplay.cpp]

Return< void > EvsGlDisplay::getTargetBuffer(getTargetBuffer_cb _hidl_cb) {
    ...
    if (!mBuffer.memHandle) {
        if (!mGlWrapper.initialize()) {
            BufferDesc nullBuff = {};
            _hidl_cb(nullBuff);
            return Void();
        }

        mBuffer.width    = mGlWrapper.getWidth();
        mBuffer.height   = mGlWrapper.getHeight();
        mBuffer.format   = HAL_PIXEL_FORMAT_RGBA_8888;
        mBuffer.usage    = GRALLOC_USAGE_HW_RENDER
```

```
                        | GRALLOC_USAGE_HW_COMPOSER;
    mBuffer.bufferId = 0x3870;
    mBuffer.pixelSize = 4;

    buffer_handle_t handle = nullptr;
    GraphicBufferAllocator& alloc(GraphicBufferAllocator::get());
    status_t result = alloc.allocate(mBuffer.width,
                            mBuffer.height,
                            mBuffer.format, 1,
                            mBuffer.usage, &handle,
                            &mBuffer.stride,
                            0, "EvsGlDisplay");
    ...
    mBuffer.memHandle = handle;
    mFrameBusy = false;
}

if (mFrameBusy) {
    BufferDesc nullBuff = {};
    _hidl_cb(nullBuff);
    return Void();
} else {
    mFrameBusy = true;

    _hidl_cb(mBuffer);
    return Void();
}
}
```

上述源码中,同样通过 Gralloc 创建类共享内存缓冲区并返回,缓冲区的创建比较简单,不过其依赖于 GlWrapper 对显示设备的初始化。再看一下 EvsGlDisplay 的 returnTargetBufferForDisplay 方法实现:

```
[/packages/services/Car/evs/sampleDriver/EvsGlDisplay.cpp]

Return<EvsResult> EvsGlDisplay::returnTargetBufferForDisplay(
                            const BufferDesc& buffer) {
  ...
  if (!mGlWrapper.updateImageTexture(mBuffer)) {
    return EvsResult::UNDERLYING_SERVICE_ERROR;
  }


}
```

同样通过 GlWrapper 将数据写入显示设备。GlWrapper 的 initialize 和 updateImageTexture 方法包含以下主要源码:

车外影像系统

```
[/packages/services/Car/evs/sampleDriver/GlWrapper.cpp]

bool GlWrapper::initialize() {
    ...
    mFlingerSurfaceControl = mFlinger->createSurface(
        String8("Evs Display"), mWidth, mHeight,
        PIXEL_FORMAT_RGBX_8888, ISurfaceComposerClient::eOpaque);
    ...
    mFlingerSurface = mFlingerSurfaceControl->getSurface();
    mDisplay = eglGetDisplay(EGL_DEFAULT_DISPLAY);
    if (mDisplay == EGL_NO_DISPLAY) {
        ALOGE("Failed to get egl display");
        return false;
    }
    ...
    return true;
}

bool GlWrapper::updateImageTexture(const BufferDesc& buffer) {
    if (mKHRimage == EGL_NO_IMAGE_KHR) {
        sp<GraphicBuffer> pGfxBuffer = new GraphicBuffer(buffer.width,
            buffer.height, buffer.format, 1,
            buffer.usage, buffer.stride,
            const_cast<native_handle_t*>(
              buffer.memHandle.getNativeHandle()),
            false
        );
        ...
        EGLClientBuffer cbuf = static_cast<EGLClientBuffer>(
          pGfxBuffer->getNativeBuffer());
        mKHRimage = eglCreateImageKHR(mDisplay, EGL_NO_CONTEXT,
                        EGL_NATIVE_BUFFER_ANDROID, cbuf,
                        eglImageAttributes);
        ...
        glActiveTexture(GL_TEXTURE0);
        glBindTexture(GL_TEXTURE_2D, mTextureMap);
        glEGLImageTargetTexture2DOES(GL_TEXTURE_2D,
                        static_cast<GLeglImageOES>(mKHRimage));
    }

    return true;
}
```

可以看到在 GlWrapper 中通过 OpenGL ES 接口绘制图像，同时，通过 Android 的图形服务 SurfaceFlinger 获取显示设备及其关联的 Surface。Initialize 完成了初始化工作，而 updateImageTexture 将图像缓冲写入目标设备。

需要说明的是，sampleDriver 示例依赖于 SurfaceFlinger 这一系统服务，这让该示例更易于理解并具有更好的通用性，可直接在设备上运行。但另一方面，EVS 系统之所以会采用这样多层"本地"服务的架构,并且需要在 EVS HAL 中直接操作显示设备的一个重要的原因就是为了尽量减少与 Android 其他系统服务之间的关联,提高其启动的效率,以满足在两秒内显示倒车影像的要求①。显然,在系统重新启动的情况下,等待 Android 各个服务启动完成再调用 EVS 相关功能是无法满足要求的。也因此,制造商在实现 EVS HAL 的显示设备控制时,可以考虑 DRM 实现相关的功能。DRM(Direct Rendering Manager)是 Linux 负责与 GPU 交互的内核子系统,其不依赖于 SurfaceFlinger 这一 Android 的图形服务。DRM 子系统的相关内容,并不在本书的介绍范围内,有兴趣的读者可以查阅相关内容进一步了解。

另外,在 Android 系统已经完整启动的情况下,其实并不需要通过 EVS HAL 来控制显示设备,而是可以将获取到的摄像头缓冲内容在 EVS 应用中输出到特定的窗口中。

总体来说,由于与底层驱动有紧密的联系,制造商在 EVS HAL 的实现上会有不同的选择。本小节主要通过 AOSP 中的示例,分析了较为通用的实现方式。

12.3　EVS 应用

前文介绍了 EVS Manager 与 EVS HAL 的实现。EVS 系统独立于 Android 中其他的子系统。同时,其与典型的 Android 服务不同,EVS Manager 通过本地服务实现。这样的特殊性,也为车外影像相关应用的开发带来了一些不同。本节将分析如何实现 EVS 应用。

EVS 应用的主要功能是显示车外影像,并提供部分用户控制功能,如切换视角、缩小放大等。这里称之为 EVS 应用,但实际上,可以将 EVS 应用分为两部分,一个是在 Android Automotive OS 系统完整启动前,用以响应倒车请求的"EVS 本地应用";另一个则是在系统启动后,处理车外影像的"EVS 应用"。前者以 C++进行开发,独立于大多数 Android 服务之外;而后者则与典型的 Android 应用类似,以 APK 的形式存在于系统中。

EVS 本地应用用于在系统启动的早期阶段,为用户提供必要的倒车辅助功能,这是为了满足安全性上的硬性要求。而在系统已经完整启动的情况下,通过 Android 应用的形式管理倒车影像功能有助于降低开发的难度,并保持与其他窗口的兼容性,这也是为什么将 EVS 应用分为两个独立模块的原因。

除了处理车外影像之外,EVS 应用还需要监听挡位变化、判断车辆状态、维护倒车功能的状态机。这部分功能在本节中并不会涉及。

在 AOSP 源码路径 packages/services/Car/evs/app 下包含一个 EVS 本地应用的示例程序。下面选取其中部分内容,分析如何使用 EVS Manager 接口。

应用首先需要获取 EVS Manager 的代理对象,即 IEvsEnumerator 对象的实例:

```
sp < IEvsEnumerator > pEvs = IEvsEnumerator::getService(evsServiceName);
```

这里的服务名称(evsServiceName)取决于 EVS Manager 注册时的名称,如 default。

在 EVS 应用中首先需要通过 IEvsEnumerator 的 openCamera 方法获取摄像设备和显

---

① 美国国家公路交通安全管理局(National Highway Traffic Safety Administration,NHTSA)有相关法律规定倒车影像需在倒车开始的两秒内显示。

示设备实例：

```
sp < IEvsCamera > pCamera = pEvs − > openCamera(cameraId);

sp < IEvsDisplay > pDisplay = pEvs − > openDisplay();
```

接着，应用继承实现 IEvsCameraStream，然后调用 IEvsCamera 的 startVideoStream 方法获取视频数据，此处以 EVS App 示例中的 StreamHandler 为例，其源码如下：

```
[/packages/services/Car/evs/app/StreamHandler.cpp]

bool StreamHandler::startStream() {
    std::unique_lock < std::mutex > lock(mLock);

    if (!mRunning) {
        Return < EvsResult > result = mCamera − > startVideoStream(this);
        if (result != EvsResult::OK) {
            return false;
        }

        mRunning = true;
    }

    return true;
}
```

当有可用的数据时，StreamHandler 重写的 deliverFrame 方法会被调用，在 EVS App 中，会将数据缓存起来，同时，创建相应的线程使用产生的数据，是典型的生产消费的模式。StreamHandler 的 deliverFrame 方法实现如下：

```
[/packages/services/Car/evs/app/StreamHandler.cpp]

Return < void > StreamHandler::deliverFrame(const BufferDesc& buffer) {

    {
        std::unique_lock < std::mutex > lock(mLock);

        if (buffer.memHandle.getNativeHandle() == nullptr) {
            mRunning = false;
        } else {
            if (mReadyBuffer >= 0) {
                mCamera − > doneWithFrame(mBuffers[mReadyBuffer]);
            } else if (mHeldBuffer >= 0) {
                mReadyBuffer = 1 − mHeldBuffer;
            } else {
                mReadyBuffer = 0;
            }
            mBuffers[mReadyBuffer] = buffer;
```

```
      }
   }
   mSignal.notify_all();
   return Void();
}
```

在以上方法中获取到的是摄像头的原始数据,接着,便可以进一步对原始数据进行加工,叠加相应的内容,并将最终图像写入通过 IEvsDisplay 获得的显示设备图形缓冲区。在 EVS App 的 EvsStateControl 类中可以找到相关源码:

```
[/packages/services/Car/evs/app/EvsStateControl.cpp]

void EvsStateControl::updateLoop() {
   bool run = true;
   while (run) {
      ...

      if (mCurrentRenderer) {
         BufferDesc tgtBuffer = {};
         mDisplay->getTargetBuffer([&tgtBuffer](const BufferDesc& buff) {
                           tgtBuffer = buff;
                        }
         );

         if (tgtBuffer.memHandle == nullptr) {
            ALOGE("Didn't get requested output buffer.");
         } else {
            if (!mCurrentRenderer->drawFrame(tgtBuffer)) {
               run = false;
            }
            mDisplay->returnTargetBufferForDisplay(tgtBuffer);
         }
      } else {
         std::unique_lock < std::mutex > lock(mLock);
         mWakeSignal.wait(lock);
      }
   }
   ...
}
```

通过 IEvsDisplay 的 getTargetBuffer 方法获取显示缓冲区,并调用 returnTargetBufferForDisplay 返回加工后这一帧的图像,最终由 EVS HAL 显示出来。

对于图像的加工,可以选择使用 OpenGL ES 对图形进行绘制(需要注意的是,在 SurfaceFlinger 未启动的情况下无法创建与本地窗口相关联的 OpenGL 上下文)或是选择直接对缓冲的数据进行加工(即使用 CPU 对图像数据进行修改)。关于 OpenGL ES 的使用,在本书中不详细展开,有兴趣的读者可以参考 EVS App 中 RenderDirectView 的实现。

另外需要说明的是,当系统启动完成后,即使不使用 EVS HAL 提供的显示设备,

Android 应用也可以创建属于自己的显示窗口，因此，在 EVS 普通应用中可以不使用 IEvsDisplay 相关的接口，而是直接使用 IEvsCamera 获得的数据，对于 IEvsCamera 的调用可以通过本地 JNI 的方式完成。在 Java 和 C++ 层源码中，可以对同一块窗口进行绘制，以完成如按键和影像叠加的功能。

当使用两个独立的应用提供车外影像功能时，需要协调之间的状态，特别是 EVS 本地应用，在其工作时，其他的窗口需要在其退出后再进行渲染，否则会产生冲突（如开机画面）。这个时候可以借助系统属性[①]来通知状态的变化。

12.4 小   结

本章介绍了 Android Automotive OS 的车外影像系统。分析了 EVS Manager、EVS HAL 及应用的实现。

车外影像系统是 Android Automotive OS 中较为独立的子系统，大部分实现都由制造商完成，在具体实现的时候，会涉及较多的底层驱动和业务细节，是 Android Automotive OS 中较为复杂的模块。因篇幅有限，本章无法面面俱到地介绍 EVS 的各方面，谨希望能帮助读者了解 EVS 系统的整体设计思路。

---

① 增加系统属性：https://source.android.com/devices/architecture/configuration/add-system-properties。

第13章 Android Automotive OS 之应用

之前主要围绕着 CarService 相关的内容和特性展开。从本章开始，将介绍应用相关的内容。

作为真实的用户往往感知不到系统服务的存在，与用户交互的任务主要由各种各样运行在框架（Framework）之上的应用完成，因此一个拥有良好用户体验的系统，离不开优秀应用的支持。同样的，没有设计巧妙的框架，那么开发一款优秀应用的成本也会大大增加。

在车内，用户对于应用的需求与手机、平板等移动设备不同。在本章中，将选取几类在车内使用场景下被广泛使用的应用进行分析，介绍在 Android Automotive OS 平台之上该如何开发这些应用。

本章的主要内容：

（1）语音助手的开发及框架分析；

（2）导航应用开发；

（3）媒体应用开发。

13.1 语 音 助 手

本章涉及的源码文件名及位置：

- SystemServer. java

  frameworks/base/services/java/com/android/server/SystemServer. java

- SystemServiceManager. java

  frameworks/base/services/core/java/com/android/server/
  SystemServiceManager. java

- VoiceInteractionManagerService. java

  frameworks/base/services/voiceinteraction/java/com/android/server/
  voiceinteraction/VoiceInteractionManagerService. java

- VoiceInteractionManagerServiceImpl. java

  frameworks/base/services/voiceinteraction/java/com/android/server/
  voiceinteraction/VoiceInteractionManagerServiceImpl. java

- VoiceInteractionSessionConnection. java

  frameworks/base/services/voiceinteraction/java/com/android/server/
  voiceinteraction/VoiceInteractionSessionConnection. java

- VoiceInteractionServiceInfo. java

  frameworks/base/core/java/android/service/voice/VoiceInteractionServiceInfo. java
- SpeechRecognizer. java

  frameworks/base/core/java/android/speech/SpeechRecognizer. java
- RecognitionService. java

  frameworks/base/core/java/android/speech/RecognitionService. java
- TextToSpeech. java

  frameworks/base/core/java/android/speech/tts/TextToSpeech. java
- TtsEngines. java

  frameworks/base/core/java/android/speech/tts/TtsEngines. java
- TextToSpeechService. java

  frameworks/base/core/java/android/speech/tts/TextToSpeechService. java
- SynthesisRequest. java

  frameworks/base/core/java/android/speech/tts/SynthesisRequest. java
- SynthesisCallback. java

  frameworks/base/core/java/android/speech/tts/SynthesisCallback. java
- ITextToSpeechService. java

  frameworks/base/core/java/android/speech/tts/SynthesisCallback. aidl
- PlaybackSynthesisCallback. java

  frameworks/base/core/java/android/speech/tts/ PlaybackSynthesisCallback. java

读者可通过 cs. android. com 在线或下载完整 Android 源码进行查看，具体内容可参考第 3 章阅读准备。

语音助手正成为车内不可或缺的一部分。汽车可以说是语音技术的最佳使用案例之一，由于驾驶过程中，驾驶者很难（也不可以）像平时操控手机一样频繁触控车机，而语音助手可以帮助驾驶者迅速完成所需操作的同时，让驾驶者将注意力集中在操控车辆上，这不仅带来更好的体验，同时也保障了驾驶的安全性。

对于一款运行在 Android Automotive OS 之上的语音助手应用来说，除了打造自身的语音识别的能力，提供丰富的功能之外。同样需要满足 Android Automotive OS 相关的开发规范，才能更好地在系统上运行。

下面将从以下 6 方面介绍如何在 Android Automotive OS 上开发一款语音助手应用：

（1）语音交互框架的适配；

（2）本地语音交互；

（3）语音识别框架的适配；

（4）语音交互及识别框架分析；

（5）语音合成框架的适配；

（6）语音合成框架的分析。

13.1.1　语音交互框架适配

语音助手应用的开发需要满足 Android 语音助手的开发框架,其中语音交互框架是一款语音助手应用必要的组成部分。下面将从车上常用的语音按键作为切入点,对语音交互框架进行分析,并说明应用该如何进行适配。

1. 语音按键

在手机上,人们可以通过长按 Home 键将语音助手唤醒;而在汽车上,目前通行的办法之一便是通过方向盘上的语音键来唤醒语音助手。因此,作为语音助手,首先需要能够响应方向盘上的语音按键。

在第 9 章输入事件管理中曾介绍过,与传统的 Android 手机上的输入事件处理流程不同,Android Automotive OS 的按键输入事件是由 VehicleHAL 向上传递的,并由 CarService 中的 CarInputService 进行处理分发。对于语音按键也是同样的。因此,先通过 CarInputService 的源码对语音按键的处理流程进行分析,在 CarInputService 中响应输入事件的 onKeyEvent 方法实现如下:

```
[CarInputService.java]

  @Override
  public void onKeyEvent(KeyEvent event, int targetDisplay) {
    ...
    switch (event.getKeyCode()) {
      case KeyEvent.KEYCODE_VOICE_ASSIST:
          handleVoiceAssistKey(event);
          return;
      case KeyEvent.KEYCODE_CALL:
          handleCallKey(event);
          return;
      default:
          break;
    }
    ...
  }
```

在 CarInputService 的 onKeyEvent 方法中,当收到 KeyEvent. KEYCODE_ VOICE_ ASSIST 的按键事件时,会调用 handleVoiceAssistKey 方法,具体源码如下:

```
[CarInputService.java]

  private void handleVoiceAssistKey(KeyEvent event) {
      int action = event.getAction();
      if (action == KeyEvent.ACTION_DOWN) {
          mVoiceKeyTimer.keyDown();
      } else if (action == KeyEvent.ACTION_UP) {
          mVoiceKeyTimer.keyUp();
          final KeyEventListener listener;
```

```
            synchronized (this) {
                listener = (mVoiceKeyTimer.isLongPress()
                        ? mLongVoiceAssistantKeyListener
                        : mVoiceAssistantKeyListener);
            }

            if (listener != null) {
                listener.onKeyEvent(event);
            } else {
                launchDefaultVoiceAssistantHandler();
            }
        }
    }
```

handleVoiceAssistKey 方法不复杂，而且主要的逻辑是在判断是否有自定义的按键处理的监听者。对于自定义的按键处理逻辑，此处暂不考虑，这取决于相关系统应用的具体实现。这里主要关注的是 launchDefaultVoiceAssistantHandler 方法。当系统中没有自定义的按键处理函数的情况下，便会执行 launchDefaultVoiceAssistantHandler 方法，顾名思义，其功能就是启动默认的语音助手。

需要说明的是，launchDefaultVoiceAssistantHandler 的实现在 Android 9 和 Android 10 上是不同的，考虑到语音助手在不同版本之上的兼容性，下面会同时介绍这两种不同的实现。

首先来看 Android 9 上的实现：

```
[Android 9 - CarInputService.java]

  private void launchDefaultVoiceAssistantHandler() {
      Log.i(CarLog.TAG_INPUT, "voice key, launch default intent");
      Intent voiceIntent = new Intent(
              RecognizerIntent.ACTION_VOICE_SEARCH_HANDS_FREE);
      mContext.startActivityAsUser(voiceIntent, null,
              UserHandle.CURRENT_OR_SELF);
  }
```

接着，为了便于对比，再看 Android 10 上同一方法的实现：

```
[Android 10 - CarInputService.java]

  private void launchDefaultVoiceAssistantHandler() {
      Log.i(CarLog.TAG_INPUT, "voice key, invoke AssistUtils");

      if (mAssistUtils.getAssistComponentForUser(
          ActivityManager.getCurrentUser()) == null) {
          return;
      }

      final Bundle args = new Bundle();
```

```
        args.putBoolean(EXTRA_CAR_PUSH_TO_TALK, true);

        mAssistUtils.showSessionForActiveService(args, SHOW_SOURCE_PUSH_TO_TALK,
            mShowCallback, null /* activityToken */);
    }
```

到这里,先简要概述这两者的不同,更具体的调用流程会在后面的内容中再展开。

在 Android 9 中,启动语音助手主要是通过 RecognizerIntent. ACTION_VOICE_ SEARCH_HANDS_FREE 这个 Intent,来启动相应的 Activity。

在 Android 10 中,启动流程就不是那么直观了,而是通过 AssistUtils 去启动相应的服务。

那么作为语音助手该如何适配,满足这两种情况下对自身的请求呢? 下面进行更详细的介绍。

2. 搭建语音助手

这里将通过搭建一个可以被语音按键唤醒的"语音助手"示例来说明如何适配语音交互框架。该示例中不会涉及语音识别、语义分析等具体的功能。

语音助手并不是在 Android Automotive OS 中才引入的。从 Android 5.0 开始,框架中便引入了语音交互服务(Voice Interaction Service)这一概念,并且通过系统设置,用户可以选择不同的应用作为系统默认的语音助手。如前面所介绍,Android 9 和 Android 10 中启动语音助手的方式是不同的。其中,Android 10 的方式正是通过语音交互框架来完成对语音助手的调用。这也是本节要关注的重点,即语音助手如何适配语音交互框架。

本节主要介绍语音交互框架的对接,将会从零开始,实现一个语音助手应用,该应用虽然不具备实际的语音识别能力,但是满足系统的语音交互框架,可以被选择成为默认的语音助手。读者可以在 Android Studio 中创建一个最基础的应用工程,并按照下述说明搭建这一演示应用。

(1) 继承 VoiceInteractionService 实现 MyInteractionService。

VoiceInteractionService 是语音助手的核心服务,当应用成为系统默认的语音助手应用后,在系统启动或者切换至新用户的时候,该服务都会被马上启动。下面的源码片段说明了如何继承并实现一个最简单的 VoiceInteractionService:

```
public class MyInteractionService extends VoiceInteractionService {

    @Override
    public void onShutdown() {
        Log.i(TAG, "****** onShutdown ******");
        super.onShutdown();
    }

    @Override
    public void () {
        Log.i(TAG, "****** onReady ******");
        super.onReady();
    }
}
```

Android Automotive OS 之应用

这里有两个重要的回调方法值得注意：onReady 和 onShutdown。这两个方法分别是在 MyInteractionService 创建时，以及销毁时被调用。当启动时或被选为默认助手应用时，onReady 会被调用；当切换用户、或不再是默认助手应用时 onShutdown 会被调用。

onReady 和 onShutdown 跨越了整个语音助手应用的生命周期，因此，在这两个方法中非常适合完成初始化和最后清理的相关操作。特别是对于需要提供唤醒功能的语音助手来说，需要在后台监听唤醒词，因此，像打开话筒、关闭话筒等操作就可以在这两个方法中进行处理。

然后，在 AndroidManifest.xml 中声明新创建的 MyInteractionService：

```
< service android:name = "MyInteractionService"
        android:permission = "android.permission.BIND_VOICE_INTERACTION">
    < meta - data android:name = "android.voice_interaction"
            android:resource = "@xml/interaction_service" />
    < intent - filter >
        < action android:name = "android.service.voice.VoiceInteractionService" />
    </ intent - filter >
</ service >
```

这里需要注意以下几点：

① 权限，需要为该 Service 加上 android.permission.BIND_VOICE_INTERACTION 权限，否则系统无法识别该服务。

② 在 meta-data 中增加 android.voice_interaction 元数据，并指向一个 xml 配置文件。该配置文件会用来声明具体的服务。

③ 增加相关的 intent-filter，通过 intent-filter 系统才能查询到 MyInteractionService，因此，在 AndroidManifest.xml 中还要加上 android.service.voice.VoiceInteractionService 这一 Action。

（2）继承 VoiceInteractionSessionService 实现 MyInteractionSessionService。

为了响应语音按键，还需要在语音助手中实现自己的 VoiceInteractionSessionService。新创建 MyInteractionSessionService 并继承 VoiceInteractionSessionService。MyInteractionSessionService 的实现可以非常简单，其父类 VoiceInteractionSessionService 是抽象类，MyInteractionSessionService 作为实现类，主要任务是返回一个可用的 Session（会话）实例。

MyInteractionSessionService 在首次语音交互时被创建，并可以被重复使用，直至完成语音会话或语音助手主动释放才会销毁。销毁后，在下次触发语音交互时会再次被创建。一个简单的 MyInteractionSessionService 实现如下：

```
public class MyInteractionSessionService
        extends VoiceInteractionSessionService {
    @Override
    public VoiceInteractionSession onNewSession(Bundle args) {
        return new MyInteractionSession(this);
    }
}
```

主要是创建并返回一个新的会话实例,同时将自身传入会话中。

在 AndroidManifest. xml 中同样对 MyInteractionSessionService 进行声明:

```
< service android:name = "MainInteractionSessionService"
        android:permission = "android. permission. BIND_VOICE_INTERACTION">
</service >
```

出于安全考虑,该服务不应被第三方使用,因此,为该服务加上 android. permission. BIND_VOICE_INTERACTION 权限。

(3) 继承 VoiceInteractionSession 实现 MyInteractionSession。

除了 VoiceInteractionService 和 VoiceInteractionSessionService 之外,语音助手应用中还需要继承 VoiceInteractionSession。VoiceInteractionSession 的创建意味着一次语音会话的开始,它的主要任务是完成与用户的交互,承担着创建 View,以及获取输入事件的责任。此外,它还可以接收来自其他应用的请求。因此,一个功能完善的 VoiceInteractionSession 可能会比较复杂。下面对具体功能进行分解说明一个基本的 VoiceInteractionSession 需要实现的内容。

① View 的创建。

语音助手在唤醒之后,往往不是隐藏在后台的,而是拥有自己的界面,完成与用户的交互。在界面上可以显示一些提示信息、列表,抑或者是语音助手的交互动画。创建 View 的任务就是在 VoiceInteractionSession 中完成的。在 VoiceInteractionSession 中,会为界面的显示创建一个窗口(Window)。语音助手需要继承 VoiceInteractionSession,并重写方法 onCreateContentView,创建并返回相应的 View 对象。大致源码如下:

```
public class MyInteractionSession
    extends VoiceInteractionSession {
public MyInteractionSession(Context context) {
    super(context);
}

@Override
public View onCreateContentView() {
    View v = getLayoutInflater()
        .inflate(R.layout.voice_interaction_session, null);
    …
    return v;
}
}
```

通过重写 onCreateContentView 方法,在该方法中创建属于语音助手的界面。在实现过程中可以根据需要对 View 的内容进行丰富。在该例子中,实例化了一个自定义的布局并返回。

② 获取并处理请求的来源及参数。

在 onCreateContentView 方法调用之后,onShow 方法会被调用。在 onShow 方法有两个形参,在实际处理的过程中往往会被用到。因此,在 MyInteractionSession 中重写

Android Automotive OS 之应用

onShow 方法：

```
public class MyInteractionSession
        extends VoiceInteractionSession {
    public MyInteractionSession(Context context) {
        super(context);
    }

    ...

    @Override
    public void onShow(Bundle args, int showFlags) {
        super.onShow(args, showFlags);
        // 通过传入的参数,可进行相应的判断
    }
}
```

在 VoiceInteractionSession 中有以下 showFlags：
- SHOW_WITH_ASSIST 启动且包含当前 Activity 的结构数据；
- SHOW_WITH_SCREENSHOT 启动且包含当前的屏幕截图；
- SHOW_SOURCE_ASSIST_GESTURE 通过系统手势启动；
- SHOW_SOURCE_APPLICATION 应用自身启动；
- SHOW_SOURCE_ACTIVITY Activity 通过本地语音交互接口启动；
- SHOW_SOURCE_AUTOMOTIVE_SYSTEM_UI 通过汽车的 SystemUI 启动；
- SHOW_SOURCE_NOTIFICATION 通过通知启动；
- SHOW_SOURCE_PUSH_TO_TALK 通过语音按键启动[①]。

以上标识代表着在启动语音助手时,不同的请求来源。在语音助手中可以根据不同的请求来决定具体的交互方式。

③ 获取 AssistStructure 和 Screenshot。

如果在启动会话的时候,包含了 SHOW_WITH_ASSIST 和 SHOW_WITH_SCREENSHOT 标识位,且用户允许语音助手获取界面内容和屏幕截图（在系统设置中有对应选项）,VoiceInteractionSession 中的 onHandleScreenshot 和 onHandleAssist 方法会被调用。

通过 onHandleAssist 方法,语音助手可以获取到当前页面上的显示元素。

通过 onHandleScreenshot 方法,语音助手可以获取当前页面的截图。

作为语音助手,可能会需要根据当前页面上的显示内容,做一些智能化的响应,那么就可以通过重写这两个方法获取相应的元素。

（4）增加设置页面。

在实现了以上内容以后,已经接近实现一个满足 Android 语音交互框架的语音助手应用了。同时,系统支持语音助手定义自己的设置页面并在系统设置中显示。

---

① SHOW_SOURCE_AUTOMOTIVE_SYSTEM_UI、SHOW_SOURCE_NOTIFICATION、SHOW_SOURCE_PUSH_TO_TALK 为 Android 10 中新增。

在设置页面中,可以放入如语速、语调、发音人等相关的选项,以供用户根据自己的喜好进行选择。当然,对于设置界面,系统并没有什么强制的要求,取决于语音助手自己的实现。作为示例,这里创建一个空的 Activity 作为设置页。

```
public class SettingsActivity extends Activity {
    @Override
    public void onCreate(Bundle savedInstanceState) {
        super.onCreate(savedInstanceState);
        setContentView(R.layout.settings);
    }
}
```

同样,在 AndroidManifest.xml 文件中增加该 Activity,其属性没有特殊要求,可以简单声明如下:

```
< activity android:name = ".SettingsActivity"
        android:exported = "true"
        android:excludeFromRecents = "true"
        android:noHistory = "true">
    < intent - filter >
            < action android:name = "android.test.action.ASSIST_SETTINGS" />
            < category android:name = "android.intent.category.DEFAULT" />
    </intent - filter >
</activity >
```

(5) 配置 voice-interaction-service 相关属性。

在前文实现 VoiceInteractionService 的时候,在 AndroidManifest.xml 中有这样一段元数据:

```
< meta - data android:name = "android.voice_interaction"
        android:resource = "@xml/interaction_service" />
```

现在实现了相关的主要组件之后,需要补充完整该 xml 文件的内容,这样系统才能找到对应的实现类。基于示例的实现,创建 interaction_service.xml 文件并将其放置在工程的 res/xml 目录下,以如下方式进行配置。

```
< voice - interaction - service
    xmlns:android = "http://schemas.android.com/apk/res/android"
    android:sessionService = "com.test.assist.MyInteractionSessionService"
    android:settingsActivity = "com.test.assist.SettingsActivity"
    android:supportsAssist = "true"/>
```

- sessionService 指向示例中实现的 VoiceInteractionSessionService;
- settingsActivity 指向示例中自定义的设置页面;
- supportsAssist 表明是否支持语音助理相关功能,应该为 true。

通过以上的步骤,便比较完整地适配了 Android 的语音交互框架,读者可以首先对工程进行编译，安装在设备上。接着，打开系统设置，找到语音助手的相关设置界面，应该能发现这个测试应用已经出现在选择列表中了（如图 13-1 所示）。

选中 MyAssistantApp 演示应用，再次按下语音按钮，相信会发现语音助手成功启动了。

3. 实现 CarVoiceInteractionSession

通过上面的介绍，完成了语音会话的实现以及语音交互框架的对接。以上的内容不仅在 Android Automotive OS 上适用，在 Android 手机上也可以用一样的方式实现。那么在 Android Automotive OS 上，语音交互实现是否有什么特有的内容呢？

正是看到了语音助手在车内的重要性，Android Automotive OS 对于语音助手的功能做了部分扩充。扩充的部分称之为 CarVoiceInteractionSession。

在 Android Automotive OS 的 AOSP 源码中，增加了 car-assist-lib，通过该库语音助手可以引入 CarVoiceInteractionSession，并实现相应的功能。

在说明如何实现 CarVoiceInteractionSession 之前，首先对涉及的功能做一个简单的介绍。

CarVoiceInteractionSession 的主要功能是帮助用户通过语音助手完成短信阅读及回复（可选）。在 Android Automotive OS 上，用户可以通过蓝牙将手机与车机相连。收到短信后会在通知栏中有如图 13-2 一样的提示（允许蓝牙通知的前提下）。

图 13-1　系统设置中选择默认语音助手　　　　图 13-2　系统短信通知

用户可以看到一个"播放"按钮，而这个播放按钮的作用就是将短信内容转成语音并进行播报。不仅如此，还可以进一步支持语音助手完成对短信的回复。

清楚了 CarVoiceInteractionSession 所能提供的功能以后，下面介绍该如何实现语音助手以支持该功能。

实现朗读短信的功能并不会对语音助手的实现有太大的变化，语音助手依然需要遵循之前介绍的语音交互框架进行开发。以下的内容也是在应用实现了语音交互框架的基础之上所作的进一步说明。

（1）导入 car-assist-lib 依赖包。

为了让语音助手更好地支持短信朗读功能，Android Automotive OS 为语音助手应用提供了相关的依赖库，称之为 car-assist-lib，实现短信朗读所依赖的 CarVoiceInteractionSession

这个类就包含在其中。在 AOSP 中的源码路径位于 packages/apps/Car/libs/car-assist-lib/下。

截至写作本节时,笔者尚未在谷歌公司公开的仓库(Maven)中找到该库。因此,对于在 Android Studio 中开发的工程来说,需要单独将该库复制至工程中。可以在保持与系统版本一致的情况下自行编译或找到平台方进行获取。具体的编译方式可参考第 3 章阅读准备中的内容。

复制库文件至工程的 libs 目录下,并在 app 的 build.gradle 文件中加入以下内容:

```
...
dependencies {
    ...
    implementation files('libs/car - assist - lib.aar')
}
```

通过以上方式,语音助手应用中就可以使用 car-assist-lib 所提供的 API 了。

(2) 实现 NotificationListenerService。

语音助手朗读短信的一个必要条件是需要拥有监听通知的权限。该权限需要用户授予。同时,语音助手也需要实现自己的 NotificationListenerService[①],并进行相关的声明,才会被系统认为是潜在的通知监听应用。

NotificationListenerService 是自 Android 4.3 开始引入框架的,通过 NotificationListenerService 应用可以在系统接收到或移除通知的时候收到相应的回调。

单就朗读短信功能而言,语音助手并不需要在 NotificationListenerService 中实现具体的业务逻辑,包含该组件的主要目的是获取权限。因此,示例应用中可以实现一个空的 MockNotificationMonitorService,它继承自 NotificationListenerService,通过这种方式帮助语音助手拿到监听通知的"门票"。源码片段如下:

```
/**
 * NotificationListenerService 空实现.
 */
public class MockNotificationMonitorService
      extends NotificationListenerService {

}
```

不要忘记在 AndroidManifest.xml 中增加相关的内容:

```
< service
    android:name = ".MockNotificationMonitorService"
    android:exported = "true"
    android:label = "Mock Notification Listener"
    android:permission = "android.permission.BIND_NOTIFICATION_LISTENER_SERVICE">
```

---

① NotificationListenerService API: https://developer.android.com/reference/android/service/notification/NotificationListenerService。

```
    < intent – filter >
        < action android:name = "android. service. notification.
                        NotificationListenerService" />
    </intent – filter >
</service>
```

需要为该服务加上权限 android. permission. BIND_NOTIFICATION_LISTENER_SERVICE 并且在 intent-filter 中加入 android. service. notification. NotificationListenerService 这一个 Action。

（3）继承 CarVoiceInteractionSession，实现短信朗读功能。

完成上述步骤之后，就可以开始添加实现短信朗读功能的源码了。

前文中，语音助手通过继承 VoiceInteractionSession 来完成窗口的创建和 Intent 的获取。与用户交互的主要任务是在 VoiceInteractionSession 的继承类中完成的。而 car-assist-lib 对 VoiceInteractionSession 进行了扩展，CarVoiceInteractionSession 继承了 VoiceInteractionSession，并加入了短信朗读相关的参数定义和方法的封装。

因此，语音助手在实现短信朗读功能时，不再直接继承 VoiceInteractionSession，而是通过继承 CarVoiceInteractionSession 来实现与用户的会话交互。

图 13-3 列出了 car-assist-lib 中的主要类成员。

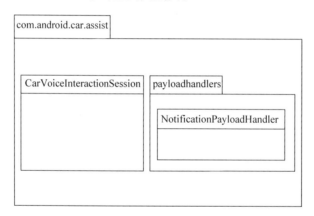

图 13-3　car-assist-lib 类图

car-assist-lib 的实现非常简单，只有两个类成员：CarVoiceInteractionSession 和 NotificationPayloadHandler，这两个类成员提供了许多有用的方法。短信朗读、短信回复的功能实现就依赖于这两个类成员。

CarVoiceInteractionSession 继承自 VoiceInteractionSession，并且拓展了原有的 onShow 方法，在 onShow 方法的形参中加入了 action。通过不同的 action，语音助手可以对请求进行不同的处理。目前，在 CarVoiceInteractionSession 中，定义了以下三种 action。

- VOICE_ACTION_READ_NOTIFICATION 请求语音助手朗读通知；
- VOICE_ACTION_REPLY_NOTIFICATION 请求语音助手回复通知；
- VOICE_ACTION_HANDLE_EXCEPTION 请求语音助手处理异常。

需要说明的是，截至写作本章时，VOICE_ACTION_REPLY_NOTIFICATION 虽然

被定义了,但是尚无相关的使用场景会去触发该 action。因此,语音助手如何响应该 action 还是个未知数。

VOICE_ACTION_HANDLE_EXCEPTION 代表着请求朗读的时候发生了错误。目前,该 action 代表着语音助手尚未获取监听通知的用户授权。

在 car-assist-lib 中还有另外一个类 NotificationPayloadHandler,其提供了几个非常有用的方法,帮助语音助手更容易地获取短信内容或是进行回复。

NotificationPayloadHandler 主要的成员方法如表 13-1 所示。

表 13-1   NotificationPayloadHandler 主要成员方法

方 法	作 用
Notification getNotification(Bundle args)	用以获取通知
List < Message > getMessages(Bundle args)	用以获取短信消息
public Action getAction(Bundle args,int semanticAction)	获取通知对应的 Notification. Action
boolean fireAction(Action action,@Nullable Intent additionalData)	触发对应的 Action
Intent writeReply(@Nullable Action actionCallback,CharSequence reply)	创建回复消息

下面通过例子说明具体的使用方式:

语音助手需要继承 CarVoiceInteractionSession。这里实现一个 CarInteractionSession 类,其中,窗口的创建与之前直接继承 VoiceInteractionSession 时是一样的。因此,下面的源码主要说明对于各个 action 该如何做相应的处理。

```
public class CarInteractionSession extends CarVoiceInteractionSession {

    private int mShowFlags;
    ...

    CarInteractionSession(Context context) {
        super(context);
    }

    @Override
    public void onPrepareShow(Bundle args, int showFlags) {
        super.onPrepareShow(args, showFlags);
        // 在 onShow 之前调用
        mShowFlags = showFlags;
        // 在该例子中,当判断来源是 SHOW_SOURCE_NOTIFICATION 时不显示 UI
        setUiEnabled(mShowFlags & SHOW_SOURCE_NOTIFICATION == 0);
    }
    private void handleReadAction(Bundle args) {
        final NotificationPayloadHandler payloadHandler =
                            getNotificationPayloadHandler();
        final List < NotificationCompat. MessagingStyle. Message > msgList =
                            payloadHandler. getMessages(args);
        for (NotificationCompat. MessagingStyle. Message msg : msgList) {
            Log. i(Constants. TAG_CIS, "Message's content = " + msg. getText());
            // 语音助手可在此处获取并朗读信息
```

```
        //...
    }
    Notification.Action aRead = payloadHandler.getAction(args,
        Notification.Action.SEMANTIC_ACTION_MARK_AS_READ);
    Notification.Action aReply = payloadHandler.getAction(args,
        Notification.Action.SEMANTIC_ACTION_REPLY);
    if (aRead == null && aReply == null) {
        Log.w(Constants.TAG_CIS, "No action available in payload.");
        return;
    }
    if (aRead != null) {
        // 将信息标记为已读
        payloadHandler.fireAction(aRead, null);
    }
    if (aReply != null) {
        // 通过判断是否支持回复 action,语音助手可以选择触发短信回复的功能
        // 例子中仅回复默认信息
        payloadHandler.fireAction(aReply, payloadHandler.
            writeReply(aReply,
                getContext().
                getResources().
                getString(R.string.session_default_reply)));
    }
}
private void handleNotificationListenerException() {
    // 启动设置页面,请求用户授予通知权限
    AlertDialog alertdialog = new AlertDialog.Builder(getContext())
        .setPositiveButton(R.string.session_dialog_positive_button_text,
            (DialogInterface dialog, int which) -> {
                Intent i = new Intent(
                    Settings.ACTION_NOTIFICATION_LISTENER_SETTINGS);
                i.setFlags(Intent.FLAG_ACTIVITY_NEW_TASK);
                getContext().startActivity(i);
            })
        .setNegativeButton(R.string.session_dialog_negative_button_text,
            (DialogInterface dialog, int which) -> dialog.dismiss())
        .setTitle(R.string.session_dialog_title_text)
        .setMessage(R.string.session_dialog_message_text).create();
    alertdialog.getWindow()
        .setType(WindowManager.LayoutParams.TYPE_APPLICATION_OVERLAY);
    alertdialog.show();
}
private boolean handleActionForCarVoiceInteraction(
    String action, Bundle args, int showFlags) {
    boolean handled;
    switch (action) {
        case VOICE_ACTION_READ_NOTIFICATION:
            handleReadAction(args);
            handled = true;
            break;
```

```java
        case VOICE_ACTION_REPLY_NOTIFICATION:
            // 尚未有实际使用场景
            handled = true;
            break;
        case VOICE_ACTION_HANDLE_EXCEPTION:
            // 判断是否是因缺少通知权限所导致的异常
            String exception = args.getString(KEY_EXCEPTION);
            if (CarVoiceInteractionSession
                    .EXCEPTION_NOTIFICATION_LISTENER_PERMISSIONS_MISSING
                    .equals(exception)) {
                handleNotificationListenerException();
            } else {
                Log.w(Constants.TAG_CIS,
                        "Unknown type of VOICE_ACTION_HANDLE_EXCEPTION");
            }
            handled = true;
            break;
        case VOICE_ACTION_NO_ACTION:
        default:
            handled = false;
    }

    return handled;
}
@Override
protected void onShow(String action, Bundle args, int showFlags) {
    Log.i(Constants.TAG_CIS, "onShow: action = " + action + " flags = 0x"
            + Integer.toHexString(showFlags) + " args = " + args);

    boolean handled = handleActionForCarVoiceInteraction(
                        action, args, showFlags);
    if (handled) {
        return;
    }
    onHandleScreenshot(null);
    // 并不是短信相关的请求,按原有逻辑处理
    ...
}

@Override
public void onHide() {
    super.onHide();
}

@Override
public void onDestroy() {
    super.onDestroy();
}
...
}
```

通过上面的源码，为语音助手增加了 Android Automotive OS 上特有的短信朗读及回复功能。内容有些多，请读者仔细阅读源码。在继承 CarVoiceInteractionSession 实现自己的会话类时注意以下几点。

① 通过 onShow 中的 action 判断所需执行的操作。

② 处理 VOICE_ACTION_READ_NOTIFICATION 时，需要获取 Notification.Action 消息，只有当 Notification.Action.SEMANTIC_ACTION_REPLY 不为空时，该消息才支持回复。

③ 对于支持 Notification.Action.SEMANTIC_ACTION_MARK_AS_READ 的消息，语音助手在朗读短信后，需要触发该 Action，以通知短信应用将该消息标记为已读。

④ 对于 VOICE_ACTION_HANDLE_EXCEPTION 的情况，判断如果是语音助手缺少通知监听的权限，则应该向用户进行申请。但同时，考虑到部分系统中支持备选（Fallback）朗读短信（取决于制造商对系统的配置），语音助手可以考虑增加相关判断，应避免反复向用户申请权限。对于权限申请次数的判断，在示例中并没有演示，语音助手可酌情进行判断，当多次向用户申请都未获得授权的情况下，不再继续弹窗。

4. Android 10 中的变化

在 Android 10 中还有一处小的变化需要注意。从 Android 10 开始，语音交互框架增加了对语音助手所支持的 action 的判断，在 VoiceInteractionService 增加了 onGetSupportedVoiceActions 方法。因此为了支持短信朗读和回复的相关功能，还需要在实现 VoiceInteractionService 时重写 onGetSupportedVoiceActions 方法，返回支持的 action，源码如下：

```
private static final List < String > SUPPORTED_VOICE_ACTIONS =
        Arrays.asList(
                CarVoiceInteractionSession.VOICE_ACTION_READ_NOTIFICATION,
                CarVoiceInteractionSession.VOICE_ACTION_REPLY_NOTIFICATION);

@NonNull
@Override
public Set < String > onGetSupportedVoiceActions(
        @NonNull Set < String > voiceActions) {
    Set result = new HashSet(voiceActions);
    result.retainAll(SUPPORTED_VOICE_ACTIONS);
    return result;
}
```

在 Android 10 上，只有当判断当前的语音助手支持某一操作的情况下，才会发出相应的请求。

5. Android 9 的语音按键

通过之前的介绍，对于在 Android 10 上运行的语音助手已经可以通过语音按键进行唤醒。但是对于 Android 9 中的语音按键响应，还有一些额外的工作。其实，Android 9 中语音按键的响应逻辑很直观明了，主要是通过 RecognizerIntent.ACTION_VOICE_SEARCH_HANDS_FREE 去启动对应的 Activity 实例。因此，语音助手要做的就是将需要启动的 Activity 的 intent-filter 标签中加入该 Intent（具体定义为"android.speech.action.VOICE_

SEARCH_HANDS_FREE")。

假设，响应按键的 Activity 为 AssistantActivity。AssistantActivity 在 AndroidManifest.xml 中的声明如下：

```
<activity
    android:theme = "@style/AppTheme"
    android:name = ".AssistantActivity"
    android:exported = "true"
    android:excludeFromRecents = "true">

    <intent - filter>
        <action
            android:name = "android.speech.action.VOICE_SEARCH_HANDS_FREE" />
        <category
            android:name = "android.intent.category.DEFAULT" />
    </intent - filter>

    <meta - data
    android:name = "distractionOptimized"
    android:value = "true" />
</activity>
```

如上，通过加入 VOICE_SEARCH_HANDS_FREE 这一 action，在语音按键被按下后，该 activity 就会被启动了。这里需要额外注意一点，在 activity 的标签中还增加了 distractionOptimized 为 true 的元数据声明，这是为了满足 UX Restrictions 的相关规范，否则，当车辆进入行驶状态下，该 Activity 就可能会被屏蔽。

6. 测试

完成了语音助手的对接，读者可能想要测试语音按键唤醒的相关逻辑。有 Android 开发经验的读者这个时候可能会想到使用 input 命令发送模拟按键事件，例如，使用以下命令：

```
adb shell input keyevent 231
```

但是，该命令无法在 Android Automotive OS 上起到预期的效果。因为，该模拟按键事件并不会发送至 CarInputService 中。因此，该命令是无法模拟真实情况下语音按键处理流程的。

那么难道必须在真实的设备上才能对语音按键进行测试吗？好在还有其他办法供开发者使用，即模拟按键事件。CarService 自身提供调试命令，允许通过命令行模拟属性变化事件。因此，通过以下命令可以直接将语音按键事件发送给 CarInputService：

```
adb shell dumpsys car_service inject - vhal - event 289475088 0,231,0 && adb shell dumpsys car_
service inject - vhal - event 289475088 1,231,0
```

上述命令分别发送了一次语音按键按下与语音按键弹起的事件，模拟快速完成一次语音按钮的点击。

其中 289475088 = HW_KEY_INPUT，代表本次属性变化是输入事件；

Android Automotive OS 之应用

后面的数组分别代表 Action，Keycode 和 Display。

Action：KeyEvent. ACTION_DOWN＝0，KeyEvent. ACTION_UP＝1；

Keycode：KeyEvent. KEYCODE_VOICE_ASSIST＝231。

13.1.2　本地语音交互

13.1.1 节主要介绍了在 Android Automotive OS 上运行的语音助手应用该如何对接语音交互框架。只有在完成以上内容的情况下，一款语音助手应用才能正常运行在系统上，并由系统的语音交互服务对其进行管理。

本节将继续介绍语音交互框架中的另一个功能——本地语音交互，该功能主要的作用是支持第三方应用通过语音与用户进行交互。与之前的内容不同，本节所要介绍的"本地语音交互"并非语音助手所必须实现的功能，语音助手可以选择在不支持相关 API 的情况下运行。

尽管是非必需的功能，但考虑到语音交互在车内的重要性，实现本地语音交互可以更好地丰富语音在车内的使用场景。下面将从以下三方面对本地语音交互进行介绍。

1. 功能

尽管与本地语音交互相关的 VoiceInteractor API[①] 是在 Android 6.0 便引入框架中的，但相信大部分读者对其是比较陌生的。一方面，在手机、平板电脑等移动设备上，对于大部分应用来说，语音交互并非主要的交互方式；另一方面，相关 API 需要系统中运行的语音助手来支持，在国内的移动设备上，通常不会安装谷歌语音助手，而其他的语音助手对 VoiceInteractor API 的支持有限，这也是导致该 API 未被广泛使用的原因之一。

通过 VoiceInteractor API，任意第三方应用可以在其 Activity 中发起语音交互。应用可以将诸如提示语、命令、选项等信息发送给语音助手，并由语音助手处理用户的输入，再将结果返回给应用。例如，一款购物应用可以在用户挑选款式时，使用 VoiceInteractor API，将款式列表发送给语音助手，由语音助手与用户完成交互，并将用户的选择结果返回给该应用，进而完成商品的订购。

通过以上方式，应用无须自身具备语义处理的能力，也可以在一些场景下通过语音与用户进行交互。

2. 如何使用 VoiceInteractor API

由于 VoiceInteractor API 使用方法的相关介绍较少，因此，本节将通过简单的例子对客户端应用该如何使用 VoiceInteractor API 进行介绍。了解客户端应用的使用方法也有助于更好地完成语音助手中相关功能的实现。

在 VoiceInteractor 类中包含以下内部类，对应不同的请求类型。

- ConfirmationRequest 用于确认某一用户操作，如"确定要购买此商品吗？"。
- PickOptionRequest 用于提示用户选择某一结果，如"您想购买以下哪一商品 A、B、C？"。
- CompleteVoiceRequest 用于完成某段语音对话，如"购买成功"。
- AbortVoiceRequest 用于终止某段语音对话，如"购买失败，请先登录您的账号"。

---

① VoiceInteractor API：https://developer. android. com/reference/android/app/VoiceInteractor。

- CommandRequest 用于自定义的命令。

除此以外,通过 Prompt 类,客户端应用可以将需要显示或播报的提示信息发送给语音助手。

对于客户端应用,有两种方式开始语音交互。

(1) 将 Activity 声明为"语音交互"页面,由语音助手在特定场景下将其启动;

(2) 在 Activity 中调用 startLocalVoiceInteraction 方法,主动发起语音交互。

对于上述第(1)种方式,需要在 AndroidManifest. xml 文件中为相关 Activity 加入 android. intent. category. VOICE 标签,例如:

```
< activity android:name = "com. example. MyVoiceActivity">
  < intent - filter >
    < action android:name = "com. example. MY_ACTION_INTENT" />
    < category android:name = "android. intent. category. DEFAULT" />
    < category android:name = "android. intent. category. VOICE" />
  </ intent - filter >
</ activity >
```

当 Activity 启动时可以通过 isVoiceInteraction 方法判断当前是否处于语音交互状态,当判断为真的情况下,进一步展开语音交互的流程,例如:

```
public class MyVoiceActivity extends Activity {
  …
  @Override
  public void onResume() {
    if (isVoiceInteraction()) {
      VoiceInteractor interactor = getVoiceInteractor();
      …
    } else {
      finish();
    }
  }
}
```

另外,即使在未声明 android. intent. category. VOICE 的情况下,通过调用 startLocalVoiceInteraction 方法,Activity 也可以主动发起语音交互,前提是 isLocalVoiceInteractionSupported 方法的返回值为 true,即当前系统的语音助手支持本地语音交互。例如:

```
public class MyVoiceActivity extends Activity {
  …
  @Override
  public void onResume() {
    if (isLocalVoiceInteractionSupported()) {
      Bundle args = new Bundle();
      args. putString("Param", "arg");
      startLocalVoiceInteraction(args);
```

```
        }
    }

    @Override
    public void onLocalVoiceInteractionStarted() {
        VoiceInteractor interactor = getVoiceInteractor();
        ...
    }
}
```

无论通过以上哪种方式开始了本地语音交互过程，客户端应用都可以通过 getVoiceInteractor 方法获取到 VoiceInteractor 对象后，通过不同的请求类别完成进一步的语音交互。下面以 PickOptionRequest 类型为例，说明如何使用相关 API，并处理返回结果，源码片段如下：

```
public class MyVoiceActivity extends Activity {
    ...
    private void startPickOptions() {
        VoiceInteractor interactor = getVoiceInteractor();
        VoiceInteractor.PickOptionRequest.Option[] options =
            new VoiceInteractor.PickOptionRequest.Option[3];
        options[0] = new VoiceInteractor.PickOptionRequest.Option("One", 1);
        options[1] = new VoiceInteractor.PickOptionRequest.Option("Two", 2);
        options[2] = new VoiceInteractor.PickOptionRequest.Option("Three", 3);
        VoiceInteractor.PickOptionRequest req = new PickOption(
          "语音提示", "文字提示", options);
        interactor.submitRequest(req, "REQUEST_PICK");
    }

    class PickOption extends VoiceInteractor.PickOptionRequest {

        public PickOption(
          String ttsPrompt, String visualPrompt, Option[] options) {
          VoiceInteractor.Prompt prompt = new VoiceInteractor.Prompt(
            new String[] {ttsPrompt}, visualPrompt);
          super(prompt, options, null);
        }

        @Override
        public void onPickOptionResult(
          boolean finished, Option[] selections, Bundle result) {
          if (finished) {
            for (int i = 0; i < selections.length; i++) {
                doAction();
            }
          }
        }
    };
}
```

在以上源码片段中，主要说明了如何获取 VoiceInteractor 对象，并通过 submitRequest

方法向语音助手注册交互请求，同时通过 Prompt 对象，将所需要进行播报或显示的提示信息内容发送给语音助手。在完成了与用户的语音交互后，结果会通过相应的回调方法（如 onPickOptionResult）返回给客户端应用，客户端应用此时可根据不同的返回结果进行处理。在 API 的使用方面，不同请求类型的创建方式及结果获取方式有所差异，读者可在实际使用过程中进行调整。

通过上述方式，第三方应用就可以在系统语音助手的协助下完成与用户的语音交互了。利用此特性，在车内可以很好地帮助用户完成诸如选择、确认等操作，实现"可见即可说"的功能，并保证驾驶安全。

3. 语音助手实现本地语音交互

13.1.1 节介绍了客户端应用该如何使用 VoiceInteractor API 实现应用内的语音交互。上述内容只有在语音助手支持本地语音交互的前提下才可能实现。下面将从语音助手的角度进行介绍，说明如何支持本地语音交互功能。

作为服务端应用，语音助手需要接受来自客户端应用的请求，并将处理后的结果进行返回。这主要通过重写 VoiceInteractionSession 中相关的方法实现。对于在 VoiceInteractor 类中定义的不同的请求类型，VoiceInteractionSession 中定义了对应的方法用以响应客户端的请求：

```
void onRequestConfirmation(ConfirmationRequest request);
void onRequestPickOption(PickOptionRequest request);
void onRequestCompleteVoice(CompleteVoiceRequest request);
void onRequestAbortVoice(AbortVoiceRequest request);
void onRequestCommand(CommandRequest request);
void onCancelRequest(Request request);
```

根据客户端调用 VoiceInteractor 的 submitRequest 方法时所传入的 Request 类型决定以上哪个方法会被调用。onCancelRequest 方法在客户端应用调用 Request 的 cancel 方法时被调用。

当以上方法被调用时，具体的处理逻辑由语音助手进行实现。下面这段源码以重写 onRequestPickOption 为例，说明了如何获取客户端应用的请求内容，并在处理后将结果返回：

```
public class CarInteractionSession extends CarVoiceInteractionSession {
    private PickOptionRequest mPendingRequest;

    ...
    void onRequestPickOption(PickOptionRequest request) {
        mPendingRequest = request;
        Prompt prompt = request.getVoicePrompt();
        Option[] options = request.getOptions();
        ...
    }

    private void sendPickResult(Option[] picked) {
```

```
        if (picked.length <= 1) {
            mPendingRequest.sendPickOptionResult(picked, null);
        } else {
            mPendingRequest.sendIntermediatePickOptionResult(picked, null);
        }
    }
}
```

当客户端应用使用 PickOptionRequest 时，语音助手可以通过同名对象获取提示信息以及具体的选项列表（虽然类名都是 PickOptionRequest，但客户端和语音助手使用的是不同包名下的类）。语音助手可以将提示信息进行播报或显示，同时开始接受用户的语音输入，在得到结果后，通过 sendPickOptionResult 将结果返回。此时，客户端应用中重写的 onPickOptionResult 方法就会被调用。与其他的请求不同 PickOptionRequest 还可以通过 sendIntermediatePickOptionResult 方法将临时结果返回给客户端，用以处理用户尚未作出最终选择的情况，此时客户端应用 onPickOptionResult 方法的 finished 参数值是 false。

在完成了本地语音交互的实现后，需要在 interaction_service.xml 配置文件中加入 android:supportsLocalInteraction＝"true"的声明，用以表明语音助手支持本地语音交互功能。完整的 interaction_service.xml 文件的内容如下：

```
< voice - interaction - service
    xmlns:android = "http://schemas.android.com/apk/res/android"
    android:sessionService = "com.test.assist.MyInteractionSessionService"
    android:settingsActivity = "com.test.assist.SettingsActivity"
    android:supportsAssist = "true"
    android:supportsLocalInteraction = "true" />
```

以上，以 PickOptionRequest 为例，简单介绍了语音助手如何支持本地语音交互，对于其他请求类型，虽然具体的方法名称有所差别，但是流程是一致的。希望读者能够举一反三，并在实际开发过程中完善相关逻辑，真正成为系统中语音交互的赋能者。

13.1.3 语音识别框架适配

通过前文语音交互框架的适配介绍，读者可以完成一个基本的语音助手，它可以在设置中被选中成为系统默认的语助应用，并被语音按键唤醒。

除此以外，语音助手还需要完成更多的功能。下面，将介绍语音助手中另一个重要的功能模块——语音识别及其对接的方式。

作为语音助手，语音识别（Automatic Speech Recognition，ASR）是其基本的功能，即通过麦克风获取音频，并将其中包含的语音信息转化为文字信息，这也是语音助手进一步进行语义分析的基础。作为智能语音助手，首先要知道人们说了什么，进而才能了解人们想做什么。

SpeechRecognizer[①] 是 Android 早在 Android 2.2.x 中便引入的 API。通过 SpeechRecognizer，

---

① SpeechRecognizer API：https://developer.android.com/reference/android/speech/SpeechRecognizer。

任何第三方应用都可以请求语音识别服务，并通过语音识别服务将语音信息转成文字信息。关于如何使用 SpeechRecognizer API，网上有很多相关的介绍，在这里就不再展开说明了。

SpeechRecognizer 作为 Android 系统标准的语音识别接口，其背后需要有相应的服务作为支撑来完成语音转文字的任务，并将结果返回给请求的应用。没有应用比语音助手更适合承担这样的任务了。本节的主要内容将介绍语音助手如何适配语音识别框架，为其他应用提供语音识别的能力。

本节将在 13.1.2 节示例应用的基础上继续扩充，为其增加语音识别服务。具体的步骤如下。

1. 继承 RecognitionService 实现 MyRecognitionService

对于实现一个语音识别服务，首先是继承 RecognitionService，该服务在有应用通过 SpeechRecognizer 请求语音识别的时候会被启动。以下源码说明了如何实现一个简单的 MyRecognitionService：

```java
public class MyRecognitionService extends RecognitionService {

    private static final String TAG = "MyRecognitionService";

    @Override
    protected void onStartListening(Intent recognizerIntent, Callback listener) {
        Log.d(TAG, "onStartListening");
        boolean done = false;
        ...
        ArrayList<String> results = new ArrayList<String>();

        results.add("test");
        Bundle bundle = new Bundle();
        bundle.putStringArrayList(SpeechRecognizer.RESULTS_RECOGNITION, results);

        ...
        if (done) {
            listener.results(bundle);
        } else {
            listener.error(SpeechRecognizer.ERROR_NO_MATCH);
        }

        ...
    }

    @Override
    protected void onCancel(Callback listener) {

    }

    @Override
```

```
    protected void onStopListening(Callback listener) {

    }
}
```

上面的例子中，实现了一个 MyRecognitionService，其功能是在每次请求时都返回"test"字段作为结果。关键的方法是 onStartListening，语音识别服务需要在该方法内完成语音的识别，并将结果以 ArrayList<String>的形式进行返回，同时如果出现识别失败的情况（如识别超时、未收到输入、识别失败等），则返回错误信息。错误值定义在 SpeechRecognizer 类中，当前支持以下错误值：

- ERROR_AUDIO——录音错误。
- ERROR_INSUFFICIENT_PERMISSIONS——权限错误。
- ERROR_NETWORK——网络错误。
- ERROR_NETWORK_TIMEOUT——网络超时。
- ERROR_NO_MATCH——无识别结果。
- ERROR_RECOGNIZER_BUSY——识别服务正忙。
- ERROR_SPEECH_TIMEOUT——无语音输入。
- ERROR_SERVER——服务端错误。
- ERROR_CLIENT——其他客户端错误。

上述示例非常简单，在实际实现过程中，还需要处理取消和停止等请求，这就要求分别在 onCancel 和 onStopListening 方法中停止识别，具体逻辑取决于应用的实现。

接着，在 AndroidManifest.xml 中增加该服务的声明：

```
< service android:name = "MyRecognitionService"
    android:label = "@string/service_name">

    < intent - filter >
        < action android:name = "android. speech. RecognitionService" />
        < category android:name = "android. intent. category. DEFAULT" />
    </intent - filter >
    < meta - data android:name = "android. speech"
            android:resource = "@xml/recognizer" />

</service >
```

为了让系统能查询到该服务，注意在 intent-filter 标签中增加 android. speech. RecognitionService 这一 action；增加 android. speech 元数据，并指向一个 XML 文件。

2. 配置 recognition-service 相关属性

对于 android. speech 元数据，需要对其进行配置。具体方法是，创建 recognizer. xml 文件，并放在 res/xml 目录下，同时加入以下内容：

```
< recognition - service xmlns:android = "http://schemas.android.com/apk/res/android"
    android:settingsActivity = " com. test. assist. SettingsActivity" />
```

看到这里,读者可能会感觉有些疑惑,这不是又配置了一次 settingsActivity 吗?在这之前,在 13.1.2 节 voice-interaction-service 的配置中已经配置过相同的设置界面了,这里怎么又配置了一次呢?这其实是 Android 的一个遗留问题,因为 Android 的语音交互框架是在语音识别框架之后引入的,在引入了语音交互框架之后,语音助手的功能被大大扩充了。同时,Android 整合了语音助手和语音识别的功能。但另一方面,为了保持对原有语音识别框架的兼容,依然支持单独实现一个语音识别服务。因此,当系统中不存在,或者未选择语音助手的情况之下,用户可以独立配置语音识别服务,并且有其对应的设置页面。在该示例中,由于之前已经创建过一个 SettingsActivity,就不再创建新的设置界面了,直接将其声明在 recognition-service 的配置中,如有需要,为其新建不同的 Activity 也是可以的。

3. 将 RecognitionService 加入 voice-interaction-service 配置中

在实现了语音交互的基础上,如要加入语音识别服务,还需要将实现的 MyRecognitionService 服务加入 voice-interaction-service 配置中,打开 13.1.2 节创建的 interaction_service. xml 文件,加入 MyRecognitionService。现在完整的 interaction_service. xml 文件的内容如下:

```xml
< voice - interaction - service
    xmlns:android = "http://schemas.android.com/apk/res/android"
    android:sessionService = "com.test.assist.MyInteractionSessionService"
    android:recognitionService = "com.test.assist.MyRecognitionService"
    android:settingsActivity = "com.test.assist.SettingsActivity"
    android:supportsAssist = "true"
    android:supportsLocalInteraction = "true" />
```

通过上述步骤,搭建了一个最简单的语音识别服务。读者可以写一个调用 SpeechRecognizer API 的简单应用来验证是否成功启动了自定义的服务,并且获得了 test 这一返回结果。

13.1.4　语音交互及识别框架分析

语音助手一方面可以成为系统默认的语音助手,响应用户的请求;另一方面,作为系统标准的语音识别服务,可以被其他应用所调用,提供语音转文字的功能。

本节对以上这两部分进行总结,对框架的实现进行分析。

从 Android L(Android 5.0)开始,一个新的系统服务 VoiceInteractionManagerService 被引入 Android 框架中。该服务整合了语音助手(ASSISTANT)和语音识别(VOICE_RECOGNITION_SERVICE)的功能,并作为语音交互服务(VOICE_INTERACTION_SERVICE)在系统中运行。

VoiceInteractionManagerService 作为系统服务之一,在 SystemServer 中就会被启动,并且在启动过程中会查找系统中的语音助手应用。图 13-4 所示的时序图说明了 VoiceInteractionManagerService 的启动过程。

在图 13-4 所涉及的流程中主要进行了以下处理:

(1)在非首次启动,已经有默认语音交互服务的情况下,VoiceInteractionManagerService 在启动过程中创建 VoiceInteractionManagerServiceImpl 实例,并开启了语音交互服务。VoiceInteractionManagerServiceImpl 的 startLocked 方法实现如下:

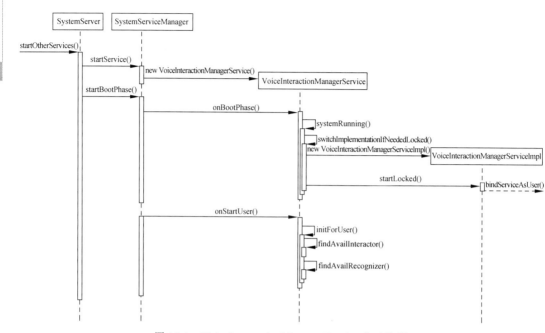

图 13-4　VoiceInteractionManagerService 启动流程

```
[VoiceInteractionManagerServiceImpl.java]

  void startLocked() {
    Intent intent = new Intent(VoiceInteractionService.SERVICE_INTERFACE);
    intent.setComponent(mComponent);
    mBound = mContext.bindServiceAsUser(intent, mConnection,
        Context.BIND_AUTO_CREATE | Context.BIND_FOREGROUND_SERVICE,
        new UserHandle(mUser));
    if (!mBound) {
      Slog.w(TAG, "Failed binding to voice interaction service "
          + mComponent);
    }
  }
```

在这里，有两点值得注意：

① 这里需要绑定服务，Intent 中的 Action 为 VoiceInteractionService. SERVICE_
INTERFACE（android. service. voice. VoiceInteractionService），这点很重要，还记得之前
示例中为 MyInteractionService 声明的 Action 吗？正是该 Action 意味着在启动过程中语
音助手就会被开启。

② 该服务是以前台服务（Context. BIND_FOREGROUND_SERVICE）的属性被绑定
的，也就是说语音交互服务所在进程的优先级较高。

（2）当首次启动，或系统中还没有默认语音交互服务时，会在 VoiceInteractionManagerService
的 initForUser 方法中查询系统中的语音交互或语音识别服务。寻找语音助手的具体过程
如下：

```java
public void initForUser(int userHandle) {
    String curInteractorStr = Settings.Secure.getStringForUser(
            mContext.getContentResolver(),
            Settings.Secure.VOICE_INTERACTION_SERVICE,
            userHandle);
    ComponentName curRecognizer = getCurRecognizer(userHandle);
    VoiceInteractionServiceInfo curInteractorInfo = null;
    if (curInteractorStr == null && curRecognizer != null
            && mEnableService) {
        curInteractorInfo = findAvailInteractor(
            userHandle, curRecognizer.getPackageName());
        if (curInteractorInfo != null) {
            curRecognizer = null;
        }
    }

    String forceInteractorPackage =
            getForceVoiceInteractionServicePackage(
                mContext.getResources());
    if (forceInteractorPackage != null) {
        curInteractorInfo = findAvailInteractor(
            userHandle, forceInteractorPackage);
        if (curInteractorInfo != null) {
            curRecognizer = null;
        }
    }

    ...

    if (curInteractorInfo == null && mEnableService) {
        curInteractorInfo = findAvailInteractor(userHandle, null);
    }
    if (curInteractorInfo != null) {
        setCurInteractor(new ComponentName(
                curInteractorInfo.getServiceInfo().packageName,
                curInteractorInfo.getServiceInfo().name),
                userHandle);
        if (curInteractorInfo.getRecognitionService() != null) {
            setCurRecognizer(
                new ComponentName(
                    curInteractorInfo.getServiceInfo().packageName,
                    curInteractorInfo.getRecognitionService()),
                    userHandle);
            return;
        }
    }

    curRecognizer = findAvailRecognizer(null, userHandle);
```

```
    if (curRecognizer != null) {
        if (curInteractorInfo == null) {
            setCurInteractor(null, userHandle);
        }
        setCurRecognizer(curRecognizer, userHandle);
    }
}
```

initForUser 方法比较长,但关键点主要有以下 3 个。

① 判断系统设置中是否已经设置了 VOICE_INTERACTION_SERVICE。

② 如果系统配置中配置了指定的语音交互服务,则选择系统指定的。

③ 总是优先选择 Interactor,也就是对接了语音交互框架的应用。只有当系统中不存在语音交互服务的情况下,才会查询是否存在独立的语音识别服务。

以上主要是系统 VoiceInteractionManagerService 及相关服务的启动流程,其中涉及语音助手的选择和语音助手中的服务是如何启动的。下面继续分析一次语音会话(Session)是如何被激活的,以通过语音按键(Push to talk,PTT)激活语音助手的流程为例。大致的时序如图 13-5 所示。

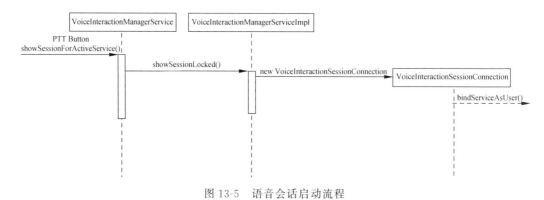

图 13-5　语音会话启动流程

对图 13-5 所涉及的流程,进行进一步分析。首先来看 VoiceInteractionSessionConnection 的构造函数:

```
[VoiceInteractionSessionConnection.java]

    public VoiceInteractionSessionConnection(Object lock,
        ComponentName component, int user,
        Context context, Callback callback,
        int callingUid, Handler handler) {
    mLock = lock;
    mSessionComponentName = component;
    mUser = user;
    mContext = context;
    ...
    mBindIntent = new Intent(
```

```
        VoiceInteractionService.SERVICE_INTERFACE);
    mBindIntent.setComponent(mSessionComponentName);
    mBound = mContext.bindServiceAsUser(mBindIntent,
        this, Context.BIND_AUTO_CREATE
        | Context.BIND_WAIVE_PRIORITY
        | Context.BIND_ALLOW_OOM_MANAGEMENT,
        new UserHandle(mUser));
    if (mBound) {
        try {
            mIWindowManager.addWindowToken(
                mToken, TYPE_VOICE_INTERACTION, DEFAULT_DISPLAY);
        } catch (RemoteException e) {
            Slog.w(TAG, "Failed adding window token", e);
        }
    }
    ...
}
```

在构造函数中进行了服务的绑定,绑定服务的 ComponentName 是通过变量
mSessionComponentName 而来的,而 mSessionComponentName 是作为参数传递至该构造方法
的。继续向上追踪,会发现该值来自 VoiceInteractionServiceInfo,在 VoiceInteractionServiceInfo
的构造函数中获取了 ComponentName 的值,源码如下:

```
[VoiceInteractionServiceInfo.java]

    public VoiceInteractionServiceInfo(PackageManager pm, ServiceInfo si) {
        ...
        XmlResourceParser parser = null;
        try {
            parser = si.loadXmlMetaData(
                pm, VoiceInteractionService.SERVICE_META_DATA);
            ...
            Resources res = pm.getResourcesForApplication(
                si.applicationInfo);
            AttributeSet attrs = Xml.asAttributeSet(parser);

            int type;
            while ((type = parser.next()) != XmlPullParser.END_DOCUMENT
                && type != XmlPullParser.START_TAG) {
            }

            String nodeName = parser.getName();
            if (!"voice-interaction-service".equals(nodeName)) {
                return;
            }

            TypedArray array = res.obtainAttributes(attrs,
                R.styleable.VoiceInteractionService);
```

```
        mSessionService = array.getString(
            R. styleable. VoiceInteractionService_sessionService);
        mRecognitionService = array.getString(
            R. styleable. VoiceInteractionService_recognitionService);
        mSettingsActivity = array.getString(
            R. styleable. VoiceInteractionService_settingsActivity);
        mSupportsAssist = array.getBoolean(
            R. styleable. VoiceInteractionService_supportsAssist, false);
        mSupportsLaunchFromKeyguard = array.getBoolean(
            R. styleable.
            VoiceInteractionService_supportsLaunchVoiceAssistFromKeyguard,
            false);
        mSupportsLocalInteraction = array.getBoolean(
            R. styleable. VoiceInteractionService_supportsLocalInteraction,
            false);
        array. recycle();


        if (mSessionService == null) {
            mParseError = "No sessionService specified";
            return;
        }
        if (mRecognitionService == null) {
            mParseError = "No recognitionService specified";
            return;
        }
    } catch (XmlPullParserException e) {
        mParseError =
          "Error parsing voice interation service meta-data: " + e;
        Log. w(TAG,
            "error parsing voice interaction service meta-data", e);
        return;
    }
    ...
}
```

还记得在示例中创建的 interaction_service. xml 文件吗？VoiceInteractionServiceInfo 中解析的正是该文件的内容。这里通过解析该文件获取了应用中实现的 MyInteractionSessionService，这样 VoiceInteractionManagerService 就清楚地知道了需要启动的服务是什么了。正是通过以上方式，系统在用户发起一次语音对话的时候激活了语音助手示例中实现的 MyInteractionSessionService。

在 MyInteractionSessionService，也就是 VoiceInteractionSessionService 创建之后，便通过 VoiceInteractionSessionService 的 onNewSession 方法获取了一个新的 VoiceInteractionSession 实例，接着就需要显示与用户交互的窗口了，窗口的创建流程如图 13-6 所示。

在绑定了 VoiceInteractionSessionService 服务后，VoiceInteractionManagerServiceImpl 会紧接着调用 VoiceInteractionSessionConnection 的 showLocked 方法，并最终通过跨进程调用语音助手中的 VoiceInteractionSession 完成对窗口的创建。其中语音助手需要注意几个主

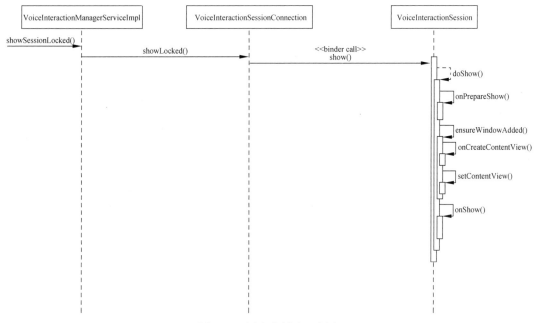

图 13-6　语音会话窗口创建

要方法的调用顺序,从前往后分别是 onPrepareShow、onCreateContentView、onShow。

　　以上,是与语音交互框架相关的主要流程。下面说明通过 SpeechRecognizer API 与语音助手中语音识别服务的交互流程。

　　第三方应用可以通过 SpeechRecognizer API 发起对语音助手的请求,将语音转换成文字信息,这在车内是有可能被频繁用到的功能。图 13-7 说明了第三方应用发起请求的过程。

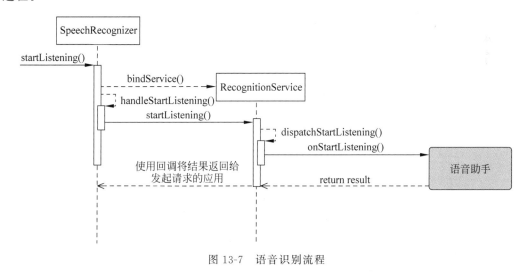

图 13-7　语音识别流程

　　在第三方应用调用 SpeechRecognizer 的 startListening 方法时,系统会开启语音助手中对应的服务,语音助手录音并完成语音的分析,通过回调方法最终将结果返回给请求的应用。

13.1.5　语音合成框架适配

本章前文中详细介绍并分析了语音交互及语音识别框架。把语音交互与语音识别放在一起是因为自 Android 5.0 起它们都是语音交互服务的一部分，并且都是由同样的系统服务（VoiceInteractionManagerService）进行管理的。而独立于语音交互服务，Android 中还存在着另一个与语音助手有着密切关联的服务 —— 语音合成，即 TTS（Text to Speech）。与语音识别服务相似，通过语音合成服务，第三方应用可以使用相关的接口请求服务的响应。不同的是，语音识别服务是将语音转成文字信息，而语音合成服务做的事情恰恰相反，是将文字信息转成语音信息进行播报。

作为语音助手来说，需要完成与用户的语音交互，因此语音播报的能力本身就是其必不可少的一部分。因此，语音助手同样是语音合成服务的最佳候选人。本节主要介绍如何拓展语音助手应用，以对接系统的语音合成框架。

在开始介绍具体的实现之前，如果读者对语音合成框架的使用尚不了解，可以先查阅相关的信息，了解语音合成（TextToSpeech API①）的使用方法，以便对该功能有一个更直观的认识。TextToSpeech API 的使用在网上可以找到不少相关的内容，有兴趣的读者也可以写个简单的例子在支持语音合成的设备上测试一下，除了将文字转换为语音以外，TextToSpeech API 还支持将文字信息转化成音频文件。

本节把主要的焦点放在语音助手应用中的实现。和之前介绍语音交互一样，通过具体的例子说明如何完成语音合成框架的适配。

相较于语音交互框架的适配，语音合成框架的适配是比较简练的。在语音助手中需要添加的服务只有一个。具体步骤如下。

1. 继承 TextToSpeechService 实现 MyTextToSpeechService

TextToSpeechService 是语音合成的核心服务，它接收从第三方应用发来的请求，将文字转化成语音。同时，管理着语言、音频属性等信息。TextToSpeechService 中包含的主要方法如图 13-8 所示。

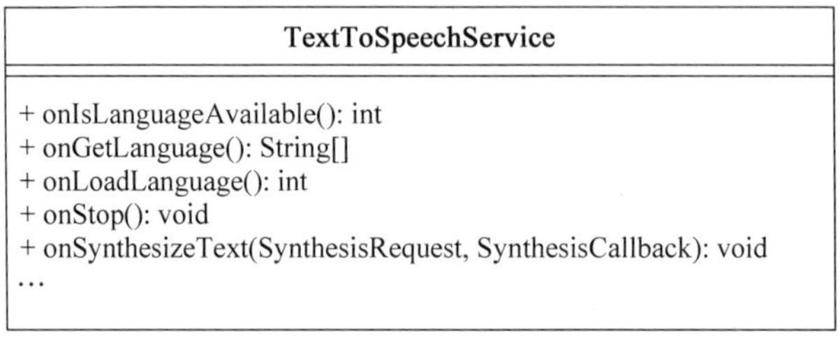

<table>
<tr><td align="center">TextToSpeechService</td></tr>
<tr><td>
+ onIsLanguageAvailable(): int
+ onGetLanguage(): String[]
+ onLoadLanguage(): int
+ onStop(): void
+ onSynthesizeText(SynthesisRequest, SynthesisCallback): void
…
</td></tr>
</table>

图 13-8　TextToSpeechService 包含的主要方法

在图 13-8 中列出了在 TextToSpeechService 中主要的 5 个抽象方法，在实现 MyTextToSpeechService 时，语音助手需要将其实现。只要将这 5 个方法的实现做好，其实语音合成的对接就基本完成了。而这 5 个方法中，最重要的是 onIsLanguageAvailable 和 onSynthesizeText 方法。以下源码片段说明了如何实现 onIsLanguageAvailable 和

---

① TextToSpeech API：https://developer.android.com/reference/android/speech/tts/TextToSpeech。

onSynthesizeText 方法：

```java
public class MyTextToSpeechService extends TextToSpeechService {
    ...

    @Override
    protected int onIsLanguageAvailable(String lang, String country,
            String variant) {
        if (Locale.CHINA.getLanguage().equals(lang)) {
            if (Locale.CHINA.getCountry().equals(country)) {
                return TextToSpeech.LANG_COUNTRY_AVAILABLE;
            }
            return TextToSpeech.LANG_AVAILABLE;
        }

        return TextToSpeech.LANG_NOT_SUPPORTED;
    }

    @Override
    protected synchronized void onSynthesizeText(
            SynthesisRequest request,
            SynthesisCallback callback) {
        ...

        callback.start(SAMPLING_RATE_HZ, AudioFormat.ENCODING_PCM_16BIT,
            1 /* 音频声道数 */);

        final String text = request.getText();
        // 进行合成, 生成音频数据, 如果成功, 则调用 audioAvailable.
        // 如果失败, 则可以调用 error.
        cb.audioAvailable(buffer, offset, bytesToWrite);

        // 完成
        callback.done();
    }

    ...
}
```

（1）onIsLanguageAvailable 主要用于返回对所请求语言的支持情况，这个比较好理解，因为文字信息可能是不同语言的，在第三方进行请求时，语音助手需要根据自身的支持情况进行返回。可供选择的返回值有以下几种。

- LANG_COUNTRY_VAR_AVAILABLE 代表对语言、国家、种类信息完全支持；
- LANG_COUNTRY_AVAILABLE 代表支持语言、国家信息；
- LANG_AVAILABLE 代表支持语言信息；
- LANG_MISSING_DATA 代表数据缺失；
- LANG_NOT_SUPPORTED 代表不支持。

可以看出这几个返回值的含义其实与 onIsLanguageAvailable 的形参是对应的，但在实际使用过程中，这几个值的定义是稍显冗余的。一般而言，客户端应用在判断返回值非 LANG_MISSING_DATA 或 LANG_NOT_SUPPORTED 的情况下，是可以尝试发起请求的。

（2）onSynthesizeText 是语音合成的关键处理函数。

特别需要注意的是该方法中传递的两个参数，它们分别是 SynthesisRequest 和 SynthesisCallback。

SynthesisRequest 包装了请求的主要元素，包含以下成员变量：

```
[SynthesisRequest.java]

private final CharSequence mText;
private final Bundle mParams;
private String mVoiceName;
private String mLanguage;
private String mCountry;
private String mVariant;
private int mSpeechRate;
private int mPitch;
private int mCallerUid;
```

可以看到除了最重要的 Text（文字内容），还有如 Pitch（音高）、Speech rate（语速）等信息，对于一个功能完整的语音合成服务来说，应当可以对不同的参数进行处理。

需要注意的是，对于音高和语速信息，虽然在客户端应用进行设置时是以浮点型作为参数的，但是到了 SynthesisRequest 中，信息已经被转化成整型。对于音高和语速，默认值都是 100，减小该值意味着降低音高或语速，增大则意味着升高音高和语速。

另一个类 SynthesisCallback 对返回请求结果的方法进行类封装。

虽然语音助手需要将文字转化为音频，进行朗读或转化为音频文件，但是读者可以发现，在语音助手实现的过程中，并没有创建文件或调用 AudioPlayer 等音频播放接口完成上述功能。这是因为相关操作在 SynthesisCallback 的实现中已经完成了，语音助手不需要自己来处理播放音频或是存储文件的工作。这也是语音合成框架在设计上的精妙之处。语音合成服务的实现者只需关注具体的语音转化的业务逻辑。

SynthesisCallback 中主要有以下方法：

```
[SynthesisCallback.java]

int getMaxBufferSize(); 获取单次可以返回的最大 buffer 大小
int start(int sampleRateInHz, int audioFormat, int channelCount); 合成的数据格式
int audioAvailable(byte[] buffer, int offset, int length); 将合成的数据填充
int done(); 完成这次合成
void error(); 本次合成出错
```

语音助手在合成过程中，应合理使用以上方法。在开始合成之前调用 start 方法传入合成音频的相关参数，在完成合成后，将数据通过 audioAvailable 返回给语音合成框架进行处理，并在完成或出现错误时，调用 done 或 error 方法。

2. 配置设置界面

与语音交互服务一样,也可以为自定义的语音合成服务配置专门的设置界面。

设置界面通过 Activity 实现。可以在其中增加相关设置项,如发音人、音调。

Activity 的创建在此就不展开了。在完成设置页面后,在 res/xml 目录下创建 tts_engine. xml 文件并加入如下内容:

```xml
< tts - engine xmlns:android = "http://schemas.android.com/apk/res/android"
    android:settingsActivity = "com.example.ttsengine.MySpeakSettings" />
```

XML 文件的文件名和设置页面的 Activity 类名可以自定义。

3. 在 AndroidManifest. xml 中增加服务内容

在完成了语音识别服务之后,同样需要在 AndroidManifest. xml 中进行声明。声明方式如下:

```xml
< service android:name = ".MyTextToSpeechService"
    android:label = "@string/app_name">
    < intent - filter android:priority = "100">
        < action android:name = "android.intent.action.TTS_SERVICE" />
        < category android:name = "android.intent.category.DEFAULT" />
    </intent - filter >

    < meta - data android:name = "android.speech.tts"
            android:resource = "@xml/tts_engine" />
</service >
```

主要是增加"android. intent. action. TTS_SERVICE"这一 action。同时,可以适当增加优先级,以便系统将其作为默认服务,并在 meta-data 中指定设置页面。

完成了以上步骤以后,就可以在系统设置中找到该服务了。进入系统设置,语音合成的菜单页,查看选项中是否包含如图 13-9 所示的新实现的语音合成服务。

图 13-9 语音合成系统设置页面

13.1.6 语音合成框架分析

前面介绍了在语音助手中如何添加相应的服务以支持语音合成框架。通过完成对语音合成框架的对接,语音助手的语音合成能力也可以被第三方应用所用了。本节将对语音合成框架进行分析。

对于 TTS 框架而言,没有运行在 SystemServer 进程中的系统服务,连接客户端和服务端(语音助手)的工作主要都是通过在 frameworks/base/core/java/android/speech/tts 目录下的类所实现的。

当客户端应用创建 TextToSpeech 并连接服务时,具体的流程如图 13-10 所示。

在创建 TextToSpeech 对象的过程中,会发起对服务的连接。首先,需要找寻服务端的应用,而查找语音合成服务的源码实现主要是在 TtsEngines 当中。TtsEngines 会尝试找到默认的语音合成服务,也就是系统设置中指定的 Tts 引擎。在首次启动时,用户并未对该设

217

第 13 章

Android Automotive OS 之应用

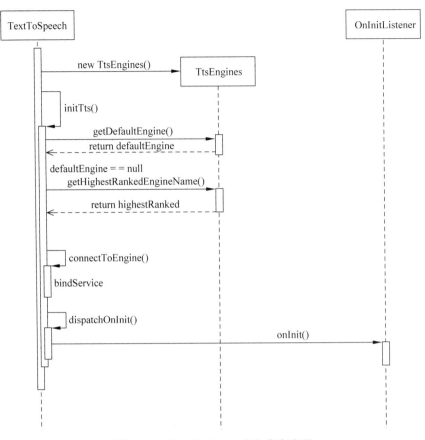

图 13-10　TextToSpeech 服务绑定流程

置进行过配置，那么这时就需要调用 TtsEngines 的 getHighestRankedEngineName 方法获取评分最高的语音合成服务。这里所谓的评分最高主要遵循以下规则。

（1）判断是否为系统应用，优先选择系统应用；

（2）如果都为系统应用或者都不是系统应用，则比较优先级，也就是 AndroidManifest. xml 中指定的 priority，并选择优先级高的应用。

在找到了对应的服务以后便尝试绑定，绑定成功的结果会通过回调方法返回给客户端应用，这样客户端应用就可以通过 TextToSpeech API 向语音合成服务发起请求了。

而对于请求的处理，TextToSpeechService 的设计可以说是比较巧妙的，实现语音合成服务时，会发现实际上需要实现的方法只有 5 个，而真正去处理合成请求的只有 onSynthesizeText 方法。但其实，在定义了客户端与服务端交互的 ITextToSpeechService. aidl 文件中，存在以下几个不同的语音合成请求：

```
// 文字转语音并播报
int speak(in IBinder callingInstance, in CharSequence text,
    in int queueMode, in Bundle params, String utteranceId);

// 文字转语音并存入文件
int synthesizeToFileDescriptor(in IBinder callingInstance, in CharSequence text,
```

```
      in ParcelFileDescriptor fileDescriptor, in Bundle params, String utteranceId);

   // 播放特定音频
   int playAudio( in IBinder callingInstance, in Uri audioUri, in int queueMode,
      in Bundle params, String utteranceId);

   // 播放空声音
   int playSilence( in IBinder callingInstance, in long duration,
      in int queueMode, in String utteranceId);
```

为了对这些不同的请求进行响应,同时使实现服务时尽量简单,TextToSpeechService 中定义了许多的内部类,并将不同的请求交由不同的 SpeechItem 进行处理及分发。TextToSpeechService 关联类图如图 13-11 所示。

通过这样的设计大大简化了语音合成实现者的工作。下面,以最常用的 speak 方法为例,说明第三方应用是如何请求服务并最后完成播报的。

当客户端应用调用 TextToSpeech. speak 方法时,由 TextToSpeechService 中的 Binder 对象进行处理。具体源码如下:

```
[TextToSpeechService.java]

   private final ITextToSpeechService.Stub mBinder
         = new ITextToSpeechService.Stub() {
      @Override
      public int speak( IBinder caller,
                  CharSequence text,
                  int queueMode,
                  Bundle params,
                  String utteranceId) {
         if (!checkNonNull(caller, text, params)) {
            return TextToSpeech.ERROR;
         }

         SpeechItem item = new SynthesisSpeechItem(caller,
            Binder.getCallingUid(),
            Binder.getCallingPid(),
            params,
            utteranceId,
            text);
         return mSynthHandler.enqueueSpeechItem(queueMode, item);
      }
      ...
   };
```

可以看到这时创建的是 SynthesisSpeechItem,并调用 SynthHandler. enqueueSpeechItem 方法进行调度。SynthHandler 同样是 TextToSpeechService 中的一个内部类。SynthHandler. enqueueSpeechItem 方法的实现如下:

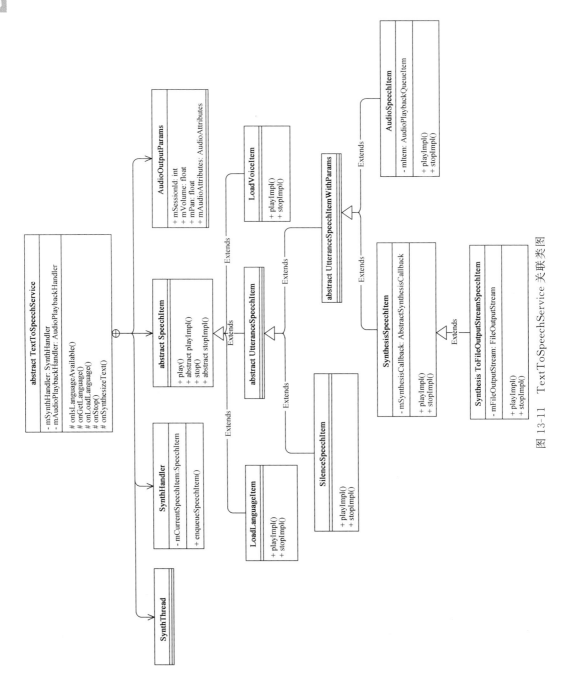

图 13-11 TextToSpeechService 关联类图

```
[TextToSpeechService. java]

    public int enqueueSpeechItem(int queueMode,
        final SpeechItem speechItem) {
        ...
        if (queueMode == TextToSpeech.QUEUE_FLUSH) {
            stopForApp(speechItem.getCallerIdentity());
        } else if (queueMode == TextToSpeech.QUEUE_DESTROY) {
            stopAll();
        }
        Runnable runnable = new Runnable() {
            @Override
            public void run() {
                if (setCurrentSpeechItem(speechItem)) {
                    speechItem.play();
                    removeCurrentSpeechItem();
                } else {
                    speechItem.stop();
                }
            }
        };
        Message msg = Message.obtain(this, runnable);
        ...
    }
```

关键的处理就是调用了该 SpeechItem 的 play 方法：

```
[TextToSpeechService. java # SpeechItem]

    public void play() {
        synchronized (this) {
            if (mStarted) {
                throw new IllegalStateException("play() called twice");
            }
            mStarted = true;
        }
        playImpl();
    }
```

通过调用 play 方法，进一步调用 playImpl 方法，不同 SpeechItem 对 playImpl 的实现都不相同，也就是通过该方法将不同请求的业务逻辑进行了区分。对于 SynthesisSpeechItem 的 playImpl 的实现如下：

```
[TextToSpeechService. java]

class SynthesisSpeechItem extends UtteranceSpeechItemWithParams {
    ...

    @Override
```

```
protected void playImpl() {
    AbstractSynthesisCallback synthesisCallback;
    mEventLogger.onRequestProcessingStart();
    synchronized (this) {
        if (isStopped()) {
            return;
        }
        mSynthesisCallback = createSynthesisCallback();
        synthesisCallback = mSynthesisCallback;
    }

    TextToSpeechService.this.onSynthesizeText(
        mSynthesisRequest, synthesisCallback);

    if (synthesisCallback.hasStarted()
            && !synthesisCallback.hasFinished()) {
        synthesisCallback.done();
    }
}

protected AbstractSynthesisCallback createSynthesisCallback() {
    return new PlaybackSynthesisCallback(getAudioParams(),
        mAudioPlaybackHandler, this,
        getCallerIdentity(), mEventLogger, false);
}

...
}
```

在上面的源码片段中，调用了 onSynthesizeText 方法，该方法由具体的服务提供者进行了实现。除此之外，创建了 PlaybackSynthesisCallback。PlaybackSynthesisCallback 中包含了对 AudioTrack 的创建及管理，并作为参数通过 onSynthesizeText 方法传递给语音合成服务的实现者，在实现者调用 PlaybackSynthesisCallback. audioAvailable 方法后，便将合成的数据通过 AudioTrack 播放了出来，而 AudioTrack 的创建对语音合成服务的实现者来说是透明的，语音合成服务中并不需要自己去管理音频的播放。

正是通过框架的封装与管理，当开发者为语音助手适配语音合成框架时才会觉得如此简练，感兴趣的读者可以顺着以上思路继续进行分析，了解对于其他请求，例如将合成的语音转成音频文件是如何实现的。

13.1.7 系统集成

在 Android 10 及之后的版本上，允许系统集成方通过配置文件指定默认的语音助手应用。默认语音助手通过 frameworks/base/core/res/res/values/config. xml 文件中的 config_defaultAssistant 字段定义，初始值为空。通过资源覆盖的方式制造商可以对该值进行修改，例如：

```
< string name = "config_defaultAssistant" translatable = "false"> com. my. assist </string >
```

使用语音助手应用的包名覆盖该资源的值后,系统首次启动便会将对应应用设置为默认语音助手,无须用户进入系统设置中进行设置。

13.2 导航应用

导航应用是信息娱乐系统中非常重要的一部分,它的出现甚至要比智能座舱概念的提出更早。

在 Android Automotive OS 中,导航应用需要负责渲染主屏和仪表的地图画面。这意味着相比手机,导航应用需要多一路显示输出。

由于导航应用在车内的重要性,谷歌在谷歌汽车服务(GAS)中提供了谷歌地图,以额外授权的方式提供给汽车制造商使用,谷歌地图需要以预置系统应用的方式进行集成。在国内,谷歌地图的使用并不广泛,很多制造商会选择自己开发导航应用或选择百度地图、高德地图提供导航服务。

本章将会在第 10 章多屏幕支持所介绍的内容基础之上,进一步说明 Android Automotive OS 上导航应用的开发要求。

13.2.1 导航应用对仪表导航的适配

在第 10 章多屏幕支持章节中,通过分析 DirectRenderingClusterSample 这个示例工程,介绍了导航页面的相关实现逻辑。如果制造商使用类似的实现方案,为导航应用在仪表上创建了一块虚拟显示设备,并且希望导航应用将导航画面显示到仪表之上,那就意味着作为导航应用的开发者或供应方同样需要进行相应的对接工作,以适配该方案;否则仪表服务是无法将地图画面显示出来的。

本节主要介绍关于仪表导航中关于导航画面的实现。

为仪表创建专属的 Activity

对于导航应用来说,首先要做的事情就是为仪表创建专属的 Activity。因为仪表上无论是分辨率还是显示的风格、界面的样式都与中控屏不同,将显示在中控屏上的地图画面照搬到仪表上显然是行不通的。因此,导航应用应该为仪表定义专门的 Activity。定义一个基本的仪表导航 Activity 非常简单。只要满足下面所说的几个条件就可以了。

下面的这段源码片段说明了如何在 AndroidManifest. xml 中对仪表 Activity 进行相应的声明:

```
< activity android:name = ". FakeClusterNavigationActivity"
        android:theme = "@android:style/Theme. NoTitleBar. Fullscreen"
        android:launchMode = "singleInstance"
        android:resizeableActivity = "true"
        android:allowEmbedded = "true">
    < intent - filter >
        < action android:name = "android. intent. action. MAIN"/>
        < category android:name = "android. car. cluster. NAVIGATION"/>
```

```
        </intent - filter>
    </activity>
```

此处，以创建一个 FakeClusterNavigationActivity 为例，在该 Activity 的声明中，这几项内容是必需的。

（1）在 intent-filter 标签下包含 < category android：name = " android. car. cluster. NAVIGATION"/>，该声明非常关键，系统正是通过该 category 信息确定此 Activity 是要显示到仪表上的。

（2）在 activity 标签下加入 android：allowEmbedded = "true"；该标签表明该 Activity 可作为另一 Activity 的嵌入式子项启动。由于该新定义的 Activity 是要内嵌到仪表服务为其创建的 VirtualDisplay 中的，所以 allowEmbedded 属性需要为 true。

除此以外，由于在仪表上不需要显示如导航栏、标题栏等内容，仪表 Activity 可以将主题指定为全屏，不过这不是强制的要求。同样地，如有需要，可以将该 Activity 设置为单例模式启动。

在 AndroidManifest. xml 中，除了声明 Activity 的相关内容之外，还涉及相关权限，为了能将该 Activity 显示到仪表上，以下权限需要进行声明：

```
< uses - permission android:name = "android. car. permission.
                    CAR_DISPLAY_IN_CLUSTER"/>

< uses - permission android:name = "android. car. permission.
                    CAR_INSTRUMENT_CLUSTER_CONTROL"/>
```

以上这两个权限是系统级别的权限，因此目前只有系统的导航应用才能在仪表上显示。不知道未来 Android Automotive OS 会不会将该权限放宽，或提供其他方式让第三方导航应用显示内容到仪表，让用户有更多的选择。

这里另外补充一点，除了" android. car. cluster. NAVIGATION"（CATEGORY_NAVIGATION）这个在 Android Automotive OS 中新增的 category 之外，在 Android 中，一直还存在" android. intent. category. APP_MAPS"（CATEGORY_APP_MAPS）这一 category，但是许多导航应用并没有声明该 category，对于在中控屏上显示的主 Activity，建议加上 CATEGORY_APP_MAPS，这样，会便于系统管理导航应用的相关页面。

在 AndroidManifest. xml 中配置完成 Activity 的属性及相关权限之后，再来了解一下该 FakeClusterNavigationActivity 实现时，还有什么特殊的地方。对于一个要显示在仪表上的 Activity 来说，除了主题和样式，最关心的可能就是显示区域的具体大小了，因为如果不知道显示区域的大小，导航应用的布局就可能出问题。在仪表的实现中，往往还可能会有阴影区域的设计。对于这样的情况，在启动时，导航应用可以通过启动的 Intent 获取相关的显示区域信息，并对布局做一定的调整。

下面的这段源码说明了如何获取仪表地图画面的显示区域大小：

```
@Override
public void onCreate(Bundle savedInstanceState) {
```

```
super.onCreate(savedInstanceState);
...
Intent intent = getIntent();
if (intent == null) {
  return;
}
Bundle bundle = intent.getBundleExtra(
  CarInstrumentClusterManager.KEY_EXTRA_ACTIVITY_STATE);
if (bundle == null) {
  return;
}
ClusterActivityState state = ClusterActivityState.fromBundle(bundle);

Rect unobscured = state.getUnobscuredBounds();
RelativeLayout.LayoutParams lp =
    new RelativeLayout.LayoutParams(
      unobscured.width(), unobscured.height());
lp.setMargins(unobscured.left, unobscured.top, 0, 0);
...
}
```

在 Activity 被启动时，可以使用以上方式获取传递的 ClusterActivityState，并从中获取显示区域的大小，然后对布局做相应调整。当然，由于仪表的设计布局多种多样，哪怕知道了区域大小，导航应用也未必就能完美适配仪表的布局，可能还是需要根据实际项目情况做相应调整。

剩下的任务就是将该 Activity 显示到仪表之上了。还记得第 12 章介绍过的应用焦点机制吗？应用焦点主要通过 AppFocusService 管理语音类、导航类应用的应用焦点。为了将导航画面显示到仪表之上，导航应用就需要申请导航类的焦点了。在导航应用的 Service 或者启动导航时，申请焦点即可，具体时机取决于实际的需求。申请焦点的方式如下：

```
mCarAppFocusManager.addFocusListener(mOnAppFocusChangedListener,
  CarAppFocusManager.APP_FOCUS_TYPE_NAVIGATION);

mCarAppFocusManager.requestAppFocus(
  CarAppFocusManager.APP_FOCUS_TYPE_NAVIGATION, mFocusCallback);
```

对于如何监听判断焦点的获取与丢失就不重复叙述了。在 AppFocusService 章节中已经做了详细的介绍。

获取了焦点以后，如果应用是运行在 Android 9 之上，还需要通过调用 CarInstrumentClusterManager 中的 startActivity 将导航画面显示到仪表上。CarInstrumentClusterManager 是 car-lib 中的服务之一，具体的启动流程可参考第 10 章多屏幕支持章节中的介绍。在导航应用中，通过以下方式启动即可：

```
Intent intent = new Intent(Intent.ACTION_MAIN);
intent.addCategory(CarInstrumentClusterManager.CATEGORY_NAVIGATION);
```

```
try {
  mCarInstrumentClusterManager.startActivity(intent);
} catch (android.car.CarNotConnectedException e) {
  return;
}
```

到这里，其实这个 FakeClusterNavigationActivity 就已经被显示到仪表之上了，导航应用只需在该 Activity 中加入导航画面就可以了，并不复杂。当然，这背后是因为框架完成了大部分的工作，对于导航应用来讲，声明相关的 category 及属性，申请导航应用焦点就可以了。

在这里，补充一下在 AOSP 源码中一个非常有用的示例工程 EmbeddedKitchenSinkApp，它的具体路径是在 packages/services/Car/tests/EmbeddedKitchenSinkApp，里面演示了许多 CarService 相关 API 的使用方式，其中也包含仪表。有兴趣的读者可以找到它的源码，里面有更完整的示例，与仪表相关的使用方法是在 packages/services/Car/tests/EmbeddedKitchenSinkApp/src/com/google/android/car/kitchensink/cluster 目录下。

13.2.2 让导航信息共享——Navigation State API

之前介绍了导航应用在仪表上如何显示导航画面。现在请读者想象这样一个场景，在仪表上、在抬头显示（Head Up Display，HUD）上，以及副驾、后排等其他屏幕上，甚至是通过某种方式与车载系统相连接的手机上面，都有可能需要显示导航时的信息，例如，路名、距离、路况、到达时间、指引箭头标识等。很显然，这些信息应该来自导航应用，那么如何将这些信息进行共享并让其他应用可以根据需要进行获取呢？这就需要使用到本章要介绍的 Navigation State API 了。

Navigation State API 是在 Android Automotive OS 中开始引入并使用的，从它的包名 android.car.cluster.navigation 中也可以看出，它和车载仪表紧密关联。但是从软件角度来讲，Navigation State API 是相对独立的，它不依赖于其他组件，本质上来说它是一种数据格式，其中保存了包含车道线、预计到达时间（Estimated Time of Arrival，ETA）、地址等信息。Navigation State API 可以被序列化和反序列化，在各个模块间进行传递。Android Automotive OS 定义 Navigation State API 很重要的原因是为了定义一种标准的导航信息传递的数据格式，并将其推广成为各个导航应用透出导航信息的标准。虽然目前 Navigation State API 只在 Android Automotive OS 上有所使用，但如有必要，谷歌公司完全可以将其推广至手机、平板电脑等其他平台上。

在具体介绍 Navigation State API 之前，还有一个小插曲需要特殊说明。在写作本章时，Navigation State API 已经经历了一次版本的变迁，并且前后两个版本并不具备兼容性。读者可以认为谷歌在 Navigation State API 的设计上出现了一次失误。在第一版的 Navigation State API（NavState1）中，是基于 VersionedParcelable 实现的，即利用了 Parcelable 机制，并且发布在了 AndroidX 的支持库中（可通过 androidx.car:car-cluster: 1.0.0-alpha51 引入工程）。而在第二版的 Navigation State API（NavState2）中，则是基于 Protocol buffers（ProtoBuf）实现的，ProtoBuf 是谷歌开发的一种平台无关、可扩展的序列化结构数据的方法，在通用数据交换中有广泛的应用。虽然 NavState1 与 NavState2 在数据的内容定义上大同小异,但是由于本身基于的基础发生了变化,序列化与反序列化及接口的使用上都无法保持兼容性。至于为什么会从 Parcelable 切换至 ProtoBuf,相信主要原因是为了保证未来 Navigation State API 各版本之间的兼容性,因为 ProtoBuf 的特性保证如果添加新字段,任何使用旧格式的消息仍然可以被新生成的源码解析,而使用 Parcelable 就可能出现如果各个应用中使用了不同版本的 Navigation State API 而导致数据解析错误的情况。

虽然 Navigation State API 并不与 Android Automotive OS 的系统版本有很强的关联,在 Android 9 上同样可以使用,但是在 Android 9 的系统源码中尚未涉及有 Navigation State API 的相关源码与例子,因此在本节如有涉及源码的部分,会使用 Android 10 的源码进行介绍。同时,本节涉及的 Navigation State API 的具体使用方式会基于 NavState2[①] 展开,请读者在阅读的时候注意。

本节将从以下几个方面介绍 Navigation State API。

1. 导航应用如何使用 Navigation State API

关于导航应用如何使用 Navigation State API,笔者并不打算事无巨细地介绍 Navigation State API 中包含的数据都是什么,而是主要说明如何发送 Navigation State API,及主要的适配工作是什么。首先,通过时序图(见图 13-12)来了解与 NavigationState 相关的组件,同时回顾之前关于仪表导航的流程。

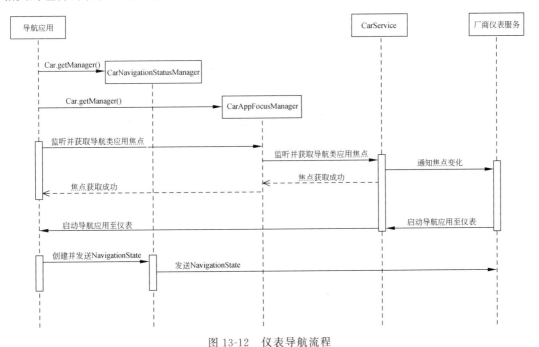

图 13-12 仪表导航流程

在图 13-12 中主要有以下信息需要注意。

(1)NavigationState 的发送通过 CarNavigationStatusManager 这一服务。

---

① 该库包含在 Jetpack 中:https://developer.android.com/jetpack/androidx/releases/car。

（2）NavigationState 最终会发送至制造商实现的仪表服务中。

（3）NavigationState 同样应该在获取导航应用的焦点以后再进行发送。

在了解了大致的流程后，下面通过简单的示例说明导航应用应该如何创建并发送 NavigationState。

发送 NavigationState 需要使用 Car API 中的 CarAppFocusManager 和 CarNavigation-StatusManager。

CarNavigationStatusManager 的获取方式读者应该很熟悉了，和其他 Manager 一样，通过 Car 成功连接后，使用如下方式获取：

```
mCarNavigationStatusManager =
 (CarNavigationStatusManager) mCar.getCarManager(
   Car.CAR_NAVIGATION_SERVICE);
```

注意权限：

```
< uses - permission android:name = "android.car.permission.CAR_NAVIGATION_MANAGER" />
```

而 CarAppFocusManager 也是一样，并且申请焦点的方式在前面的章节中已经有所介绍。因此，这里直接介绍导航应用如何创建并发送一个 NavigationState 的方法。

首先，在工程中先要导入 Navigation State API 的相关依赖，由于使用的是 NavState2，所以需要找到 navigation_state.proto[1] 文件，并将其集成到工程中[2]。引入相关依赖以后，便可通过以下方式发送一次 Navigation State 事件：

```
private void sendTurn() {
 Bundle bundle = new Bundle();
 bundle.putByteArray("navstate2", buildNavigationStateProto().toByteArray());
 mCarNavigationStatusManager.sendNavigationStateChange(bundle);
 Log.i(TAG, "Sending nav state: " + state);
}
```

以上通过自定义的私有方法 buildNavigationStateProto 创建了一条简单的 NavigationState 消息，并通过 CarNavigationStatusManager 进行发送。buildNavigationStateProto 的实现如下，其创建了一个包含基本要素的 NavigationState 消息：

```
private NavigationState.NavigationStateProto buildNavigationStateProto() {
 NavigationState.Destination destination =
   NavigationState.Destination.newBuilder()
     .setAddress("南京路")
     .setTraffic(NavigationState.Destination.Traffic.LOW)
     .setZoneId("Asia/Shanghai")
     .setDistance(NavigationState.Distance.newBuilder()
```

---

① 该文件路径为：packages/services/Car/car-lib/src/android/car/navigation/navigation_state.proto。

② 关于如何在 Android Studio 中增加 Protobuf 依赖，此处不展开说明了。推荐阅读：https://proandroiddev.com/how-to-setup-your-android-app-to-use-protobuf-96132340de5c。

```
            .setDisplayUnits(NavigationState.Distance.Unit.KILOMETERS)
            .setDisplayValue("100")
            .setMeters(100000))
        .setEstimatedTimeAtArrival(
          NavigationState.Timestamp.newBuilder()
            .setSeconds(System.currentTimeMillis() / 1000))
        .build();
    NavigationState.ImageReference imageReference
     = NavigationState.ImageReference.newBuilder()
      .setContentUri("content://com.example.clustercontent/drawable/test")
      .setIsTintable(true)
      .build();
    NavigationState.Maneuver maneuver
     = NavigationState.Maneuver.newBuilder()
      .setIcon(imageReference)
      .setType(NavigationState.Maneuver.Type.TURN_NORMAL_LEFT)
      .build();
    NavigationState.Step step = NavigationState.Step.newBuilder()
      .setManeuver(maneuver)
      .setDistance(
        NavigationState.Distance.newBuilder()
          .setDisplayUnits(NavigationState.Distance.Unit.METERS)
          .setDisplayValue("120")
          .setMeters(120))
      .setLanesImage(imageReference)
      .build();
    return NavigationState.NavigationStateProto.newBuilder()
      .addDestinations(destination)
      .addSteps(step)
      .setServiceStatus(
        NavigationState.NavigationStateProto.ServiceStatus.NORMAL)
      .build();
}
```

在上面的源码片段中创建的 NavigationStateProto 对象里，加入了目的地、TbT(Turn-by-Turn) 引导信息，同时包含距离、路名、单位等。除了上面示例中的信息以外，NavigationState 还有其他内容可以填充，对于导航应用来说，应该尽量将信息填充完整、准确。

同时，需要注意以下几点。

（1）需要将创建的 NavigationStateProto 序列化为字节流放入 Bundle 中进行传递，其中 key 为"navstate2"。

（2）使用 CarNavigationStatusManager 的 sendNavigationStateChange 方法发送 NavigationState 事件（Android 9 可以通过 sendEvent 方法进行发送，其中事件类型的形参值为 1）。

粗略一看，有可能会认为，到这里为止，关于 Navigation State API，这就是导航应用要做的全部了。但其实不然，仔细的读者应该发现了在 NavigationState 中 ImageReference 包含了一个 URI，同时这个 URI 用于访问 ContentProvider 组件（URI 的 scheme 是 content）。这是因为，NavigationState 需要传递图片（如车道线、下一路口标识等）给仪表服务，而发送图片的方式并不是直接传递 Bitmap，而是通过 ContentProvider 再进一步传递给仪表服务，或由仪表服务在需要的时候通过该 URI 来获取，这样做的目的是减少传递图片的开销，同时避免传输对象太大而导致 Binder 通信的失败。因此，对于导航应用来说，还需要实现一个 ContentProvider，用以对应 ImageReference 中的 URI。

一个简单的 ContentProvider 的实现如下：

```java
public class NavStateContentProvider extends ContentProvider {
  @Override
  public boolean onCreate() {
    return true;
  }

  @Override
  public ParcelFileDescriptor openFile(Uri uri, String mode) {
    String filename = new File(uri.getPath()).getName();
    String path = getContext().getCacheDir() + File.separator +
        uri.getLastPathSegment();
    File imageFile = new File(path);
    String width = uri.getQueryParameter("w");
    String height = uri.getQueryParameter("h");
    ...

    ParcelFileDescriptor image = ParcelFileDescriptor.open(imageFile,
        ParcelFileDescriptor.MODE_READ_ONLY);

    return image;
  }

  ...
}
```

别忘记在 AndroidManifest.xml 中声明该 ContentProvider：

```xml
<provider
    android:name=".NavStateContentProvider"
    android:authorities="com.example.clustercontent"
    android:grantUriPermissions="true"
    android:exported="true"/>
```

注意 authorities 应当和 ImageReference 中的字段匹配。

从上面的例子可以看出传递的 URI 的作用主要是让需要获取图片的应用通过 openFile 的方式，获取图片对应的文件描述符并读取，图片的具体获取方法后面再介绍。对于导航应用来说，主要的工作就是管理好图片缓存并返回。另外需要注意一点的是，URI 的信息中实际上还包含请求的图片大小信息。因此，导航应用可能还需要根据图片的请求大小，对图片进行加工后再返回。对于上面的示例来说，ContentProvider 的 openFile 方法中的 URI 的完整内容往往是这样的："content://com. example. clustercontent/drawable/test? w＝80&h＝80"，其中包含请求图片的大小信息。

通过上述流程，导航应用就可以将导航信息以及图片发送给仪表服务了。对于导航应用来说，主要还是要按照 Navigation State API 中的内容来填充足够的信息。同时，对于图片请求，应尽量返回与请求尺寸大小相等的图片。

2. 仪表服务如何使用 NavigationState

在了解了导航应用如何适配 Navigation State API 之后。下面介绍由制造商实现的仪表服务中需要对 Navigation State API 进行哪些处理。

导航应用发送的信息最终的接受者就是仪表服务。因此，Navigation State API 被如何使用，主要就取决于仪表服务的实现。

对于仪表服务来说，首先要考虑的就是 NavgationState 该如何接收。导航应用最终是通过 CarNavigationStatusManager. sendNavigationStateChange 或 sendEvent 方法将 NavigationState 发送出去的。

在前面介绍仪表服务的时候曾经提到过 CAR_NAVIGATION_SERVICE 是通过 InstrumentClusterService 中的 getNavigationService 方法获取的，而最终是由仪表服务进行实现的。因此，实现了相应的方法之后，仪表服务就能获取 NavigationState 信息了。制造商需要在继承了 InstrumentClusterRenderingService 的仪表服务类中实现如下方法：

```
@Override
protected NavigationRenderer getNavigationRenderer() {
  NavigationRenderer navigationRenderer = new NavigationRenderer() {
    @Override
    public CarNavigationInstrumentCluster getNavigationProperties() {
     CarNavigationInstrumentCluster config =
        CarNavigationInstrumentCluster.createCluster(1000);
     return config;
    }

    @Override
    public void onEvent(int eventType, Bundle bundle) {
     if (eventType == 1) {
        onNavigationStateChanged(bundle);
     }
    }

    @Override
    public void onNavigationStateChanged(@Nullable Bundle bundle) {
     if (bundle == null) {
        return;
     }
     byte[] protoBytes = bundle.getByteArray(NAV_STATE_PROTO_BUNDLE_KEY);
     if (protoBytes != null) {
       try {
         NavigationStateProto navState = NavigationStateProto
```

```
            .parseFrom(protoBytes);

        ...
      } catch (InvalidProtocolBufferException e) {
        Log.e(TAG, "Error parsing navigation state proto", e);
      }
    }
  }
};


return navigationRenderer;
}
```

实现 NavigationRenderer 的 onNavigationStateChanged 方法（在 Android 9 中，需要实现 onEvent 方法，并通过 eventType 判断是否接受到的是 NavigationState 事件），再通过 ProtoBuf 的标准方法解析即可。

另一个需要注意的点就是导航引导图片的获取，在 Android 9 中缺少相关的实现，而在 Android 10 相关的源码中 InstrumentClusterRenderingService 增加了新的方法，提供了统一的接口，仪表服务可直接调用获取 Bitmap。以下是 Android 10 中 InstrumentClusterRenderingService 的部分实现：

```
[Android 10 - InstrumentClusterRenderingService.java]

public Bitmap getBitmap(Uri uri, int width, int height)
  throws InvalidSizeException {
  ...

  try {
    ContextOwner contextOwner = getNavigationContextOwner();
    if (contextOwner == null) {
      return null;
    }

    uri = uri.buildUpon()
      .appendQueryParameter(
        BITMAP_QUERY_WIDTH, String.valueOf(width))
      .appendQueryParameter(
        BITMAP_QUERY_HEIGHT, String.valueOf(height))
      .build();

    ...

    Bitmap bitmap = mCache.get(uri.toString());
    if (bitmap == null) {
      ParcelFileDescriptor fileDesc =
        getContentResolver().openFileDescriptor(filteredUid, "r");
      if (fileDesc != null) {
```

```
                bitmap = BitmapFactory.decodeFileDescriptor(
                 fileDesc.getFileDescriptor());
                fileDesc.close();
                return bitmap;
            } else {
                Log.e(TAG, "Failed to create pipe for uri string: " + uri);
            }

            ...
        }

        return bitmap;
    } catch (Throwable e) {
        Log.e(TAG, "Unable to fetch uri: " + uri, e);
    }

    return null;
}
```

由于在 InstrumentClusterRenderingService 实现了 getBitmap 方法,因此仪表服务可以直接使用该方式获取图片。可以看到,通过 ContentResolver 的 openFileDescriptor 方法,InstrumentClusterRenderingService 会调用导航应用实现的 ContentProvider,并且获取对应图片的文件描述符。

另外,有几个问题值得注意。

(1) 图片会通过 URI 进行缓存,因此,不同的图片,如果 URI 相同有可能会出现问题。这需要导航应用确保不同的图片使用不同的 URI 进行传递,相反,相同的图片则建议使用相同的 URI,以减少开销。另外,图片有可能会进行缩放。

(2) 对于基于 Android 9 的开发者来说,也可自行实现类似的方法用以获取 Bitmap。

(3) 完成了 NavigationState 及图片的获取,剩下如何使用的任务就交由仪表服务自行处理了。仪表服务可以在仪表上显示相应信息。当然,由于 NavigationState API 数据内容的通用性,除了仪表服务,其他的应用如有需要其实也可以使用。

3. 进一步共享 NavigationState

目前为止,NavigationState 基本上是两点一线的,从导航应用到仪表服务(中间经过了 CarService 的中转)。其大致的数据传递过程如图 13-13 所示。

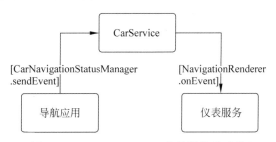

图 13-13　NavigationState 的数据传递过程

但是，系统中的其他应用也有可能有获取导航信息的需求。这个时候，如果能将 NavigationState 进一步共享给系统中的其他应用使用，就进一步拓展了其使用场景，而不再仅限于仪表服务。同时 Navigation State API 作为数据的载体，本身就很适合成为各应用之间传递导航信息的通用格式。

有多种方式可以实现 NavigationState 的进一步共享，其中 ContentProvider 是一个很好的选择，在仪表服务当中，在解析获得导航应用发过来的 NavigationState 后，除了在仪表服务中使用，还可以缓存下来。

同时，在仪表服务中，创建一个 ContentProvider，使其他应用可以通过约定的方式从该 ContentProvider 中获取最新的 NavigationState 状态。通过这种方式，就可以实现进一步共享 NavigationState 的目标，使 NavigationState 的使用者不再仅仅限于仪表服务。

对于如何实现一个 ContentProvider 进行跨应用的数据共享，在本节就不展开了。目前，在 Android Automotive OS 中并未对其有标准的要求。因此，各制造商可根据实际情况进行实现。

13.3　媒　体　应　用

本章介绍在车内另一类非常重要的应用——媒体应用在 Android Automotive OS 上的相关内容。

相信很多读者还记得曾经坐在车里听着收音机的时光，一开始也许只能作为乘客，后来自己驾驶着车辆，有时候是在行驶的路上，有时候是停在路边耐心等待着别人。收音机可以说是车内最早的信息娱乐设备。在这之前，在车内人们可能只能靠自己哼唱小曲来自娱自乐。而后来越来越多的功能出现在了车上，人们开始能用磁带、CD 播放音乐。到了现在，随着技术的发展，车载信息娱乐"设备"已经发展成了复杂的车载信息娱乐"系统"，无论是在交互上还是在内容上都发生了巨大的变化。

随着移动互联网的发展，更进一步加快了车载娱乐系统的变化。制造商将车载娱乐系统变成了一块嵌在车上的平板电脑，将用户手机上和平板电脑上能体验的应用同样引入了车内，不同的设备也可以相互连接为用户提供更丰富的娱乐体验。也许以后，转动着调频按钮寻找着自己喜欢的电台的场景将越来越少了，用户在车内会有着越来越多的娱乐选择。

汽车是除了家之外，另一片私人的空间，因此拓展在该空间内体验的多样性成为了各制造商的目标。正是因为看到媒体应用作为车内重要的应用之一，Android Automotive OS 率先制定了媒体应用的开发规范。虽然，宽泛地来说，只要是提供信息娱乐内容的应用都可以被称为媒体应用，不过对于运行在 Android Automotive OS 之上的应用来说，媒体应用还有着更具体的含义，即按照媒体应用架构进行开发的应用。因此，本章所介绍的相关内容也是基于 Android Automotive OS 媒体应用的开发规范所展开的。

与之前介绍的语音助手和导航应用不同，媒体应用是开放给第三方开发者的，任何开发者都可以在 Android Automotive OS 上开发属于自己的媒体应用。

13.3.1　媒体应用架构概览

在介绍如何具体实现媒体应用之前，本节将先对相关的基本概念进行概述，主要包括

media browser service(媒体浏览服务)、media session(媒体会话)、Android Automotive OS 上媒体应用的工作流等内容。

　　媒体浏览服务及相关的 API 是在 Android 5.0 引入框架中的。通过媒体浏览服务,能够让其他应用获取媒体应用内的媒体内容。同时,使 UI 界面与媒体服务实现分离,利用 MediaSession 类和 MediaController 类对媒体播放进行控制。

　　通过图 13-14 可以了解媒体会话和媒体控制器是如何工作的。

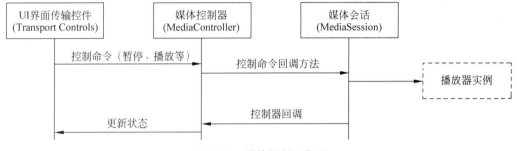

图 13-14　媒体控制工作流

　　UI 界面不直接与 MediaSession 进行交互,而是通过 MediaController 的控制命令将控制请求发送给 MediaSession,并由 MediaSession 在对应的回调方法中进行处理(如 onPlay、onStop 等)。通过这种方式很好地实现了前台界面与后台播放服务的分离。不仅如此,一个 MediaSession 可以对应多个 MediaController,实现线程安全的媒体播放控制。这里所提到的 MediaSession 由媒体浏览服务所创建,是媒体应用中重要的一部分。

　　媒体浏览服务的出现为媒体应用的控制提供了统一的方法。特别是车上,大大降低了语音助手实现媒体控制功能的开发复杂度。同时,对于其他需要获取媒体播放信息或进行控制的应用,也可以使用同样的方法来实现。

　　媒体浏览服务并不是 Android Automotive OS 上所独有的,在其他的 Android 设备上一样支持媒体浏览服务。不同的是,在 Android 其他设备上,媒体应用的架构往往如图 13-15 所示(以音频应用为例)。

　　也就是说,UI 界面由媒体应用自己实现,并通过 MediaBrowser 和 MediaController 所提供的 API 与应用内负责控制逻辑的组件进行交互。UI 界面和 MediaBrowserService 往往运行在同一个应用进程中。

　　而在 Android Automotive OS 上,以上架构中的 UI 相关部分被剥离出来,由 Android Automotive OS 中新引入的"媒体中心"完成 UI 的实现。媒体应用本身仅作为内容提供者,而具体界面展现则在媒体中心中完成。因此,结构如图 13-16 所示。

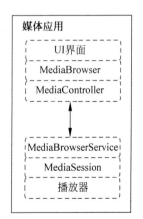

图 13-15　媒体应用架构-其他设备

　　与 Android 手机设备相比,最大的区别就是 UI 界面和媒体服务被分离到了两个应用中。媒体中心是 Android Automotive OS 特有的一个系统应用,其规定了界面的显示模板。而媒体应用主要提供媒体内容,并响应媒体控制命令。

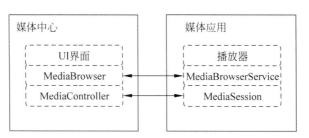

图 13-16　Android Automotive OS 媒体应用架构

虽然无论是由媒体应用自身去实现 UI 及服务，或是像 Android Automotive OS 中，将界面和服务分离，都是建立在媒体浏览服务架构之上的。但具体的工作流程可能不尽相同，因为当媒体应用自身去实现前后台的界面与服务时，可以自由地定义界面与服务的交互流程，不同的媒体应用在具体的流程上可能有所差异。但是当由媒体中心来负责控制的时候就不同了，媒体中心定义了统一的交互方式，这就要求媒体应用需要配合媒体中心的工作流程。

媒体中心与媒体应用的主要交互流程分为以下几步。

（1）当应用启动，媒体中心尝试连接媒体应用的媒体浏览服务，在媒体浏览服务被创建时，需要同时创建 MediaSession 实例。

（2）媒体中心通过媒体浏览服务的 onGetRoot 方法尝试获取媒体应用的根媒体对象。

（3）媒体中心通过媒体浏览服务的 onLoadChildren 方法尝试获取根媒体对象下的子媒体对象列表，并将其呈现在界面上。

（4）当用户点击上一步获取的某一媒体对象时，如果该媒体对象是可以被继续展开的，则继续通过 onLoadChildren 方法获取下一层级的媒体列表，呈现在界面上。

（5）如果获取的子媒体对象是可以被播放的，则调用 MediaController 的相关方法完成播放、暂停等控制操作。

（6）除此以外，媒体中心还可能向媒体应用发起搜索请求，媒体应用需要在 onSearch 方法中进行响应。

以上是媒体中心与媒体应用之间主要的工作流程。读者可能会有疑问，为什么 Android Automotive OS 要在原来媒体浏览服务的基础上又额外增加了媒体中心？另外，媒体中心会限制媒体应用开发的灵活度，特别是界面上的自由度，媒体应用无法自由地定义其界面的样式。对此，谷歌的解释是由于车内的屏幕尺寸、输入方式、制造商定制内容的多样性以及驾驶安全的原因，为了降低媒体应用开发的复杂度，因此引入了媒体中心。

媒体中心的出现为媒体应用提供了统一的模板，规范了媒体应用的界面样式，很大程度上保证了驾驶安全。在一定程度上也降低了应用开发的复杂性，因为适配各个不同尺寸车机屏幕的任务将由媒体中心及制造商完成，而不用媒体应用进行适配。另外，Android Auto 投屏方案采用的是同样的架构，因此开发符合规范的媒体应用可以同时支持 Android Automotive OS 和 Android Auto 这两个平台。

在 Android Automotive OS 上，媒体应用是首个被谷歌应用市场所支持的应用类型，足见谷歌对于媒体应用的重视（对于其他类型的应用，如之前介绍的语音助手，谷歌以额外服务的形式提供，尚不支持第三方在谷歌应用市场上进行上架）。而在开发环境方面，

Android Studio 也已经加入了车载媒体应用的开发模板。

通过前面对媒体应用架构的介绍,相信读者对媒体应用是如何在 Android Automotive OS 上运行的有了一个大致的了解。下面将详细地说明如何开发一款符合 Android Automotive OS 规范的车内媒体应用①。

为了帮助读者更好地了解如何在 Android Automotive OS 上开发媒体应用,本节将从零开始搭建一款简单的音乐应用。

媒体应用主要由浏览页、播放页、搜索、登录页、设置页几个部分组成:

在不同的页面中需要遵循具体的开发规范。下面将逐一进行介绍。

13.3.2 创建媒体应用工程

首先,需要创建媒体应用工程。Android Studio 从 3.6 版本开始支持为 Android Automotive OS 创建模板工程,在创建工程时,可以直接选择汽车设备,并选择自动生成 MediaService,如图 13-17 所示。

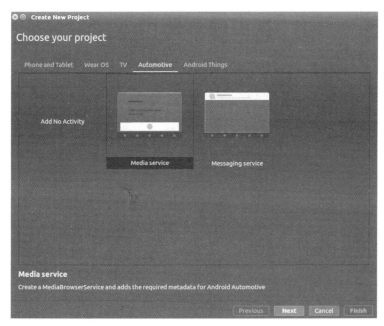

图 13-17 媒体应用工程创建

创建工程后,会发现 Android Studio 已经搭建好了一个最简单的媒体应用工程框架,目录结构见图 13-18。

如图 13-18 所示,生成了三个模块,分别为 automotive、mobile、shared,同时在 shared 目录下生成了 MyMusicService 类。其中 automotive 和 mobile 用于构建 Android 应用(生成 apk 文

---

① 对于原来已经实现了媒体浏览服务的媒体应用而言,迁移或者说增加对 Android Automotive OS 的支持是比较简单的。由于谷歌对于第三方媒体应用的支持,读者也更容易在网上找到相关的官方资料,在 2019 年谷歌的 IO 大会上,包含相关内容的介绍,从以下链接中读者可以学习到如何修改一款手机应用以增加对车载设备的支持: https://www.youtube.com/watch? v=Ujwy_AoJnZs。

件），shared 用于构建 Android 库。从名字上可以看出，automotive 下用于创建汽车设备相关的组件；mobile 下则是用于创建在手机设备上的组件；shared 是两者共用的部分，媒体浏览服务的实现就可以放在该公共目录中。打开 MyMusicService 可以发现，其继承了 MediaBrowserService，并且在自动生成的源码中，已经为开发者初始化了 MediaSession 对象[①]（见图 13-19）。

图 13-18　媒体应用工程目录

　　总体来说，Android Studio 所创建的媒体工程模板还是比较实用的，便于开发者进行源码的管理。之后将基于该工程的结构，进一步实现具体的功能。

```
60      * android:resource="@xml/automotive_app_desc"/&gt;
61      * And in res/values/automotive_app_desc.xml:
62      * &lt;automotiveApp&gt;
63      * &lt;uses name="media"/&gt;
64      * &lt;/automotiveApp&gt;
65      *
66      * &lt;/ul&gt;
67      */
68   public class MyMusicService extends MediaBrowserServiceCompat {
69
70          private MediaSessionCompat mSession;
71
72          @Override
73          public void onCreate() {
74              super.onCreate();
75
76              mSession = new MediaSessionCompat( context: this, tag: "MyMusicService");
77              setSessionToken(mSession.getSessionToken());
78              mSession.setCallback(new MediaSessionCallback());
79              mSession.setFlags(MediaSessionCompat.FLAG_HANDLES_MEDIA_BUTTONS |
80                      MediaSessionCompat.FLAG_HANDLES_TRANSPORT_CONTROLS);
81          }
82
83          @Override
84          public void onDestroy() {
85              mSession.release();
86          }
87
```

图 13-19　Android Studio 自动生成的媒体浏览服务

13.3.3　实现浏览页

　　浏览页，即用于向用户展示媒体项目的页面。

　　在浏览页，开发者可以创建不同的标题栏或者说菜单栏，并允许设置不同的布局方式。媒体中心支持两种风格的展示布局，分别是网格型（Grid）和列表型（List）。

　　在开发浏览页时，媒体应用可以对以下内容进行自定义。

　　（1）定义默认的布局风格；

　　（2）为某一页面指定与默认风格不同的布局风格；

　　（3）媒体项的具体显示内容。

　　下面开始开发一款简单的媒体应用，该应用的名字叫"摇滚手"（应用的图标就是一个象征摇滚的手势）。在该示例应用中，实现如图 13-20 所示的浏览页面。

---

　　①　生成的源码中使用了 Android Support 库，Android Support 库可保证新版 API 的向后兼容性。具体可参见 https://developer.android.com/topic/libraries/support-library。

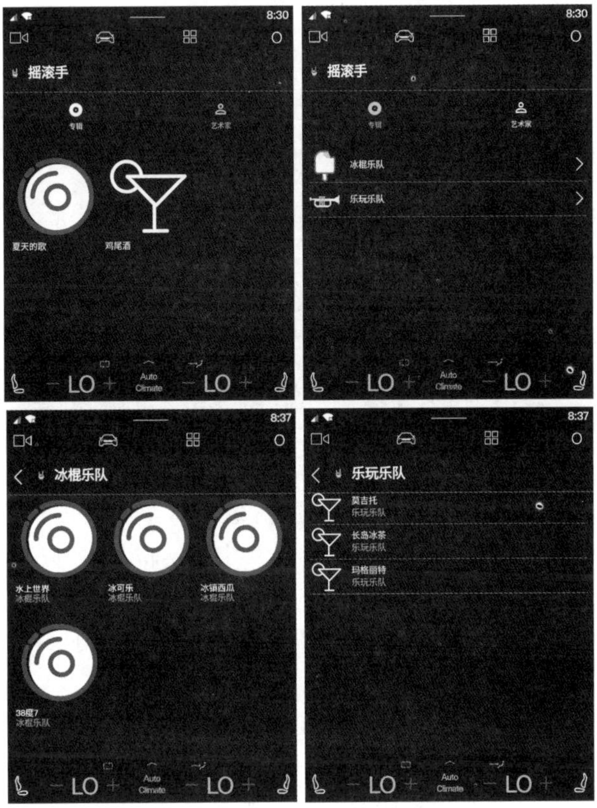

图 13-20　一、二级浏览页

图 13-20 是完成浏览页后,运行在模拟器①上的截图。

该例子具体实现了以下功能。

(1) 创建了"专辑"和"艺术家"两个标题栏;

(2) 在两个标题栏下,分别以不同的布局创建子浏览对象列表;

(3) 在子浏览对象中以不同的布局分别创建了播放对象列表。

为了实现以上的功能,需要在 MyMusicService 内增加以下内容。

1. 在 onGetRoot 中创建 BrowserRoot,并返回默认布局样式

当用户通过媒体中心打开该应用时,媒体中心会尝试连接应用中的媒体浏览服务,这时 MediaBrowserService 的 onGetRoot 方法会首先被调用。因此,媒体应用需要重写 onGetRoot 方法,并返回根节点。除此以外,onGetRoot 还承担着控制访问权限的作用,因为任何应用都有可能对某一媒体应用发起连接请求,有时,媒体应用可能并不希望任何应用都能获得媒体内容。此时,就可以通过 onGetRoot 方法进行控制②,如果 onGetRoot 方法的返回值为 null,则连接会被拒绝。

---

① 目前,Android Automotive OS 的模拟器没有手机那么丰富,但也有几种类型可选,笔者这里使用的是极星品牌的模拟器,读者可访问 https://developer.polestar.com/了解并获取该模拟器。

② 对于访问权限控制的方式和实现可以参考 Android 官方的例子:https://github.com/android/uamp/blob/bffac196050a6453f82ee6ad6297a7056603cb82/common/src/main/java/com/example/android/uamp/media/PackageValidator.kt。

Android Automotive OS 之应用

在"摇滚手"应用中，为了尽可能简明扼要地说明如何创建 BrowserRoot，不对第三方连接进行限制，源码片段如下：

```
@Override
public BrowserRoot onGetRoot(@NonNull String clientPackageName,
        int clientUid,
        Bundle rootHints) {
    Bundle extras = new Bundle();
    extras.putInt(MediaConstants.CONTENT_STYLE_BROWSABLE_HINT,
            MediaConstants.CONTENT_STYLE_GRID_ITEM_HINT_VALUE);
    extras.putInt(MediaConstants.CONTENT_STYLE_PLAYABLE_HINT,
            MediaConstants.CONTENT_STYLE_LIST_ITEM_HINT_VALUE);
    return new BrowserRoot(MY_MEDIA_ROOT_ID, extras);
}
```

在 onGetRoot 方法中，通过创建的 Bundle 对象设置了布局样式，并通过 BrowserRoot 传递给媒体中心。此处，将默认的可浏览项的样式定为网格，可播放项的样式定为列表。除了返回样式以外，还需要返回根节点的 ID，该 ID 开发者可根据需要定义，保证节点的唯一性即可，因为需要用它来区分不同的媒体项目。例子中，自定义了 MY_MEDIA_ROOT_ID 字符串常量。

截至写作本节时，在公共的仓库中还没有汽车媒体应用相关的支持库可供下载，因此相关常量需要开发者在应用中自行定义。在示例中，创建了 MediaConstants 类，并将需要用到的常量定义在该类中[①]。这里用到的几个常量的定义如下：

```
public static final String CONTENT_STYLE_PLAYABLE_HINT =
        "android.media.browse.CONTENT_STYLE_PLAYABLE_HINT";
public static final String CONTENT_STYLE_BROWSABLE_HINT =
        "android.media.browse.CONTENT_STYLE_BROWSABLE_HINT";
public static final int CONTENT_STYLE_LIST_ITEM_HINT_VALUE = 1;
public static final int CONTENT_STYLE_GRID_ITEM_HINT_VALUE = 2;
```

其中，CONTENT_STYLE_PLAYABLE_HINT 作为键值，代表可播放项的布局样式；CONTENT_STYLE_BROWSABLE_HINT 作为键值，代表可浏览项的布局样式；CONTENT_STYLE_LIST_ITEM_HINT_VALUE、CONTENT_STYLE_GRID_ITEM_HINT_VALUE 分别用于指定具体项目的样式为列表或网格。

2. 重写 onLoadChildren 返回菜单项

当 onGetRoot 返回了非空的 BrowserRoot 对象后，媒体中心将成功连接"摇滚手"应用，并继续调用 onLoadChildren 方法获取子媒体项。一般来说，媒体应用在根节点下还会做更细致的类型划分，这个时候可以通过 onLoadChildren 返回媒体项列表将内容显示出来。例子中菜单项（专辑、艺术家）的实现正是通过该方式，媒体中心会将二级节点的媒体项

---

① 尽管没有支持库可以下载，但是在 Android Automotive OS 的源码中，还是可以找到相关的定义的，开发者可以将 packages/apps/Car/libs/car-media-common/src/com/android/car/media/common/MediaConstants.java 复制至工程中。注意，该类中具体的常量定义在不同的 Android 版本上可能会有差异。

内容作为菜单项显示在页面的上部（不同模拟器的布局可能会不一样）。具体的源码如下：

```
@Override
public void onLoadChildren(@NonNull final String parentMediaId,
    @NonNull final Result < List < MediaItem >> result) {

    List < MediaBrowserCompat. MediaItem > mediaItems = new ArrayList <>();

    if (MY_MEDIA_ROOT_ID. equals(parentMediaId)) {
        mediaItems. add(
            createMediaItemBrowsable(
                MY_MEDIA_ALBUM_ID,
                getString(R. string. category_album),
                getUriForResource(this, R. drawable. ic_album)
            )
        );
        mediaItems. add(
            createMediaItemBrowsable(
                MY_MEDIA_ARTIST_ID,
                getString(R. string. category_artist),
                getUriForResource(this, R. drawable. ic_artist)
            )
        );
    }
    ...
}
```

可以看到 onLoadChildren 的参数中会传递 parentMediaId，通过该 ID 应用可以知道目前正在被浏览的项目。在例子中，通过判断 parentMediaId 是否与 MY_MEDIA_ROOT_ID 相同，返回相应的内容。

在这里，需要返回"专辑"和"艺术家"这两个菜单项，并且，希望这两个菜单项中的布局样式不一样，一个采用默认的网格布局，一个采用列表布局。因此私有方法 createMediaItemBrowsable 的实现如下：

```
private MediaBrowserCompat. MediaItem createMediaItemBrowsable(
    String mediaId, String folderName, Uri iconUri) {
    MediaDescriptionCompat. Builder descriptionBuilder =
        new MediaDescriptionCompat. Builder();
    descriptionBuilder. setMediaId(mediaId);
    descriptionBuilder. setTitle(folderName);
    if (iconUri != null) {
        descriptionBuilder. setIconUri(iconUri);
    }

    if (MY_MEDIA_ARTIST_ID. equals(mediaId)) {
        Bundle extras = new Bundle();
        extras. putInt(MediaConstants. CONTENT_STYLE_BROWSABLE_HINT,
            MediaConstants. CONTENT_STYLE_LIST_ITEM_HINT_VALUE);
```

```
        extras.putInt(MediaConstants.CONTENT_STYLE_PLAYABLE_HINT,
            MediaConstants.CONTENT_STYLE_GRID_ITEM_HINT_VALUE);
        descriptionBuilder.setExtras(extras);
    }
    return new MediaBrowserCompat.MediaItem(descriptionBuilder.build(),
        MediaBrowserCompat.MediaItem.FLAG_BROWSABLE);
}
```

注意以下几点。

（1）子媒体项是通过 MediaItem 进行传递的，在创建 MediaItem 的同时，可以创建 MediaDescription 描述单个媒体项的内容，这些内容会被显示在页面之上，包括标题、图标等[①]。

（2）子媒体项，可分为浏览项和播放项，浏览项（FLAG_BROWSABLE）意味着该节点可以被继续展开，当用户点击该节点后，onLoadChildren 会再次被调用，获取下一级的媒体项列表；播放项（FLAG_PLAYABLE）意味着该节点是可以播放的媒体项目，用户点击后，会进入播放页面。

（3）同样需要为子媒体项定义特有的媒体 ID。

（4）通过创建子媒体项时，重新传入布局样式，可以覆盖在 onGetRoot 方法中定义的默认布局样式。

通过以上的步骤，"专辑"和"艺术家"这两个菜单项就完成了。用同样的方式，在 onLoadChildren 继续返回浏览页中的内容，就可以进一步完成专辑页面、专辑歌曲页面等内容的显示了。尽管显示的内容不同，但是它们都是浏览页，媒体中心在用户每次打开新的浏览页时都是通过 onLoadChildren 获取该页需要陈列的内容。同样，应用也可以继续覆盖新的布局方式。

在例子中，当用户点击具体的专辑名或者乐队名称时，需要显示的内容就是一首首具体的歌曲了，也就是播放项。播放项的创建和浏览项的创建一样，都是通过 MediaBrowserCompat.MediaItem，不同的是播放项的标签是 FLAG_PLAYABLE。因此可以通过如下方式创建：

```
private MediaBrowserCompat.MediaItem createMediaItemPlayable(
    String mediaId, String title,
    String subtitle, Uri iconUri) {
  MediaDescriptionCompat.Builder mediaDescriptionBuilder =
    new MediaDescriptionCompat.Builder();
  mediaDescriptionBuilder.setMediaId(mediaId);
  mediaDescriptionBuilder.setTitle(title);
  mediaDescriptionBuilder.setSubtitle(subtitle);
  mediaDescriptionBuilder.setIconUri(iconUri);
  mediaDescriptionBuilder.setExtras(extras);

  return new MediaBrowserCompat.MediaItem(
      mediaDescriptionBuilder.build(),
      MediaBrowserCompat.MediaItem.FLAG_PLAYABLE
  );
}
```

---

① MediaDescription API：https://developer.android.com/reference/android/media/MediaDescription.html。

以用户点击"冰棍乐队"为例,这个时候就可以通过 createMediaItemPlayable 方法,创建了 4 个具体的可播放项,并通过 onLoadChildren 返回。

如上所述,就完成了浏览页面的创建,当用户点击具体的曲目的时候,将跳转到播放页面,下面继续介绍如何实现播放页。

13.3.4　实现播放页

当用户在浏览页中点击播放选项,此时媒体中心便会进入播放页面。这一节继续扩展"摇滚手"应用,实现如图 13-21 所示的一个播放页面。

为了实现播放页,首先需要让应用拥有播放功能。在一开始创建工程的时候,Android Studio 为应用自动生成了 MyMusicService,并创建了对应的 MediaSessionCompat 和 MediaSessionCompat. Callback。正是通过 MediaSessionCompat 和 MediaSessionCompat. Callback 媒体中心(或者其他客户端应用)才能实现对媒体应用的控制。

具体到媒体中心播放页的实现,这就要求在"摇滚手"应用中正确地响应控制命令,同时设置正确的播放状态及播放信息。只有完成了以上内容,播放页面中的进度条、上一首、下一首按钮才能正确地显示出来。

当用户点击了浏览页中的一个播放项时,这个时候媒体中心便会通过 MediaController 对象的 getTransportControls().

图 13-21　播放页

playFromMediaId 方法请求播放对应的媒体内容了。该命令通过媒体框架发送到应用中,MediaSessionCompat. Callback 的 onPlayFromMediaId 方法便会收到回调。为此,媒体应用需要在自动生成的 MediaSessionCallback 中填充对应的播放逻辑。在本示例工程中,实现如下:

```
private class MediaSessionCallback extends MediaSessionCompat.Callback {
    ...
    @Override
    public void onPlayFromMediaId(String mediaId, Bundle extras) {
        play(mediaId);
        setMediaPlaybackState(PlaybackStateCompat.STATE_PLAYING);
    }
    ...
}
```

上面源码片段中的 play 和 setMediaPlaybackState 是应用中的私用方法。这里主要完成了两件事情,开始播放和设置当前的播放状态。

首先,通过 setMediaPlaybackState 方法了解如何设置播放状态:

```
private void setMediaPlaybackState(int state) {
    PlaybackStateCompat.Builder pbsBuilder =
        new PlaybackStateCompat.Builder();
```

```
switch (state) {
    case PlaybackStateCompat.STATE_PLAYING: {
        pbsBuilder.setActions(PLAYING_ACTIONS);
        break;
    }
    case PlaybackStateCompat.STATE_PAUSED: {
        pbsBuilder.setActions(PAUSED_ACTIONS);
        break;
    }
    case PlaybackStateCompat.STATE_STOPPED: {
        pbsBuilder.setActions(STOPPED_ACTIONS);
        break;
    }
}
...
pbsBuilder.setState(state, mMediaPlayer.getCurrentPosition(),
    /* playbackSpeed = */ 1.0f);
mSession.setPlaybackState(pbsBuilder.build());

mCurrentState = state;
}
```

以上方法中，创建了 PlaybackStateCompat 对象，将当前的播放状态通过 MediaSession 的 setPlaybackState 方法进行设置。在上述源码片段中 PLAYING_ACTIONS、PAUSED_ACTIONS、STOPPED_ACTIONS 是自定义的常量，它们具体的定义如下：

```
private static final long PLAYING_ACTIONS =
        (PlaybackStateCompat.ACTION_PAUSE
                | PlaybackStateCompat.ACTION_PLAY_FROM_MEDIA_ID
                | PlaybackStateCompat.ACTION_SKIP_TO_NEXT
                | PlaybackStateCompat.ACTION_SKIP_TO_PREVIOUS);

private static final long PAUSED_ACTIONS =
        (PlaybackStateCompat.ACTION_PLAY
                | PlaybackStateCompat.ACTION_PLAY_FROM_MEDIA_ID
                | PlaybackStateCompat.ACTION_SKIP_TO_NEXT
                | PlaybackStateCompat.ACTION_SKIP_TO_PREVIOUS);

private static final long STOPPED_ACTIONS =
        (PlaybackStateCompat.ACTION_PLAY
                | PlaybackStateCompat.ACTION_PLAY_FROM_MEDIA_ID
                | PlaybackStateCompat.ACTION_SKIP_TO_NEXT
                | PlaybackStateCompat.ACTION_SKIP_TO_PREVIOUS);
```

可以发现，它们是 PlaybackStateCompat 对象中 action 相关常量的组合。而在 PlaybackStateCompat 中包含 state 和 action 这两个类型的值，对于 state（状态）相信读者很

容易理解,即当前的播放状态。目前,PlaybackStateCompat[①] 中定义了 12 种播放状态,分别是:

```
STATE_NONE - 默认状态,无播放内容
STATE_STOPPED - 当前播放停止
STATE_PAUSED - 当前播放暂停
STATE_PLAYING - 正在播放
STATE_FAST_FORWARDING - 正在快进
STATE_REWINDING - 正在回退
STATE_BUFFERING - 正在缓冲
STATE_ERROR - 播放出错
STATE_CONNECTING - 正在连接
STATE_SKIPPING_TO_PREVIOUS - 正在跳转到上一内容
STATE_SKIPPING_TO_NEXT - 正在跳转到下一内容
STATE_SKIPPING_TO_QUEUE_ITEM - 正在跳转到特定内容
```

在例子中,只涉及三种播放状态,即播放、暂停、停止。在开发更复杂的媒体应用时,开发者应根据实际情况设置更准确的状态值。

那么,action(动作)在这里的含义又是什么呢? 它其实指代的是,在当前状态下,媒体项目所支持的动作或者说操作有哪些。它的主要作用是让其他客户端应用了解当前媒体应用所支持的操作。当媒体中心或其他应用通过 MediaSession 与媒体应用进行交互时,除了希望知道当前的状态以外,还需要知道当前状态下能支持哪些控制命令,例如媒体应用是否支持 ACTION_SKIP_TO_NEXT(跳转到下一曲),如果支持,那么这个时候,就可以调用 MediaController 实例的 getTransportControls().skipToNext 方法来切换播放项了。而对于当前不支持的 action,客户端应用则不应该调用相关联的控制方法。

目前,PlaybackStateCompat 中定义了 21 种 action。

- ACTION_STOP 支持停止当前播放的内容。
- ACTION_PAUSE 支持暂停当前播放的内容。
- ACTION_PLAY 支持播放命令。
- ACTION_REWIND 支持回退。
- ACTION_SKIP_TO_PREVIOUS 支持播放上一首。
- ACTION_SKIP_TO_NEXT 支持播放下一首。
- ACTION_FAST_FORWARD 支持快进。
- ACTION_SET_RATING 支持打分。
- ACTION_SEEK_TO 支持设置播放进度。
- ACTION_PLAY_PAUSE 支持播放暂停。
- ACTION_PLAY_FROM_MEDIA_ID 支持指定媒体 ID 播放。
- ACTION_PLAY_FROM_SEARCH 支持搜索播放。
- ACTION_SKIP_TO_QUEUE_ITEM 支持跳转至特定项目。

---

① PlaybackStateCompat API: https://developer.android.com/reference/android/support/v4/media/session/PlaybackStateCompat。

- ACTION_PLAY_FROM_URI 支持指定 URI 播放。
- ACTION_PREPARE 支持准备。
- ACTION_PREPARE_FROM_MEDIA_ID 准备以媒体 ID 播放。
- ACTION_PREPARE_FROM_SEARCH 准备搜索播放。
- ACTION_PREPARE_FROM_URI 准备以 URI 播放。
- ACTION_SET_REPEAT_MODE 支持设置重复播放模式。
- ACTION_SET_SHUFFLE_MODE 支持设置随机播放模式。
- ACTION_SET_CAPTIONING_ENABLED 支持设置字幕（歌词）开关。

播放状态和支持的命令是媒体应用中两个重要的状态。只有设置了正确的播放状态及支持的操作后，播放页面上才会根据情况显示上一首、下一首等控制按钮。除此以外，还需要注意的是 PlaybackStateCompat 的 setState 方法中另外的两个参数，当前的播放位置（position）和播放速率（playbackSpeed），播放位置以毫秒为单位，代表当前的媒体播放进度。如果播放位置是 PlaybackStateCompat.PLAYBACK_POSITION_UNKNOWN，那么播放页中的进度条就不会显示了。

播放页面上的按钮、进度条的显示与媒体状态的设置有关。另一方面，媒体内容，如封面图片、专辑名称、乐队名称等信息的显示则需要通过其他的方法进行传递。这部分内容的实现，放在了私有方法 play 中，play 方法的具体实现如下：

```
private void play(String mediaId) {
    ...
    MediaMetadataCompat metadata = createMetadata(
        title.toString(), artist.toString(),
        album.toString(), albumArt.toString(), duration);
    mSession.setMetadata(metadata);

    ...
    mMediaPlayer.start();
    mCurrentMedia = mediaId;
}
```

在上面的源码片段中，省略了通过 mediaId 获取具体播放资源的过程，因为媒体资源的管理由媒体应用自身实现，并非媒体框架的一部分。在 play 方法中完成了创建 MediaMetadataCompat 并开始播放[①]。

播放项的具体信息通过 MediaMetadataCompat 对象进行传递，在调用 MediaSession 的 setMetadata 进行设置后，相关信息就会在媒体中心的播放页面上显示了。MediaMetadataCompat 中包含了当前媒体项目的具体信息，与 MediaBrowserCompat.MediaItem 有些类似，但是 MediaMetadataCompat 更具体地对媒体的属性进行了描述，如艺术家、专辑名、作曲、封面

---

① 由于例子"摇滚手"主要为了说明媒体应用如何对接 Android Automotive 中的媒体中心。在播放的管理上，省略了音频焦点的处理，在实际媒体应用的开发中，音频焦点的申请与管理也是重要的一部分，通过音频焦点，车内不同类型的声音才可以协调工作。因此，在播放的时候应该包含音频焦点申请的相关逻辑。关于音频焦点的管理，读者可以参考 https://developer.android.com/guide/topics/media-apps/audio-focus。另外，Android Automotive 中对于音频焦点的管理有特殊的处理，相关内容可以参考本书汽车服务中 CarAudioService 相关的内容。

等。在例子中，私有方法 createMetadata 的实现如下：

```
private MediaMetadataCompat createMetadata(String title, String artist,
    String album, String albumArt, long duration) {
    MediaMetadataCompat.Builder metadata =
        new MediaMetadataCompat.Builder();
    metadata.putString(MediaMetadataCompat.METADATA_KEY_TITLE, title);
    metadata.putString(MediaMetadataCompat.METADATA_KEY_ARTIST, artist);
    metadata.putString(MediaMetadataCompat.METADATA_KEY_ALBUM, album);
    metadata.putLong(MediaMetadataCompat.METADATA_KEY_DURATION, duration);
    metadata.putString(MediaMetadataCompat.METADATA_KEY_ALBUM_ART_URI,
        albumArt);
    return metadata.build();
}
```

在 createMetadata 方法中，填入了标题、专辑名、专辑封面、艺术家、时间这些信息，读者如果再回过头来看一下本节开始时的效果图会发现这些信息都会呈现在播放页上。除了以上信息，MediaMetadataCompat 还支持其他的内容。

- METADATA_KEY_TITLE 支持标题。
- METADATA_KEY_ARTIST 支持艺术家。
- METADATA_KEY_DURATION 支持时长。
- METADATA_KEY_ALBUM 支持专辑。
- METADATA_KEY_AUTHOR 支持作者。
- METADATA_KEY_WRITER 支持作词。
- METADATA_KEY_COMPOSER 支持作曲。
- METADATA_KEY_COMPILATION 支持特辑。
- METADATA_KEY_DATE 支持日期。
- METADATA_KEY_YEAR 支持年份。
- METADATA_KEY_GENRE 支持类型、曲风。
- METADATA_KEY_TRACK_NUMBER 支持曲目数。
- METADATA_KEY_NUM_TRACKS 支持曲目编号。
- METADATA_KEY_DISC_NUMBER 支持唱片数。
- METADATA_KEY_ALBUM_ARTIST 支持主导艺人。
- METADATA_KEY_ART 支持封面。
- METADATA_KEY_ART_URI 支持封面 URI。
- METADATA_KEY_ALBUM_ART 支持专辑封面。
- METADATA_KEY_ALBUM_ART_URI 支持专辑封面 URI。
- METADATA_KEY_USER_RATING 支持用户打分。
- METADATA_KEY_RATING 支持总体评分。
- METADATA_KEY_DISPLAY_TITLE 支持显示的标题。
- METADATA_KEY_DISPLAY_SUBTITLE 支持副标题。
- METADATA_KEY_DISPLAY_DESCRIPTION 支持描述。

- METADATA_KEY_DISPLAY_ICON 支持图标。
- METADATA_KEY_DISPLAY_ICON_URI 支持图标 URI。
- METADATA_KEY_MEDIA_ID 支持媒体 ID。
- METADATA_KEY_BT_FOLDER_TYPE 支持蓝牙目录类型。
- METADATA_KEY_MEDIA_URI 支持媒体 URI。
- METADATA_KEY_ADVERTISEMENT 支持广告。
- METADATA_KEY_DOWNLOAD_STATUS 支持下载状态。

作为媒体应用不用将如此多的内容都填充完整。播放页面上具体使用哪些数据，是由媒体中心所决定的，并不是填入的数据都会被呈现在播放页面之上。

完成了页面元素相关的设置，还需要正确响应控制命令。而控制命令的处理也是通过 MediaSession 相关的方法实现的。在 MediaSessionCompat.Callback[1] 中，包含响应各种请求的回调方法，基本与 PlaybackStateCompat 中定义了 21 种 action 对应。

媒体应用需要实现 MediaSessionCompat.Callback 中的回调方法并加入具体的控制逻辑。例如，当用户点击了播放按钮时，onPlay 方法将被调用，这时候就需要开始播放内容；当用户点击了下一首，onSkipToNext 方法会被调用，此时需要将播放内容跳转至下一首。

通过以上步骤，一个基本的播放页面就完成了。播放页面上显示了歌曲名、乐队名、专辑名、专辑封面、上一首控制按钮、播放/暂停控制按钮、下一首控制按钮、进度条。

不过，细心的读者可能发现了，在播放页面上面还有"收藏"和"随机播放"按钮，像"收藏""随机播放"[2]这样的功能在媒体应用中也是十分普遍的。除此以外，有的媒体应用还会一些特有的功能，那么像这样的自定义按钮又该如何实现呢？

这里，以"收藏"和"随机播放"为例说明如何在播放页面上增加新的自定义按钮。增加的自定义按钮的处理逻辑与播放、暂停等功能一样，也是通过 MediaSession 相关的方法实现的。利用的是 onCustomAction 方法，顾名思义，也就是自定义动作。而自定义动作是与当前的媒体的状态相关联的，在不同的状态下可以设置不同的自定义动作。回到私有方法 setMediaPlaybackState 中，增加如下自定义动作：

```
private void setMediaPlaybackState(int state) {
    PlaybackStateCompat.Builder pbsBuilder =
        new PlaybackStateCompat.Builder();
    ...
    pbsBuilder.setState(state, mMediaPlayer.getCurrentPosition(),
        /* playbackSpeed = */ 1.0f);
    pbsBuilder.addCustomAction(
        new PlaybackStateCompat.CustomAction.Builder(
```

---

① MediaSessionCompat.Callback API：https://developer.android.com/reference/android/support/v4/media/session/MediaSessionCompat.Callback。

② 部分读者可能也注意到了在 PlaybackStateCompat 中定义了 ACTION_SET_SHUFFLE_MODE（随机播放状态），MediaSessionCompat.Callback 中也有对应的 onSetShuffleMode 方法。随机播放按钮的实现似乎可以通过该方式实现，为什么还要自定义呢？这是因为，媒体中心中并未使用该动作，即使应用中实现了该动作，播放页上也不会有对应的图标。因此，希望开发者注意该按钮（包括单曲循环）按钮的实现方式，并且在开发时留意可能发生的行为变更。

```
                    CUSTOM_ACTION_FAVOURITE,
                    getString(R.string.add_to_favourite),
                        R.drawable.ic_favourite)
                        .setExtras(null).build());
        pbsBuilder.addCustomAction(
            new PlaybackStateCompat.CustomAction.Builder(
                CUSTOM_ACTION_RANDOM,
                getString(R.string.shuffle_play),
                R.drawable.ic_random)
                .setExtras(null)
                .build());

        mSession.setPlaybackState(pbsBuilder.build());
        ...
    }
```

通过在 PlaybackStateCompat 中增加自定义的动作(包括 action 的名称、描述),并指定相应的图标,将自定义按钮显示在播放页上。图标的排列方式由媒体中心决定。当然,当用户点击按钮后,具体的业务逻辑处理就要在 MediaSessionCompat.Callback 的 onCustomAction 方法中实现了,在此就不具体展开了,取决于应用自身的实现。

到此为止,"摇滚手"已经实现了媒体应用中最重要的两个页面,即浏览页和播放页。增加相应控制逻辑后,便可以打开应用,浏览资源并进行播放了。

13.3.5 添加搜索栏

对于拥有丰富内容的媒体应用而言,除了合理的分类便于用户进行浏览以外,为了帮助用户快速找到自己感兴趣的内容,搜索功能也是非常重要的一部分。媒体中心运行媒体应用添加搜索栏,以支持搜索的功能。效果如图 13-22 所示。

搜索栏的添加十分简单,只需在 MyMusicService 的 onGetRoot 方法创建的 Bundle 中加入支持"搜索"的字段就可以了。源码如下:

```
@Override
public BrowserRoot onGetRoot(@NonNull String clientPackageName,
        int clientUid, Bundle rootHints) {
    Bundle extras = new Bundle();
    ...
    extras.putBoolean(MediaConstants.MEDIA_SEARCH_SUPPORTED, true);

    return new BrowserRoot(MY_MEDIA_ROOT_ID, extras);
}
```

其中 MediaConstants.MEDIA_SEARCH_SUPPORTED 的具体定义为

```
String MEDIA_SEARCH_SUPPORTED = "android.media.browse.SEARCH_SUPPORTED";
```

这时候,再进入应用,就会发现原来的标题栏中新增加了搜索图标(如图 13-23 所示)。

图 13-22　搜索栏实现

图 13-23　搜索栏

点击搜索图标，就会进入搜索页面了。

接下来，需要处理用户的搜索请求。这是通过重写 MyMusicService 的父类 MediaBrowserServiceCompat 中的 onSearch 方法实现的。onSearch 方法的定义如下：

```
public void onSearch(@NonNull String query, Bundle extras,
        Result < ArrayList < MediaItem >> result);
```

用户在输入框中每输入一个字符，就会调用一次 onSearch 方法，搜索的字段通过 query 参数进行传递。媒体应用通过 result 对象将搜索结果返回。

典型的搜索处理结果如下。

当有搜索结果时，调用 result. sendResult(list)，将包含搜索结果的列表返回，这些结果就会在搜索页中出现。

当搜索发生错误时，可以调用 result. sendResult(null)，此时页面上会提示搜索失败。

当用户输入信息不全，等待用户进一步输入，搜索尚未执行时，可以调用 result. detach()，此时页面上会显示内容加载中。

搜索栏主要通过上述方式实现，比较简单。具体的曲目检索功能则需要应用自身去实现。

另外，这里需要说明的是，在 MediaSessionCompat. Callback 的回调方法中，有一个与 onSearch 比较类似的方法——onPlayFromSearch。它们的参数定义也比较相似，onPlayFromSearch 方法的定义如下：

```
void onPlayFromSearch(String query, Bundle extras);
```

但两者的使用场景并不相同,onSearch 主要是对于媒体库的搜索,目的在于获得搜索的结果;而 onPlayFromSearch 主要目的是找到匹配的资源,同时进行播放。换句话说,onSearch 方法用于媒体浏览,而 onPlayFromSearch 方法用于媒体控制。onPlayFromSearch 一个典型的使用场景是用户通过语音助手播放媒体内容,如"播放轻音乐",其需要建立在媒体会话之上。而 onSearch 方法是定义在 MediaBrowserServiceCompat 中的,其不需要依赖媒体会话的状态。读者在实现相关方法的时候,需要注意两者的差异。

13.3.6　实现登录页

通过之前的内容的介绍,"摇滚手"应用的功能慢慢丰富了起来。支持浏览、播放和搜索,而这些页面的实现都有一个共同点,那就是媒体应用仅作为内容的提供者,界面的实现由媒体中心完成。

本节将介绍登录页的实现方式,与之前的内容不同,登录页的用户界面由媒体应用自身进行实现。

现在很多应用都有自己的账号系统,账号能帮助应用区分用户,为其提供个性化的体验。对于媒体应用而言就更是如此,为了了解用户的偏好,首先需要做的就是引导用户登录或注册账号。在手机上,这部分功能及用户的交互流程完全由媒体应用自身定义。而在 Android Automotive OS 上,由于媒体应用运行在媒体中心,因此登录页的实现也有其特殊的方式。

首先,需要在应用中创建一个登录页面。前面几节的源码都是添加在 Android Studio 自动生成的 MyMusicService 类中的,它在 shared 目录下,之所以名字叫 shared 是因为这部分媒体浏览服务的实现可以同时被手机端和车机端的应用使用。同时,Android Studio 也创建了 mobile 和 automotive 目录,用于放置车机和手机端各自所需的工程文件。由于登录页面用于汽车设备,因此可以在 automotive 目录下新创建 SignInActivity(在 automotive 目录下创建登录页面的要求并不是强制的,开发者也可以根据实际情况将该页面放在 shared 目录下)。在例子中实现的页面非常简单,该 Activity 显示用户名、密码输入框以及按键。页面效果如图 13-24 所示。

登录页的布局很简单,开发者可以加入具体的业务逻辑。完成了登录的 Activity 后,在 AndroidManifest.xml 中加入登录页面的信息,示例如下:

```
< activity
    android:name = ".SignInActivity"
    android:exported = "false"
    android:theme = "@style/AppTheme">
    < intent - filter >
        < action android:name = "com.sample.test.SIGNIN_PAGE" />
        < category android:name = "android.intent.category.DEFAULT" />
    </intent - filter >
    < meta - data
        android:name = "distractionOptimized"
        android:value = "true" />
</activity>
```

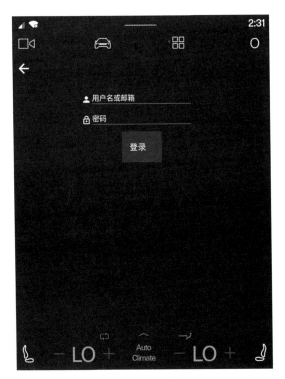

图 13-24　登录页

在声明了上面这样一个登录页面以后，如何引导用户打开该页面呢？这需要借助
MediaSession 的 PlaybackState（播放状态）来实现。通过使用 PlaybackStateCompat.
STATE_ERROR 设置错误状态，并且设置相关的错误信息以及错误处理的页面来提示用
户需要进行登录。下面的源码片段中，在 MyMusicService 中实现一个私有方法
promptToSignIn 用于设置登录提示信息，方法实现如下：

```
private void promptToSignIn() {
    PlaybackStateCompat.Builder playbackStateBuilder =
        new PlaybackStateCompat.Builder();
    playbackStateBuilder.setState(
        PlaybackStateCompat.STATE_ERROR,
        PlaybackStateCompat.PLAYBACK_POSITION_UNKNOWN, 1.0f);
    playbackStateBuilder.setErrorMessage(
        PlaybackStateCompat.ERROR_CODE_AUTHENTICATION_EXPIRED,
        getString(R.string.error_sign_needed));
    Intent signInIntent = new Intent();
    signInIntent.setAction(SIGN_IN_ACTION);
    PendingIntent signInActivityPendingIntent =
        PendingIntent.getActivity(this, 0, signInIntent, 0);
    Bundle bundle = new Bundle();
    bundle.putString(
        MediaConstants.ERROR_RESOLUTION_ACTION_LABEL,
        getString(R.string.msg_sign_in));
```

```
bundle.putParcelable(
        MediaConstants.ERROR_RESOLUTION_ACTION_INTENT,
        signInActivityPendingIntent);
playbackStateBuilder.setExtras(bundle);
mSession.setPlaybackState(playbackStateBuilder.build());
}
```

在 promptToSignIn 方法中，需要注意以下几点。

（1）以上信息的使用方是媒体中心。媒体中心在得知当前媒体会话的状态发生错误的情况下，会生成错误页面。

（2）错误状态是通过 PlaybackStateCompat 设置的，通过 PlaybackStateCompat. Builder 的 setErrorMessage 方法，设置错误源码及描述，描述信息会作为提示信息被显示在错误页面上。而在 PlaybackStateCompat 中，定义了多种不同的错误源码，ERROR_CODE _AUTHENTICATION_EXPIRED 代表的是用户授权过期了（用户还未登录过也可以使用该错误码），通过该错误码提示用户需要登录。

（3）除了设置错误信息，需要设置启动登录页面的 Intent，并进一步通过 PendingIntent 将其传递给媒体中心。在 promptToSignIn 方法中，调用了 signInIntent. setAction(SIGN_ IN_ACTION)，而这里的 SIGN_IN_ACTION 就是"com. sample. test. SIGNIN_PAGE"，与示例中 SignInActivity 在 AndroidManifest. xml 中声明的 action 相对应，通过该 action 来启动登录页。

（4）除了启动登录页面的 PendingIntent 之外，在媒体中心生成的错误页面上，会生成对应的按钮，用户点击之后才会打开登录页，而登录按钮上的文字描述也需要进行设置。最后需要将 PendingIntent 和按键描述信息分别通过 Bundle 对象放入 PlaybackStateCompat 中。其中，MediaConstants. ERROR_RESOLUTION_ACTION_LABEL 和 MediaConstants. ERROR_RESOLUTION_ACTION_INTENT 的具体定义分别为"android. media. extras. ERROR_RESOLUTION_ACTION_LABEL"、"android. media. extras. ERROR_RESOLUTION_ ACTION_INTENT"。

下面就可以通过调用 promptToSignIn 方法提示用户进行登录了。提示用户登录的时机是灵活的，如果希望在启动应用的时候提示用户，那么可以在 MyMusicService 启动并创建 MediaSessionCompat 对象的时候就调用该方法，如：

```
private void initMediaSession() {
    mSession = new MediaSessionCompat(this, "MyMusicService");
    setSessionToken(mSession.getSessionToken());
    mSession.setCallback(mCallback);
    mSession.setFlags(MediaSessionCompat.FLAG_HANDLES_MEDIA_BUTTONS |
        MediaSessionCompat.FLAG_HANDLES_TRANSPORT_CONTROLS);
    if (!isSignedIn()) {
        promptToSignIn();
    }
}
```

上述源码通过在初始化 MediaSession 的时候，判断是否已经登录，并提示用户。这时候，再打开应用，会看到配置的登录提示页面，点击"登录"按钮就会打开登录页面了，如图 13-25 所示。

图 13-25　媒体中心错误页面，提示用户进行登录

　　除了在进入应用的时候提示用户进行登录，也可以在播放具体歌曲的时候提示用户，例如某乐曲是需要 VIP 才可以收听的，需要用户的登录，这时可以在播放具体曲目的时候再调用该方法。此时，错误信息会以对话框的形式呈现，如图 13-26 所示。

图 13-26　媒体中心错误对话框，提示用户进行登录

这样,登录页面的相关内容就介绍得差不多了。开发者也可以选择在其他的时机提示用户进行登录。另外,除了登录页面,也可以使用该机制生成其他的错误信息并提示用户完成相应的操作,如提示用户进行购买、续费等。需要注意的一点是,当用户完成了相应操作后,媒体应用就应该将播放状态设置为正常了,例如将播放状态设置为 PlaybackStateCompat.STATE_NONE。否则,媒体会话中依然会保留之前的错误状态,反复提示用户错误信息。

13.3.7　实现设置页

最后介绍如何为媒体应用增加设置页面。

增加设置页面是比较简单的。与登录页一样,设置页面需要由媒体应用自行实现。因此,在 automotive 目录下创建新的 SettingsActivity,设置页面的样式和内容完全由媒体应用自定义。为了让设置页面能被找到,在 AndroidManifest.xml 中需要增加"android.intent.action.APPLICATION_PREFERENCES"这一个 action。示例如下:

```
< activity
    android:name = ".SettingsActivity"
    android:theme = "@style/AppTheme">
    < intent - filter >
        < action android:name = "android.intent.action.APPLICATION_PREFERENCES" />
    </intent - filter >
    < meta - data
        android:name = "distractionOptimized"
        android:value = "true" />
</activity >
```

然后,再打开应用,会发现右上角已经出现设置按钮了,如图 13-27 所示。

点击设置按钮就会打开 SettingsActivity。

图 13-27　设置按钮

13.3.8　补充

通过之前的介绍,已经构建起了一个媒体应用。该媒体应用包含浏览页、播放页、搜索栏、登录、设置。除此以外,本节将补充一些在实际开发过程中可能会遇到的问题。

1. 在线图片的显示

与例子中不同,实际开发中,媒体应用使用的图片资源(如专辑封面)一般并不保存在本地,而是通过网络请求获取。而当前媒体中心并不支持直接通过网络 URL 获取图片的方式。也就是说,如果以下面的方式来显示图片资源是行不通的:

```
MediaDescriptionCompat.Builder descriptionBuilder =
    new MediaDescriptionCompat.Builder();
descriptionBuilder.setIconUri("https://music.com/image/album/show.jpg");
```

同样的,媒体中心也不支持以 setIconBitmap 的方式设置图片,如:

Android Automotive OS 之应用

```
MediaDescriptionCompat. Builder descriptionBuilder =
    new MediaDescriptionCompat. Builder();
descriptionBuilder. setIconBitmap(bitmap);
```

因此，为了在媒体中心中显示专辑封面、歌曲图片，需要设置指向本地文件的 URI。这就需要媒体应用首先下载图片到本地。然后，将该本地图片通过 ContentProvider 的方式传递给媒体中心（媒体中心会通过 ContentProvider 的 openFile 方法，获取图片的文件描述符后，读取图片）。大致方法如下：

```
MediaDescriptionCompat. Builder descriptionBuilder =
    new MediaDescriptionCompat. Builder();
descriptionBuilder. setIconUri(
    Uri. Builder()
        . scheme(ContentResolver. SCHEME_CONTENT)
        . authority("com. example. artwork")
        // 直接以文件路径作为 Uri 的 path,也可以根据需要选择其他方式
        . appendPath(file. getPath())
        . build());
```

接着，实现 ContentProvider，并返回文件描述符：

```
public class ArtworkProvider extends ContentProvider {
    ...

    @Nullable
    @Override
    public ParcelFileDescriptor openFile(@NonNull Uri uri, @NonNull String mode)
            throws FileNotFoundException {
        Context context = this.getContext();
        File file = new File(uri.getPath());
        if (!file.exists()) {
            throw new FileNotFoundException();
        }
        ...
        return ParcelFileDescriptor.open(
            file, ParcelFileDescriptor.MODE_READ_ONLY);
    }
}
```

在 AndroidManifest. xml 中声明该 ContentProvider：

```
< provider
    android:name = ". ArtworkProvider"
    android:authorities = "com. example. artwork"
    android:exported = "true"
    android:grantUriPermissions = "true" />
```

通过以上方式，就可以将远程的图片显示在浏览页以及播放页之上了。

除了在线图片如何传递给媒体中心进行显示以外,还有一个问题就是在线图片的加载。由于单个浏览项下的子项目可能会有许多,而这些子项目的信息可能都需要网络请求进行加载,会比较耗时。这个时候,在 onLoadChildren 生成子项目列表的时候,可以在线程中进行。同时,在完成加载任务前先调用 result 参数的 detach 方法,媒体中心会提示资源加载中,加载资源完成后,再调用 result 参数的 sendResult 方法返回完整列表。

有的时候,以上方法依然不能很好地解决资源加载缓慢的问题,在返回完整列表前,用户无法看到媒体资源信息。这时候,开发者可能希望资源可以进行分批加载并显示。那么,可行的方式是在 onLoadChildren 被调用的时候,首先加载部分资源,并通过 result 参数的 sendResult 率先返回部分媒体项用于显示,然后继续加载资源,在完成后通过 MediaBrowserService 的 notifyChildrenChanged 通知媒体项目发生变化,这个时候,媒体中心会重新获取页面内容,媒体应用在 onLoadChildren 再次被调用的时候返回更完整的列表。通过以上方式能更好地处理资源数量比较庞大的场景。

2. 汽车用户体验限制

运行在 Android Automotive OS 之上的应用,都需要根据驾驶状态对 UI 显示进行优化,以防在行驶过程中干扰驾驶员。在媒体中心中,登录页以及设置页是由媒体应用自己实现的,因此,也是需要遵循相关规则。而在 Android 9 上,汽车服务中的 API 尚未对第三方应用进行开放。Android 将该部分 API 进行了封装,通过 Jetpack 的 androidx. car 库供第三方开发者使用。

在例子中,根据汽车用户体验限制的要求在 AndroidManifest. xml 中加入了相关声明,在登录及设置的 Activity 中都包含 distractionOptimized 为 true 的信息。

除此以外,应用需要导入 androidx. car 的开发库[①],进一步接收用户体验限制(UX Restrictions)事件。方式如下:

在 build. gradle 中增加如下依赖:

```
...
dependencies {
  ...
  implementation 'androidx.car:car:1.0.0 - alpha7'
}
```

接着,通过以下方式接收限制事件:

```
public class SettingsActivity extends Activity {

  private CarUxRestrictionsHelper mCarUxRestrictionsHelper;
  private final OnUxRestrictionsChangedListener mListener
   = restrictionsInfo -> {
      final int active = restrictionsInfo.getActiveRestrictions();
      if ((active & CarUxRestrictions.UX_RESTRICTIONS_NO_SETUP) != 0) {
```

---

① 截至写作本章时,androidx. car 的最新版本是 1.0.0-alpha7,还处于 Alpha 版本(早期测试版本)阶段,因此,无法保证其 API 的稳定性,请开发者使用的时候注意。除了汽车用户体验限制以外,该库也包含其他的功能。

```
            finish();
        }
    };

    @Override
    protected void onCreate(Bundle savedInstanceState) {
        super.onCreate(savedInstanceState);
        setContentView(R.layout.settings_activity);

        mCarUxRestrictionsHelper = new CarUxRestrictionsHelper(this, mListener);
        mCarUxRestrictionsHelper.start();
    }

    @Override
    protected void onDestroy() {
        super.onDestroy();
        mCarUxRestrictionsHelper.stop();
    }
}
```

以上片段，通过 CarUxRestrictionsHelper 监听限制事件变化，并在 UX_RESTRICTIONS_NO_SETUP 触发时，关闭设置页面。更多关于汽车用户体验显示的规则，还请读者参考第 7 章。

3. 视频类及广告支持

目前，媒体中心中不支持视频类应用，同时也不支持广告的显示。

13.4 小 结

本章介绍了在车内主要的三大类应用，分别是语音、导航和媒体。

语音助手方面分析了如何对接 Android 的语音交互与语音识别框架，并让应用成为系统默认的语音助手。同时，说明了如何将自身的语音交互、识别及合成能力通过 Android 的标准 API 开放给第三方应用。本章同样包含了对语音框架的实现分析。

导航应用方面，本章以系统应用为前提，介绍了导航应用如何适配 Android Automotive OS 的特性。主要包含仪表导航和 Navigation State API 两部分内容。

最后介绍了媒体应用的相关内容。并通过一个示例应用说明了开发一款媒体应用的具体方式。媒体应用的重要性不仅体现在它为车内带来了更丰富的娱乐体验。同时，作为 Android Automotive OS 中第一类开放给第三方开发者的应用，也为其赋予了特殊的意义，是 Android 打造汽车应用生态的第一步。

第 14 章　产品管理和错误报告

汽车产业在百年的发展历程中形成了庞大的供应链体系,虽然信息娱乐系统在最近几年才开始快速发展,但汽车制造商往往也依赖供应商所提供的软件服务,在车载信息娱乐域中也不例外,因此,制造商需要合理管理和集成供应商的软件。

另一方面,相比于手机等移动设备而言,车载信息娱乐系统对不同车型、不同配置的车辆需要做更多差异化的区分。各个车型所支持的功能可能有不小的区别,并且在用户界面、交互方式上有所差异。对于制造商而言,需要在管理众多的产品线的同时,尽可能地降低维护和开发的成本。

同时,车载信息娱乐系统的生命周期较长,软件复杂度和迭代速率日益提升,尽管软件发布需经过测试验证,但软件漏洞和错误依然难以避免。因此,良好的故障收集机制十分重要,它能帮助制造商在软件错误发生的情况下,收集错误报告以尽快定位和修复相关问题。

本章将介绍 Android Automotive OS 在产品管理以及故障诊断方面的相关实践。

14.1　应用集成

对于预安装的应用,可以分为制造商开发的应用与供应商应用两类。前者,制造商掌握完整的源码,而对于后者,通常情况下供应商仅提供二进制文件或应用程序包(APK 文件)。

无论是否拥有完整源码,在集成应用至系统镜像前都需要考虑以下问题:

1. 应用申请的保护等级最高的权限

应用申请的权限等级影响着应用的签名和集成方式,当前在 Android 中权限的保护级别从低到高分为普通(normal)、危险(dangerous)、签名或特权(signature/privileged)和签名(signature)四个级别。对于申请了签名或特权权限的应用而言,需要使用系统签名或将其集成到特权应用目录下方可获取特定权限;而对于需要使用签名权限的应用而言,则必须使用系统签名进行签名。

2. 应用是否需要访问非 SDK 接口 [①]

非系统签名的应用使用非 SDK 接口受到限制。如果应用需要调用非 SDK 接口以实现某功能,则需考虑将其加入非 SDK 接口白名单。

3. 应用是否需要在系统用户下运行

Android Automotive OS 用户不与真实用户进行交互。在集成应用时,应判断该应用是否需要在系统用户下运行,如果不需要,则应将其加入系统用户黑名单,以降低系统

---

① 非 SDK 接口:https://developer.android.com/guide/app-compatibility/restrictions-non-sdk-interfaces。

开销。

4. 应用后续是否需要单独进行更新

除了后续通过镜像进行更新（系统更新）之外，部分应用可能需要通过下载的更新包进行单独更新。对于需要进行单独更新的应用，该类型的应用不应声明"android：persistent＝true"。

5. 该应用是否需要覆盖 AOSP 中的默认应用

在 Android 开源码库中对部分功能提供默认的实现，如包管理安装程序、输入法，制造商集成的应用可能需要覆盖默认实现。在这种情况下，需要在构建文件中进行配置。

14.1.1　通过源码集成应用

对于拥有完整源码的应用，制造商可以将其加入 Android 的构建系统中进行构建，并集成至发布的镜像中。相较于直接集成应用程序包的方式，通过源码集成应用可以确保镜像编译的版本与源码实现之间的一致性。

以下源码片段说明了如何编写构建文件（Android.mk 或 Android.bp）指定应用的构建规则：

```
[Android.mk]

LOCAL_PATH：= $(call my-dir)
include $(CLEAR_VARS)

# 指定模块名称
LOCAL_PACKAGE_NAME := ApkName
# 源码路径
LOCAL_SRC_FILES := $(call all-java-files-under, app/src/main/java)
# 资源路径
LOCAL_RESOURCE_DIR := $(LOCAL_PATH)/app/src/main/res

LOCAL_MANIFEST_FILE := app/src/main/AndroidManifest.xml

# 应用签名
LOCAL_CERTIFICATE := platform
# 是否将该应用安装至特权目录
LOCAL_PRIVILEGED_MODULE := true
# 是否允许调用非 SDK 接口
LOCAL_PRIVATE_PLATFORM_APIS := true

# 相关依赖
LOCAL_STATIC_ANDROID_LIBRARIES += androidx.appcompat_appcompat

LOCAL_STATIC_JAVA_LIBRARIES += android.hidl.base-V1.0-java

# 源码优化
LOCAL_PROGUARD_ENABLED := obfuscation optimization
# 覆盖 AOSP 的默认实现
```

```
LOCAL_OVERRIDES_PACKAGES : = OtherApp

include $ (BUILD_PACKAGE)
```

同样的模块,通过 Android.bp 文件定义构建规则的方式如下:

```
[Android.bp]

android_app {

  name: "ApkName",
  srcs: ["app/src/main/java/ ** / * .java"],
  resource_dirs: ["app/src/main/res"],
  manifest: "app/src/main/AndroidManifest.xml",

  certificate: "platform",
  privileged: true,
  platform_apis: true,

  static_libs: [
      "androidx. appcompat_appcompat",
      "android. hidl. base − V1.0 − java",
  ],

  optimize: {
    proguard_flags_files: ["proguard. flags"],

    obfuscate: true,
    optimize: true,
    enabled: true,
  },

  overrides: [
    "OtherApp",
  ]

}
```

在构建文件的配置中,主要注意以下几点。

(1) 模块名:在编译完成后,镜像的特定目录下(如/system/app)下创建以该模块名命名的文件夹,并将 APK 复制至其中。

(2) 签名:在构建文件中,可以指定所需编译模块使用的签名,在示例中使用系统(platform)签名,除此以外,可以指定特定的签名文件以让 APK 使用自定义的签名。

(3) 特权目录:通过 LOCAL_PRIVILEGED_MODULE 或 privileged 属性指定模块是否安装至 priv-app 目录下,安装至 priv-app 目录下的应用在未使用系统签名的情况下,也可以获取保护级别为签名或特权(signature/privileged)的权限。对于不需要高保护级别权限的应用,将其安装至非 priv-app 目录下有助于防止权限的滥用。

（4）非 SDK 接口：当 LOCAL_PRIVATE_PLATFORM_APIS 或 platform_apis 为 true 的情况下，应用的 AndroidManifest. xml 将加入"android：usesNonSdkApi = true"标签，在该情况下，应用不再受非 SDK 接口的限制。

（5）使用 LOCAL_OVERRIDES_PACKAGES 或 overrides 可以覆盖 AOSP 的原有实现，例如当制造商实现了自己的桌面（Launcher）应用时，可以通过该属性覆盖 Android Automotive OS 默认的 CarLauncher 应用。

14.1.2 通过应用程序包集成应用

使用已经完成编译的应用程序包（APK）同样可以集成应用，该方式适用于由供应商完成开发，制造商不掌握源码的情况。该种方式下，应用的编译和开发可以使用 gradle 和在 Android Studio 下完成，对于开发者而言更加友好。

对于预编译的 APK，Android. bp 在 Android 10 的支持比较有限，因此，需要使用 Android. mk 进行构建，示例如下：

```
[Android.mk]

LOCAL_PATH:= $ (call my - dir)
include $ (CLEAR_VARS)

LOCAL_MODULE : = ApkName
LOCAL_MODULE_OWNER : = vendorName
LOCAL_SRC_FILES : = $ (LOCAL_MODULE).apk
LOCAL_MODULE_CLASS : = APPS
LOCAL_MODULE_TAGS : = optional
LOCAL_MODULE_SUFFIX : = $ (COMMON_ANDROID_PACKAGE_SUFFIX)
LOCAL_BUILT_MODULE_STEM : = package.apk
LOCAL_CERTIFICATE : = PRESIGNED
LOCAL_PRIVILEGED_MODULE : = false
LOCAL_OVERRIDES_PACKAGES : = OtherApp

include $ (BUILD_PREBUILT)
```

使用预编译的 APK 进行集成主要通过 LOCAL_SRC_FILES 指定具体的文件。需要注意的是应用签名，在上面的源码片段中使用了"LOCAL_CERTIFICATE：= PRESIGNED"，即使用 APK 原来的签名，这是因为预编译的 APK 往往已经经过签名。

14.2 特性及功能管理

汽车爱好者经常对种类繁多的车型和配置津津乐道。而不同的车型和配置反映到车载信息娱乐系统中可能意味着不同的应用、界面和功能。Android 系统经过多年的发展，已经包含数量繁多的子系统和庞大的源码体积，因此，维护一个 Android 构建目标的成本并不低。作为 Android 家族的新成员，Android Automotive OS 也面临同样的情况。对于制造商而言，需要在实现产品特性的同时，尽可能地降低开发和维护产品的成本。为此，需要合理应用 Android 分区及框架所提供的相关特性。本节将介绍一些在产品管理方面相关的方法。

为不同配置的车型提供包含不同功能的车载信息娱乐系统最快速的方式是为不同车型发布不同的镜像,即不同的构建目标,其中仅包含对应车型所需的软件。但长期来看,这会带来巨大的维护成本,随着产品的迭代,源码分支的增加,维护的镜像数量可能会越来越多,难以管理与测试。因此,让单个镜像同时支持不同车型是降低开发和维护成本的有效途径。为了做到这一点,首先需要合理的对系统进行分区,在 Android 中主要存在以下分区类型(包含但不限于)。

- boot 分区:包含内核镜像。
- system 分区:包含 Android 框架和运行时环境。
- recovery 分区:包含 recovery 模式所需的镜像。
- userdata 分区:包含应用及数据。
- vendor 分区:包含硬件驱动及硬件抽象层实现。
- product 分区:包含框架层相关的自定义模块。
- oem 分区:包含制造商自定义属性及数据。
- odm 分区(Android 10 新增):包含硬件相关的自定义模块。

从 Android 9 开始系统开始支持 product 分区,主要的目的是将制造商自定义的服务、应用与 Android 通用的实现进行分离(通用的部分包含在 system 分区中)。product 分区中主要包含以下内容。

- 系统属性(/product/build.prop)。
- 运行时资源叠加(/product/overlay)。
- 应用(/product/app 和 /product/priv-app)。
- 本地库(/product/lib)。
- Java 库(/product/framework)。
- 系统配置文件(/product/etc)。
- 媒体文件(/product/media/audio)。
- 启动动画(bootanimation)。

制造商可以将自己开发的模块放在 product 分区中,而在 system 分区中放置 Android Automotive OS 的通用实现,这样的好处是,可以进一步将制造商自定义的模块与 Android Automotive OS 的通用实现分离,在充分解耦的情况下,可以做到对这两个分区进行单独的升级。

除了 product 分区,oem 分区同样用于放置制造商自定义的属性,但 oem 分区不可升级,主要包含以下内容。

- 系统属性(/product/build.prop)。
- 运行时资源叠加(/product/overlay)。
- 应用(/product/app 和 /product/priv-app)。
- 启动动画(bootanimation)。

因此,可以将不同车型的属性通过 oem 分区进行配置,同时,将有关功能模块放置于 product 分区中,在运行时,通过具体配置决定需要使能的特性。尽管这样会导致 product

分区的体积有所增加,但可以减少构建目标的数量。

例如,通过以下构建参数,可以在 oem 分区中创建与车型相关的属性(ro. oem. model):

```
PRODUCT_OEM_PROPERTIES : = \
  ro.oem.model = Model_A
```

然后,通过判断相关属性值,对特性进行管理。在 product 分区中,同时包含为车型 A 和车型 B 准备的应用或不同的界面样式时,可以利用 PackageManager[①] 的相关方法和资源叠加的特性进行管理。

PackageManager 是 Android 框架中提供包管理功能的重要 API,对于应用及应用组件 (Activity、Service、BroadcastReceiver、ContentProvider)的使能与禁用提供了以下方法。

- 应用: setApplicationHiddenSettingAsUser、setPackagesSuspended、setApplication-EnabledSetting。
- 组件: setComponentEnabledSetting。

其中,setApplicationHiddenSettingAsUser、setPackagesSuspended 方法为隐藏方法。通过以上方法可以对应用或应用中具体组件的可用状态进行修改,对于 setApplication-HiddenSettingAsUser、setPackagesSuspended、setApplicationEnabledSetting 方法,主要区别如表 14-1 所示。

表 14-1　包 管 理 API

方　　法	行　　为
setApplicationHiddenSettingAsUser	隐藏应用,类似于被卸载的状态。应用状态变化时发送以下广播: Intent. ACTION_PACKAGE_REMOVED Intent. ACTION_PACKAGE_ADDED
setPackagesSuspended	挂起应用,应用状态不可用。应用状态变化时发送以下广播: Intent. ACTION_PACKAGES_SUSPENDED Intent. ACTION_PACKAGES_UNSUSPENDED
setApplicationEnabledSetting	禁用应用,应用状态变化时发送以下广播: Intent. ACTION_PACKAGE_CHANGED

通过以上 API,制造商可以根据配置动态的修改当前需要使能或者禁用的功能。

除此以外,通过运行时资源叠加(Runtime Resource Overlay,RRO)机制,可以对资源进行管理,为不同配置的车辆选择不同的交互界面。

运行时资源叠加通过提供额外资源包(APK 形式)在运行时改变资源属性的值,又可细分为静态运行时资源叠加(叠加层会默认处于启用状态并且不可变)和普通运行时资源叠加(默认关闭,且可以启用或停止)。需要注意的是,静态运行时资源叠加是运行时资源叠加的一种方式,区别于 Android 最早支持的编译时资源叠加(Build-time Resource Overlay),后者通过编译时直接将资源进行替换,无须生成额外的 APK 软件包。

运行时资源叠加可以通过如下配置方式生成(以覆盖 car-ui-lib 中的属性为例)。

---

① 　PackageManager API:https://developer. android. com/reference/android/content/pm/PackageManager。

（1）为资源叠加层创建单独的工程，并在 AndroidManifest.xml 文件中加入如下声明：

```
[AndroidManifest.xml]

< manifest xmlns:android = "http://schemas.android.com/apk/res/android"
    package = "com.example.overlay">
    < application android:hasCode = "false"/>
    < overlay android:priority = "10"
        android:isStatic = "true"
        android:targetName = "car - ui - lib"
        android:targetPackage = "com.android.car.ui"/>
</manifest >
```

需要通过"android:targetPackage"指定需要覆盖的目标包名。

通过"android:isStatic"配置该 RRO 是否为静态 RRO。

（2）创建资源文件，定义需要覆盖的值，以 car_ui_toolbar_nav_icon_reserve_space 这一
bool 类型的资源为例，创建 res/values/bools.xml 文件，并加入以下内容：

```
< resources >
  < bool name = "car_ui_toolbar_nav_icon_reserve_space"> false </bool >
</ resources >
```

（3）创建构建文件进行编译，例如：

```
LOCAL_PATH: =  $ (call my - dir)
include $ (CLEAR_VARS)
LOCAL_RRO_THEME : = MyOverlay
LOCAL_PACKAGE_NAME : = MyOverlay
LOCAL_SDK_VERSION : = current
LOCAL_CERTIFICATE : = platform
LOCAL_MANIFEST_FILE : = app/src/main/AndroidManifest.xml
LOCAL_RESOURCE_DIR : = $ (LOCAL_PATH)/app/src/main/res
include $ (BUILD_RRO_PACKAGE)
```

通过以上方式，可以动态地对资源进行管理。

对于特性和产品管理，总结而言，是希望降低构建目标的数量，而对应用、界面进行动态
的管理。此外，通过合理的分区，降低耦合，以提高产品开发的迭代开发的效率。

14.3　错误报告

对于大型系统来说，"软件缺陷"是不可避免的。除了通过建立良好的测试体系尽早发
现软件的缺陷之外，如何在问题发生后收集相关的日志以帮助尽快定位问题同样十分重要。
特别是在软件正式发布之后，对于消费者遇到的问题，没有较为全面的错误报告往往会让定
位问题变得十分困难。

错误报告（bugreport）是 Android 中用于收集设备日志、堆栈轨迹及其他诊断信息的一
种机制。在手机设备上，用户可以在开发者选项中选择生成错误报告。Android Automotive

OS 中对原有的错误报告进行了部分拓展，以帮助采集更多信息。

除了通过用户界面触发生成错误报告之外，在开发调试阶段，可以通过以下 adb 命令生成错误报告：

```
adb bugreport
```

生成的错误报告以压缩包的格式进行存放，默认情况下，错误报告内容主要存放于以系统构建 ID 为文件名的 txt 文件中。其主要包含以下内容。

（1）Logcat 输出的日志信息，包含系统日志、事件日志等。开发者可以从中找到应用启动、崩溃、ANR 等问题发生时的信息。

（2）Dumpsys 输出的日志信息，包含内存状态、各个服务的状态、进程的状态信息等。

错误报告的内容非常多，通常而言，在设备运行了一段时间以后，错误报告就可达到数万行。因此，在阅读错误报告的时候，需要一定的技巧，以便于在海量的信息中找到自己感兴趣的部分。读者可以阅读谷歌官方的指导文档[①]，了解如何更好地解读错误报告。

从 Android 10 开始，Android Automotive OS 在 CarService 中增加了 CarBugreportManagerService 这一新的服务，同时在源码路径/packages/services/Car/tests/BugReportApp 下包含了一个示例应用。下面通过示例工程与 CarBugreportManagerService 对如何在 Android Automotive 上采集错误报告进行分析。

BugReportApp 是一个单独的应用，包含了 Android 应用的基本结构（AndroidManifest.xml、资源文件、源码），演示如何使用 CarBugreportManagerService 所提供的 API，包含用户界面，用户可以通过按键或应用图标进入应用并采集错误报告，在报告生成后，将其上传至后台或复制至 U 盘。

尽管是示例应用，BugReportApp 的逻辑完善，很有参考价值，包含了 socket 通信、IO 操作、上层的 Java 应用和本地服务以及权限和外设的处理逻辑。制造商可以在此基础上举一反三，开发自己的错误报告应用。本节将选取其中主要的内容进行介绍。

BugReportApp 使用了 CarBugreportManager 提供的 API 生成错误报告。requestBugreport 是 CarBugreportManager 中的主要接口，其定义如下：

```
void requestBugreport(ParcelFileDescriptor output,
    ParcelFileDescriptor extraOutput, CarBugreportManagerCallback callback);
```

通过传入的文件描述符，CarBugreportManagerService 会将报告信息写入指定的文件内，除了 Android 原有的错误报告内容外，通过 extraOutput 参数，在汽车设备上收集了更多的信息（如屏幕截图）。为了正常使用 CarBugreportManager 所提供的 API，需要覆盖 CarService 中的 config_car_bugreport_application 属性，其默认值为空，需要将其修改为"错误报告"应用的包名：

```
[/packages/services/Car/service/res/values/config.xml]

< string name = "config_car_bugreport_application" translatable = "false"></string>
```

[①]　阅读错误报告：https://source.android.com/setup/contribute/read-bug-reports。

在 BugReportApp 中,通过 BugReportActivity 触发错误报告的收集流程,BugReportActivity 的 onCreate 方法的具体实现如下:

```
[BugReportActivity.java]

  @Override
  public void onCreate(Bundle savedInstanceState) {
      super.onCreate(savedInstanceState);

      requestWindowFeature(Window.FEATURE_NO_TITLE);
      setContentView(R.layout.bug_report_activity);
      ...

      mCar = Car.createCar(this, mServiceConnection);
      mCar.connect();

      Intent intent = new Intent(this, BugReportService.class);
      bindService(intent, mConnection, BIND_AUTO_CREATE);
  }
```

在以上源码中,完成了用户界面的设置,同时绑定了 BugReportService 这一服务。 BugReportService 同样是 BugReportApp 中的组件。在服务绑定成功后,BugReportActivity 会 调用自己的私有方法 startAudioMessageRecording,其实现如下:

```
[BugReportActivity.java]

  private void startAudioMessageRecording() {
      mService.setBugReportProgressListener(this::onProgressChanged);

      ...
      mAudioRecordingStarted = true;
      showSubmitBugReportUi(/* isRecording = */ true);

      Date initiatedAt = new Date();
      String timestamp = BUG_REPORT_TIMESTAMP_DATE_FORMAT.format(initiatedAt);
      String username = getCurrentUserName();
      String title = BugReportTitleGenerator
              .generateBugReportTitle(initiatedAt, username);
      mMetaBugReport = BugStorageUtils.createBugReport(this, title,
              timestamp, username);

      if (!hasRecordPermissions()) {
          requestRecordPermissions();
      } else {
          startRecordingWithPermission();
      }
  }
```

在以上方法中,创建了错误报告的文件信息,同时,会开始录音,这一行为是希望在遇到问题的时候，允许用户通过声音对问题进行简单描述，并包含在最终生成的报告中。

在 BugReportService 成功启动后，错误报告的收集就开始了，BugReportService 的 onStartCommand 方法的源码如下：

```java
[BugReportService.java]

    @Override
    public int onStartCommand(final Intent intent, int flags, int startId) {

        ...
        mIsCollectingBugReport.set(true);
        mBugReportProgress.set(0);

        ...
        Bundle extras = intent.getExtras();
        mMetaBugReport = extras.getParcelable(EXTRA_META_BUG_REPORT);

        collectBugReport();

        return START_NOT_STICKY;
    }
```

BugReportService 在 onStartCommand 方法中获取了所需生成错误报告的文件信息，同时进一步调用了 collectBugReport 方法，开始收集错误报告，具体实现如下：

```java
[BugReportService.java]

    private void collectBugReport() {
        if (Build.IS_USERDEBUG || Build.IS_ENG) {
            mSingleThreadExecutor.schedule(
                    this::grabBtSnoopLog, ACTIVITY_FINISH_DELAY_MILLIS,
                    TimeUnit.MILLISECONDS);
        }
        mSingleThreadExecutor.schedule(
                this::saveBugReport, ACTIVITY_FINISH_DELAY_MILLIS,
                TimeUnit.MILLISECONDS);
    }
```

从上面的源码片段中，可以看到后续会通过 saveBugReport 方法继续收集错误报告，同时，当系统是 userdebug 或 eng 的构建类型时，还会复制更详细的蓝牙日志。grabBtSnoopLog 和 saveBugReport 的实现如下：

```java
[BugReportService.java]

    private void grabBtSnoopLog() {
        File result = FileUtils.getFileWithSuffix(this,
                mMetaBugReport.getTimestamp(),
                "-btsnoop.bin.log");
```

```
        try {
            copyBinaryStream(new FileInputStream(
                    new File(BT_SNOOP_LOG_LOCATION)),
                    new FileOutputStream(result));
        } catch (IOException e) {
            Log.i(TAG, "Failed to grab bt snooplog", e);
        }
    }

    private void saveBugReport() {
        File outputFile = FileUtils.getFile(this, mMetaBugReport.getTimestamp(),
                OUTPUT_ZIP_FILE);
        File extraOutputFile = FileUtils.getFile(this,
                mMetaBugReport.getTimestamp(),
                EXTRA_OUTPUT_ZIP_FILE);
        try (ParcelFileDescriptor outFd = ParcelFileDescriptor.open(
                outputFile,
                ParcelFileDescriptor.MODE_CREATE |
                ParcelFileDescriptor.MODE_READ_WRITE);
            ParcelFileDescriptor extraOutFd = ParcelFileDescriptor.open(
                extraOutputFile,
                ParcelFileDescriptor.MODE_CREATE |
                ParcelFileDescriptor.MODE_READ_WRITE)) {
            requestBugReport(outFd, extraOutFd);
        } catch (IOException | RuntimeException e) {
            BugStorageUtils.setBugReportStatus(this, mMetaBugReport,
                Status.STATUS_WRITE_FAILED,
                MESSAGE_FAILURE_DUMPSTATE);
            showToast(R.string.toast_status_dump_state_failed);
        }
    }
```

通过以上方法,读者可以较直观地了解日志文件的创建和收集方式。最终,在 BugReportService 的私有方法 reportBugReport 方法中,使用 CarBugReportManager 生成最主要的错误报告内容。源码片段如下:

```
[BugReportService.java]

    private void requestBugReport(ParcelFileDescriptor outFd,
                        ParcelFileDescriptor extraOutFd) {
        ...
        mCallback = new CarBugreportManager.CarBugreportManagerCallback() {
            ...

            @Override
            public void onFinished() {
                scheduleZipTask();
                mBugReportProgress.set(MAX_PROGRESS_VALUE);
```

```
            sendProgressEventToHandler(MAX_PROGRESS_VALUE);
        }
    };
    mBugreportManager.requestBugreport(outFd, extraOutFd, mCallback);
}
```

在报告收集完成后，会对之前产生的文件进行进一步的压缩打包处理，最终生成最后的错误报告。

在成功收集错误报告之后，BugReportApp 中还支持后续的操作，将错误报告上传至后台或是复制至外置存储设备中，这部分的逻辑在 BugReportApp 的 BugReportInfoActivity 中进行处理，有兴趣的读者可以打开源码进一步了解。

通过上面的介绍，可以发现尽管只是示例应用，但是 BugReportApp 的实际功能是非常完善的，为设备制造商开发自己的错误报告应用提供了很好的范例。

14.4　扩充错误报告

尽管 Android 原有的错误报告已经包含了大量的系统日志，但这些信息主要都是 Android 系统相关的日志，对于制造商而言，可能需要收集更多特有的日志信息。本节将介绍如何在原有的错误报告基础上进行扩充，以包含更多制造商自定义的日志内容。

通过之前对 BugReportApp 的介绍，可以发现，在 Android Automotive OS 上对原有的错误报告已经进行了部分扩充，错误报告的生成大致涉及三部分，上层应用、CarService（CarBugreportManagerService）、本地服务。因此，错误报告可以在这三个地方进行扩充。

首先是上层应用，由于 BugReportApp 是采集错误报告的入口之一（在调试阶段，还可以使用 adb 命令），因此，在其中是可以增加相关日志的收集的，以前文的 BugreportService 为例，其通过私有方法 grabBtSnoopLog 在原有的错误报告中额外复制了蓝牙相关的日志。同样地，对于其他需要扩充的日志信息，也可以采取相同的方法进行收集。但需要注意以下几点。

（1）由于错误报告一般需要大量的读写操作，通过上层应用收集的效率会差一些。

（2）应用会面临更多的 SELinux 限制，在开发时需要注意在保持 Android 原有策略的同时进行拓展。

（3）在 BugReportApp 中增加的日志信息是无法通过 adb 命令获取到的。

另外，BugReportApp 需要调用 CarBugreportManagerService 提供的 API 产生日志。因此，也可以考虑扩充 CarBugreportManagerService 以收集更多的日志。其实，在 AOSP 的源码中也可以找到相关的例子，在 Android Automotive OS 生成的错误报告里还包含主屏和仪表的截图，这在原有的错误报告中是没有的。只是相关逻辑并未直接增加在 CarBugreportManagerService 中，而是在与其关联的本地服务当中。这在之前并未进行分析，下面来看具体的实现。

在 BugReportApp 中是通过调用 CarBugreportManager 的 requestBugreport 方法请求 CarBugreportManagerService 生成错误报道，CarBugreportManagerService 中的主要方法的实现如下：

```
[CarBugreportManagerService.java]

    private void requestBugReportLocked(ParcelFileDescriptor output,
            ParcelFileDescriptor extraOutput, ICarBugreportCallback callback) {
        if (mIsServiceRunning) {
            reportError(callback, CAR_BUGREPORT_IN_PROGRESS);
            return;
        }
        mIsServiceRunning = true;
        mHandler.post(() -> startBugreportd(output, extraOutput, callback));
    }

    private void startBugreportd(ParcelFileDescriptor output,
            ParcelFileDescriptor extraOutput, ICarBugreportCallback callback) {
        try {
            SystemProperties.set("ctl.start", BUGREPORTD_SERVICE);
        } catch (RuntimeException e) {
            reportError(callback, CAR_BUGREPORT_DUMPSTATE_FAILED);
            return;
        }
        processBugreportSockets(output, extraOutput, callback);
        synchronized (mLock) {
            mIsServiceRunning = false;
        }
    }
```

从上面的源码可以看到，在收集错误报告的过程中，startBugreportd 方法通过设置系统属性启动了一个新的本地服务，并且建立了 socket 连接。此处的 BUGREPORTD_SERVICE 常量具体定义如下：

```
[CarBugreportManagerService.java]

    private static final String BUGREPORTD_SERVICE = "car-bugreportd";
```

通过 ctl.start 参数启动本地服务是一种比较特殊的方式，一般在应用开发过程中比较少见，该方法最终会由 init 进程（系统的第一个用户进程）进行处理。此处的 car-bugreportd 的源码实现位于 /packages/services/Car/car-bugreportd 路径下，通过其启动脚本，在系统启动过程中向系统进行了注册：

```
[car-bugreportd.rc]

service car-bugreportd /system/bin/car-bugreportd
    socket car_br_progress_socket stream 0660 shell log
    socket car_br_output_socket stream 0660 shell log
    socket car_br_extra_output_socket stream 0660 shell log
    class core
    user shell
    group log
```

```
    disabled
    oneshot
```

car-bugreportd 的实现都集中在 main.cpp 文件中，来看其 main 函数中的内容：

```
[/packages/services/Car/car - bugreportd/main.cpp]

int main(void) {

    auto t0 = std::chrono::steady_clock::now();

    std::vector < std::string > extra_files;
    if (createTempDir(kTempDirectory) == OK) {
        takeScreenshot(kTempDirectory, &extra_files);
    }

    android::base::SetProperty("ctl.start", "car - dumpstatez");

    size_t bytes_written = 0;

    std::string zip_path;
    int progress_socket = openSocket(kCarBrProgressSocket);
    if (progress_socket < 0) {
        android::base::SetProperty("ctl.stop", "car - dumpstatez");
        return EXIT_FAILURE;
    }
    bool ret_val = doBugreport(progress_socket, &bytes_written, &zip_path);
    close(progress_socket);
    ...
}
```

可以看到，屏幕截图正是在以上方法中完成的，同时进一步启动了 car-dumpstatez 进程。

通过上述过程，就完成了在错误报告中增加屏幕截图的功能。在 Android Automotive OS 中，默认是启用多屏幕的，仪表需要显示导航等信息，因此在错误报告中增加屏幕截图可以帮助定位有关问题。

通过在 car-bugreportd 进程中增加相关逻辑以扩充错误报告同样是一种可行的方式。不过此种方式下，依然面临 adb 命令生成的错误报告无法获取到额外日志信息的问题。此外，将制造商的特有的业务日志都加入 car-bugreportd 中进程处理，对 AOSP 的默认实现需要做较大的修改，复杂度较高。

下面介绍扩充错误报告的第三种方式。通过 IDumpstateDevice HAL 对错误报告进行扩充。

IDumpstateDevice HAL 的定义位于/hardware/interfaces/dumpstate 路径下，在 Android 10 中的版本为 1.0。定义非常简单，源文件 IDumpstateDevice.hal 的内容如下：

```
[/hardware/interfaces/dumpstate/1.0/IDumpstateDevice.hal]

    package android.hardware.dumpstate@1.0;

    interface IDumpstateDevice {
        dumpstateBoard(handle h);
    };
```

在 IDumpstateDevice 中仅定义了 dumpstateBoard 这一个方法,其中参数 handle 是用于写入自定义错误报告内容的文件描述符。在进一步说明如何实现 IDumpstateDevice 之前,先介绍其是如何与错误报告关联起来的。

无论是前面提到的 CarBugreportManager 还是本地服务 car-bugreportd,都是 Android Automotive OS 特有的组件,而 Android 除了汽车设备以外,通用的错误报告主要是通过 dumpstate 这一本地进程完成收集的。在 car-bugreportd 的 main 函数中,其启动了"car-dumpstatez"进程,乍一看这又是一个汽车设备特有的本地进程,但事实并非如此,car-dumpstatez 与 car-bugreportd 一样都是通过 car-bugreportd.rc 向系统完成注册的,其声明方式如下:

```
[car – bugreportd.rc]

service car – dumpstatez /system/bin/dumpstate – S – d – z \
    – o /data/user_de/0/com.android.shell/files/bugreports/bugreport
  socket dumpstate stream 0660 shell log
  class main
  disabled
  oneshot
```

可以发现,car-dumpstatez 真正使用的可执行程序其实是/system/bin/dumpstate。而 dumpstate 并非 Android Automotive OS 所特有的进程,其实现位于/frameworks/native/cmds/dumpstate 路径下,手机、平板等其他 Android 设备的错误报告也是通过它进行收集的。

dumpstate 的实现还是较为复杂的,收集了大量的系统日志,有兴趣的读者可以打开源码了解更多的细节。这里,对其关键函数 dumpstate 进行简要分析,其位于同名文件 dumpstate.cpp 中,实现如下:

```
[/frameworks/native/cmds/dumpstate/dumpstate.cpp]

static Dumpstate::RunStatus dumpstate() {
    DurationReporter duration_reporter("DUMPSTATE");

    ...
    RunCommand("UPTIME", {"uptime"});
    DumpBlockStatFiles();
    dump_emmc_ecsd("/d/mmc0/mmc0:0001/ext_csd");
```

```
        DumpFile("MEMORY INFO", "/proc/meminfo");

        ...

        RUN_SLOW_FUNCTION_WITH_CONSENT_CHECK(ds.DumpstateBoard);

        ...

        return Dumpstate::RunStatus::OK;
}
```

在 dumpstate 函数里，包含对各个模块日志的收集，其中调用了 DumpstateBoard 函数，其实现如下：

```
[/frameworks/native/cmds/dumpstate/dumpstate.cpp]

void Dumpstate::DumpstateBoard() {
    DurationReporter duration_reporter("dumpstate_board()");

    ...

    sp<IDumpstateDevice> dumpstate_device(IDumpstateDevice::getService());
    if (dumpstate_device == nullptr) {
        MYLOGE("No IDumpstateDevice implementation\n");
        return;
    }

    ...
    std::packaged_task<bool()>
            dumpstate_task([paths, dumpstate_device, &handle]() -> bool {
            android::hardware::Return<void> status =
                    dumpstate_device->dumpstateBoard(handle.get());
            if (!status.isOk()) {
                return false;
            }
            return true;
        });

    auto result = dumpstate_task.get_future();
    std::thread(std::move(dumpstate_task)).detach();

    ...
}
```

在上述源码中，建立了与 IDumpstateDevice 的关联，并调用了 IDumpstateDevice 的 dumpstateBoard 函数，将用于写入内容的文件描述符传递给 HAL 层服务。正是通过这样的方式，制造商在实现了 IDumpstateDevice HAL 的情况下，可以 dumpstate 执行的过程中写入自定义的日志，而这部分日志将包含在最终生成的错误报告中，文件名为 dumpstate_ board. bin 和 dumpstate_board. txt。

在清楚了大致的工作原理之后,剩下的主要工作就需要制造商完成 IDumpstateDevice HAL 的具体实现了,在/hardware/interfaces/dumpstate/1.0/default 路径下,提供了默认的参考实现,其中包含了构建文件(Android. bp)、启动脚本 rc 文件以及 C++实现文件,这些是实现 IDumpstateDevice HAL 的必要组成部分。

在构建文件中需要定义构建 IDumpstateDevice HAL 可执行程序的规则,指定相关依赖和文件名,同时指定启动脚本文件,将其复制至配置文件目录下,默认的实现的构建文件 Android. bp 内容如下:

```
[/hardware/interfaces/dumpstate/1.0/default/Android.bp]

cc_binary {
    name: "android.hardware.dumpstate@1.0 - service",
    init_rc: ["android.hardware.dumpstate@1.0 - service.rc"],
    relative_install_path: "hw",
    vendor: true,
    srcs: [
        "DumpstateDevice.cpp",
        "service.cpp",
    ],
    cflags: [
        " - Wall",
        " - Werror",
    ],

    shared_libs: [
        "android.hardware.dumpstate@1.0",
        "libbase",
        "libcutils",
        "libdumpstateutil",
        "libhidlbase",
        "libhidltransport",
        "liblog",
        "libutils",
    ],

}
```

而在启动脚本中需要指定具体的服务名称和可执行程序路径,示例如下:

```
[android.hardware.dumpstate@1.0 - service.rc]

service vendor.dumpstate - 1 - 0 /vendor/bin/hw/android.hardware.dumpstate@1.0 - service
    class hal
    user system
    group system
    interface android.hardware.dumpstate@1.0::IDumpstateDevice default
    oneshot
    disabled
```

除了以上内容以外，可能还需要根据采集日志的具体逻辑，在启动脚本中对组（group）进行配置，以满足权限要求。或是在启动过程中创建相关目录与文件。这主要取决于制造商自己的实现。

在具体的源码实现上，必需的要求是完成对服务的注册以及继承 IDumpstateDevice 并实现 dumpstateBoard 方法，在默认的示例中，main 函数中注册了 IDumpstateDevice，实现如下：

```
[/hardware/interfaces/dumpstate/1.0/default/service.cpp]

int main(int /* argc */, char* /* argv */[]) {
    sp<IDumpstateDevice> dumpstate = new DumpstateDevice;
    configureRpcThreadpool(1, true /* will join */);
    if (dumpstate->registerAsService() != OK) {
        ALOGE("Could not register service.");
        return 1;
    }
    joinRpcThreadpool();

    ALOGE("Service exited!");
    return 1;
}
```

而对于 dumpstateBoard 方法，默认的实现中并未收集什么实际的日志信息，主要内容如下：

```
[/hardware/interfaces/dumpstate/1.0/default/DumpstateDevice.cpp]

Return<void> DumpstateDevice::dumpstateBoard(const hidl_handle& handle) {
    addPostCommandTask([]() {
        exit(0);
    });

    if (handle == nullptr || handle->numFds < 1) {
        ALOGE("no FDs\n");
        return Void();
    }

    int fd = handle->data[0];
    if (fd < 0) {
        ALOGE("invalid FD: %d\n", handle->data[0]);
        return Void();
    }

    RunCommandToFd(fd, "DATE", {"/vendor/bin/date"});
    DumpFileToFd(fd, "HOSTS", "/system/etc/hosts");

    return Void();
}
```

以上值得注意的是 RunCommandToFd 以及 DumpFileToFd 这两个函数，它们在 libdumpstateutil 中实现，通过这两个方法可以将指定命令的输出或文件写入错误报告中。制造商在实现 IDumpstateDevice HAL 时无须自己实现类似方法以完成复杂的输入输出操作，可以直接使用 libdumpstateutil 中的实现。

通过 IDumpstateDevice 扩展的错误报告有更好的通用性，同时与 AOSP 的默认组件的耦合较小，制造商对权限、采集的内容、范围有更多的自定义空间。

14.5　小　　结

本章主要介绍了基于 Android Automotive OS 实现的车载信息娱乐系统在产品管理和错误报告方面的一些实践。希望通过以上内容，能帮助读者降低产品维护的成本以及提高发现定位问题的效率。

第 15 章 标准化的 Android Automotive OS

经过多年的发展 Android 已经建立起了属于自己的庞大生态。与苹果的 IOS 系统不同，Android 设备的品牌众多，尽管都是来源于 Android 开源项目，但每个公司最终控制着所生产设备的系统源码，并可以根据自身的需要对系统实现进行修改。Android 的开源开放为其带来了快速增长的市场占有率。但这背后也离不开有良好的机制保证了所有运行 Android 的设备之间的兼容性。

设备兼容性可以说是构建可持续增长、健康生态的基础，因为只有拥有标准的编程接口的系统才能吸引更多的开发者，并为用户带来一致性的体验。尽管长久以来 Android 系统的"碎片化"始终是让开发者们头疼的问题，但总体上，Android 还是努力在兼容性和开源之间找到了平衡，相同的 APK 可以在不同品牌的手机上运行，并且用户的体验也是一致的。现在，大部分用户只需一两分钟便能明白一台陌生设备搭载的是否是 Android 系统，这本身也说明了 Android 系统在兼容性方面取得的成功。

作为 Android 系统中的新成员，谷歌希望借鉴手机 Android 系统的成功经验，同样将 Android Automotive OS 打造成为一款开放且标准化的车载信息娱乐系统产品。各大汽车制造商在基于 Android Automotive OS 打造标签化的车载系统的同时，让开发者可以用相同的方式为不同的汽车开发应用，从而打造 Android 的汽车生态。

本章将介绍 Android Automotive OS 的兼容性定义、要求以及相关验证测试方式。

15.1 兼容性定义

Android 兼容性定义文档[①]（Android Compatibility Definition Document，Android CDD）用以说明设备必须满足哪些要求才能与 Android 兼容。Android CDD 文档随 Android 系统版本进行更新。

Android CDD 文档以条目的形式列出了设备所需满足的硬件及软件要求，只有满足 Android CDD 中所列要求的设备，才能被认为与 Android 兼容，是一款 Android 设备。因此，作为设备制造商，当希望了解 Android 的兼容性要求时，首先可以查阅 Android CDD 中的内容。

Android CDD 中对不同类型的设备进行区分，包含所有设备和特定设备所需满足的要求。对于被分配了 ID 的条目，是制造商所必须满足的，除此以外，还包含"强烈推荐"满足的要求。

---

① Android 兼容性定义文档：https://source.android.com/compatibility/cdd。

对于汽车设备，Android CDD 中同样有所涉及，分为硬件和软件两方面。由于 Android CDD 中的条目众多，且文档已清楚的对具体要求进行了描述，本章不做具体展开，请有兴趣的读者根据系统版本仔细阅读相关条目。

除了 Android CDD 中对运行 Android Automotive OS 的设备的要求以外，在实际项目中，制造商还可以考虑对于以下条目的支持。

（1）支持使用 AccountManager 管理系统中应用的账号。由于 Android Automotive OS 是多用户系统，各个用户下不同应用的账号有必要进行统一的管理，以便于在临时用户下禁用账号功能或由制造商自定义账号相关行为。

（2）在系统用户下禁止修改账号。由于 Android Automotive OS 中系统用户默认处于后台运行，无须为用户提供账号服务，因此可以禁止在系统用户下修改账号。

（3）在系统用户下禁用定位功能。由于 Android Automotive OS 中系统用户默认处于后台运行，无须为用户提供位置服务，因此可以禁止在系统用户下访问位置服务。

（4）支持在多个用户下升级应用。由于 Android Automotive OS 是多用户系统，因此应允许各用户下的应用请求升级。

（5）在不同用户下都支持运行车库模式（Garage Mode）。车库模式是 Android Automotive OS 的重要机制，在不同用户下，关闭信息娱乐系统前都应进入车库模式。

（6）在车库模式中支持网络连接。部分运行在车库模式中的任务可能依赖网络，因此当运行在车库模式下时，系统应保持网络可用。

（7）禁止未知来源的安装请求。在手机 Android 设备上，任何应用都可以申请 REQUEST_INSTALL_PACKAGES[①] 权限并在取得用户授权后安装未知来源的应用。但是汽车设备对安全的要求更高，且用户体验限制（UX Restrictions）会屏蔽非信任安装程序所安装的应用，因此系统应禁止未知来源的安装请求。

正确理解兼容性要求有助于制造商提升系统稳定性，并更加合理地设计系统架构和完成实现。随着后续生态的逐步发展，相信 Android Automotive OS 的兼容性要求将更加全面。

15.2　验证及测试

兼容性定义文档是对兼容性的具体描述。为了验证系统是否满足兼容性的要求，且由于不同人对同一条目的理解可能不同，因此，需要有标准化的测试用例集对设备的兼容性进行测试。

本节将介绍兼容性测试及验证的相关内容。需要注意的是，尽管理论上兼容性定义中的条目都应该是可测试的，但实际上，自动化测试集很难做到对所有条目的覆盖，例如部分硬件相关要求是软件测试集所无法验证的。因此，通过相关测试只是完成设备兼容性的必要条件。

---

① REQUEST_INSTALL_PACKAGES 权限：https://developer. android. com/reference/android/Manifest. permission? authuser＝1♯REQUEST_INSTALL_PACKAGES。

15.2.1 CTS 兼容性测试套件

Android 兼容性测试套件（Compatibility Test Suite，CTS）是最通用的用于验证设备兼容性的测试套件。CTS 是一个自动化的测试套件，在桌面设备上运行，并在连接的 Android 设备上执行测试用例。通过 Android 官方的 CTS 验证是成为一款 Android 兼容设备的基础。

Android CTS 测试用例主要涵盖以下领域[①]：

（1）签名测试。用于验证公开 API 列表；

（2）平台 API 测试。用于测试平台中主要 API 的正确性；

（3）Dalvik 测试。用于验证可执行文件符合规范。

（4）平台数据模型。测试是否提供平台所需的基本组件与模块，如联系人、浏览器、设置。

（5）平台 Intent，测试核心的 Intent 是否正确支持。

（6）平台权限。对平台权限进行验证。

（7）平台资源。对可用资源进行验证。

CTS 测试集覆盖广泛，测试用例数目庞大。以 Android 10 为例，CTS 涉及近 400 个模块，百万个测试用例，如果在单台设备上运行，往往需要 3～4 天的时间（具体取决于测试的通过率、设备性能等情况）。

尽管 CTS 包含大量的自动化测试用例集，但对于部分兼容性要求，自动化测试用例无法进行验证。因此，CTS 还提供一款手动的测试工具，称之为 CTS 验证程序（CTS Verifier）。CTS 验证程序是对 CTS 自动化测试集的补充，依赖于手动操作对设备的音频质量、触摸屏、加速度计等功能进行验证。CTS 验证程序以 APK（CtsVerifier.apk）的形式提供，通过安装该 APK，测试人员可在设备上按指定步骤进行操作，并对测试结果进行判断。

Android Automotive OS 作为 Android 系统家族中的分支，同样需要通过 CTS 自动化测试集及 CTS 验证程序的测试，并取得 100% 的通过率以确保 Android 的生态可以"无缝地"应用于汽车设备上。

CTS 测试套件可通过 Android 官方网站进行下载。运行 CTS 测试套件涉及较多的环境配置要求和运行参数设置，读者可仔细阅读官方说明[②]了解更详细的信息。

15.2.2 VTS 供应商测试套件

Android 供应商测试套件（Vendor Test Suite，VTS）是从 Android 8.0 开始引入的测试套件，主要用于测试硬件抽象层（HAL）和内核的实现。在 Android 8.0 开始，硬件抽象层通过 HIDL 的架构与框架进行了解耦，硬件抽象层的接口定义更加标准化。CTS 测试套件主要测试的是 Android 框架层 API 的行为准确性，因此，为了更好地对制造商实现的硬件抽象层进行测试，供应商测试套件出现了。与 CTS 一样，VTS 测试套件同样运行于桌面设备，测试用例在连接的设备端运行。

---

① CTS 涵盖的领域：https://source.android.com/compatibility/cts#areas-covered。

② 运行 CTS：https://source.android.com/compatibility/cts/run。

VTS 测试套件支持多种类型的测试用例，包括：

- gtest，该类型的测试用例使用 C++ 编写；
- Junit，该类型的测试用例使用 Junit 框架，通过 Java 编写测试用例；
- Python 类测试，VTS 支持使用 Python 编写测试用例。

Android 官方的 VTS 用例包含在 AOSP 源码中，路径为/test/vts-testcase，其中包含汽车相关的测试用例，例如/test/vts-testcase/hal/automotive。通过以下命令可以对 VTS 测试用例集进行编译：

```
make vts
```

并通过以下命令运行：

```
run vts
```

CTS 是 Android 兼容设备的硬性要求，VTS 测试是对制造商实现的测试，当前并非 Android 兼容设备的强制性要求，但是通过 VTS 验证的设备将有助于降低未来设备升级所带来的成本。有了标准的硬件及内核的实现，新版本的 Android 框架可以直接运行于原有的硬件抽象层之上。

另外值得一提的是 VTS 测试套件的可拓展性，对于设备制造商而言，需要对自己开发的模块或组件进行测试。在持续集成过程中，自动化测试环节也是必不可少的一部分，这需要测试套件的支持，而 VTS 测试套件就非常适合用于以上情况，其支持运行多种语言编写的测试用例，同时有完善的工具获得测试结果。

通过 VTS 提供的测试框架，制造商可以编写并运行自己编写的测试用例，更好地对产品质量进行管理。以 Python 编写的用例为例，一般需要包含以下测试用例及配置文件。

- VtsCustomTest.py，即自定义的测试用例，其中包含测试用例的具体实现；
- AndroidText.xml，对测试环境的配置文件；
- Android.mk 或 Android.bp，测试用例的构建文件。

具体的测试用例编写及配置方式，有兴趣的读者可以参考 AOSP 中 VTS 用例的实现（源码路径：test/vts-testcase）或查阅 Android 官方关于 VTS 的说明[①]。

15.2.3 通用系统镜像测试

通用系统镜像（Generic System Image，GSI）是一种纯 Android 实现，是采用未经修改的 AOSP 源码构建出的系统镜像。对于完全符合 Treble 要求并使用 HIDL 架构[②]实现的 Android 系统来说，系统镜像与供应商镜像解耦，因此，理论上一款完整的 Android 兼容设备可以直接运行 GSI 系统镜像。

为了进一步验证制造商实现的设备兼容性，Android 推出了 VTS、CTS on GSI 测试，即在使用 GSI 系统镜像的基础上运行 VTS 和 CTS 测试。

---

① VTS 供应商测试套件：https://source.android.com/compatibility/vts。
② HIDL 及 Treble 计划介绍：https://source.android.com/devices/architecture#hidl。

标准化的 *Android Automotive OS*

通过在通用镜像上运行测试用例，制造商可以进一步确认自身实现的正确性，以提高版本升级迭代的效率。

15.2.4 汽车测试套件

与手机的谷歌移动服务（Google Mobile Services，GMS）类似，在 Android Automotive OS 平台上，谷歌推出了汽车服务（Google Automotive Services，GAS），将地图、应用市场、语音助手等应用通过额外授权的形式提供给各个制造商。对于希望集成谷歌汽车服务的制造商来说，需要通过汽车测试套件（Automotive Test Suite，ATS）的验证。其运行方式和 CTS 类似，但与 CTS 不同的是，ATS 仅有授权的合作伙伴可以获取。

15.2.5 安全性测试套件

安全测试套件（Security Test Suite，STS）是用于验证系统对已知安全漏洞的修复情况。STS 同样是获得 GAS 授权的必要条件。STS 仅有授权的合作伙伴可以获取。

15.3 小　　结

本章介绍了 Android 汽车设备兼容性方面的内容以及相关的测试套件。良好的兼容性测试是 Android Automotive OS 生态的有力保障。虽然满足兼容性要求需要制造商在前期付出更多的努力，但这能有效提高版本迭代的速度，为未来拓展更多的特性打下扎实的基础。